KB250930

MK Edition

AI 네이티브 코리아

AI NATIVE KOREA

매일경제 국민보고대회팀 지음

매일경제신문사

2026년, 창간 60주년을 맞은 매일경제신문은 그해의 캐치프레이즈로 'AI 네이티브 코리아(AI Native Korea)'를 선택했다. 그리고 같은 해 3월 24일, 창간기념일에 맞춰 'AI 네이티브 코리아' 국민보고대회를 열었다. 이 국민보고대회를 준비하며 매일경제신문 지식부장과 기자 4명은 5개월 동안 AI라는 거대한 주제를 붙들고 씨름했다.

기술 트렌드를 따라가는 데서 멈추지 않고, 한국 사회가 실제로 선택해야 할 과제는 무엇인지, 국가 차원의 액션플랜은 무엇이어야 하는지를 놓고 수없이 토론했다. 그 고민의 결과물이 'AI 네이티브 코리아 보고서'였고, 이 책은 그 보고서를 한 권의 저서로 엮은 것이다.

물론 이런 의문을 품는 독자가 있을 수 있다. "기자들이 쓴 AI 책을 얼마나 신뢰할 수 있을까?" 공학적 깊이, 복잡한 알고리즘, 수식과 코드의 세계에서 이 책은 분명 최전선에 서 있지 않다.

그러나 바로 그 지점에서, 우리는 이 책이 다루고자 하는 문제의 핵심에 도달한다. AI를 소프트웨어 전문가나 세계적인 컴퓨터공학 석학의 전유물로 인식하는 순간, AI 활용의 격차는 이미 시작된다.

AI는 스마트폰과 닮았다. 도구이자 수단이며, 잘 쓰느냐 못 쓰느냐, 많이 쓰느냐 덜 쓰느냐의 차이만 있을 뿐이다. '안 쓰는 것'은 이미 선택지가 아니다. 우리는 스마트폰 전문가라는 말을 쓰지 않는다. 마찬가지로 'AI 전문가'라는 말 역시 머지않아 사라질 개념일지 모른다. AI는 이미 우리의 일상 깊숙이 침투했고, 눈치채지 못하는 사이 삶의 방식 자체를 바꾸고 있기 때문이다.

중요한 것은 지식의 많고 적음이 아니라 얼마나 적극적으로 활용하느냐다. 개인은 AI를 통해 삶의 질을 높여야 하고, 기업은 생산성을 끌어올려야 하며, 국가는 저출산, 지방소멸, 청년실업과 같은 구조적 난제에 대한 새로운 해법을 찾아야 한다. 이 책은 바로 그 고민에서 출발한다.

AI는 무엇을 바꾸고 있는가. AI는 어떤 위험을 동반하는가. 그리고 한국은 어떻게 'AI를 잘 만드는 나라'가 아니라 'AI를 가장 잘 쓰는 나라', 즉 AI 네이티브 국가로 나아갈 수 있는가. 이 책은 다음과 같은 여정을 따라간다.

먼저 1부 '삶을 바꾸는 알고리즘'에서는 AI가 인간의 삶 전반에 어떻게 스며들고 있는지를 탄생과 보육에서부터 교육, 청년, 직장, 중년, 그리고 노년과 죽음에 이르기까지 생애주기 전체를 따라 조망한다.

2부 'AI를 보는 두 가지 시선'에서는 AI가 생산성과 문제 해결의 혁신적 도구가 되는 동시에 일자리, 환경, 범죄, 정신건강, 윤리라는 새로운 위험을 어떻게 만들어내는지를 양면적으로 살펴본다.

이어지는 3부 '국가 AI 전략의 분화와 경쟁'에서는 미국, 중국, 영국, 프랑스, 싱가포르가 AI를 어떻게 국가 전략으로 채택하고 있는지 비교하며, AI 경쟁이 기술을 넘어 국가 운영 방식의 경쟁으로 확장되고 있음을 보여준다.

4부 'AI 코리아의 과거와 현재'에서는 글로벌 AI 가치사슬 속에서 한국 기업과 산업의 현실을 점검하고, 지금까지의 정책과 입법이 어디까지 왔고 무엇이 부족했는지를 냉정하게 짚는다.

마지막으로 5부 'AI 네이티브 코리아의 길'에서는 한국이 선택해야 할 방향과 구체적인 액션플랜을 제시한다. 이 책의 모든 질문은 결국 이 장을 향해 수렴된다.

이 책을 집필하며 가장 두려웠던 점은 '속도'였다. 우리가 오늘 기록한 이 예언적 기록들이 독자가 책장을 덮을 즈음에는 이미 당연한 '옛일'이 돼버릴지도 모른다는 공포 때문이다.

AI의 세계에서는 지금의 통찰이 내일의 상식이 되고, 오늘의 혁신이 곧 낡은 기술이 된다. 그럼에도 불구하고 이 책을 내는 것은 기술의 속도가 아니라 방향을 이야기해야 할 때이기 때문이다. 이 책은 완결된 답이 아니다. 오히려 하나의 출발선에 가깝다. 우리가 어떤 질문을 던져야 하는지, 무엇을 두려워해야 하고 무엇을 선택해야 하는지를 함께 고민하자는 제안이다.

이 세계는 이미 시작됐다. Welcome to the AI Native World.

목차

제3부 국가 AI 전략의 분화와 경쟁

제4부 AI 코리아의 과거와 현재

제5부 액션플랜: AI 네이티브 코리아의 길

AI

1부

삶을 바꾸는 알고리즘

현재가 된 미래

한 생명이 세상에 오기까지, 그리고 자라서 배움을 얻기까지의 모든 과정에 이제 인공지능(AI)이 자연스럽게 스며들어 있다. 예전에는 인간만의 몫이었던 섬세한 결정과 보살핌들이, 어느새 보이지 않는 AI의 손길을 통해 이루어지는 셈. 시험관 아기의 배아를 선별하는 일에서부터, 뒤척이는 아기의 잠자리를 지키는 일, 방과 후 숙제를 도와주는 일과 직장인의 재교육에 이르기까지 AI는 탄생, 보육, 성장, 교육의 전 과정에 깊숙이 관여하며 우리 삶의 동반자가 돼간다. 눈에 띄지 않을 만큼 자연스럽게, 그러나 분명하게, AI는 삶의 시작부터 우리와 함께 새로운 이야기를 쓰고 있다. 인간의 삶 여러 단계에서 실제 활용되는 대표적 AI 기술들을 살펴보며, 각각의 기술이 어떤 문제를 해결하고 어떻게 사용되는지, 그리고 그것이 우리의 감정과 문화, 결정 방식에 어떤 변화를 가져오는지 탐색해본다.

탄생과 보육

난임 부부의 소중한 배아, AI가 고르다

2026년생, 영운이는 인공지능으로 태어났다. 영운이의 부모는 오랜 난임으로 고통받았으나, 호주의 헬스케어 AI 기업 '프레사젠' 덕분에 웃을 수 있었다. 이들의 배아 평가 솔루션 '라이프 위스퍼러'는 인간 배양사의 눈으로는 식별 불가능한 배아의 미세한 패턴과 텍스처를 AI 시각 기술로 분석해 임신 성공률을 획기적으로 높였다. 인간은 '영운이'를 발견하지 못했지만, AI는 '영운이'를 찾아냈다. 앞으로 AI는 더 많은, 더 건강한 아이를 찾아낼 것이다.

불임으로 고통받는 부부에게 시험관 수정(IVF)은 한 줄기 희망이지만, 그 과정은 여전히 불확실성과의 싸움이다. 여러 개의 배아 중 어느 것을 자궁에 이식해야 건강한 임신으로 이어질지 결정하는 일은 오랫동안 숙련된 배아학자의 눈에 의존해왔다. 현미경 아래에서 배아의 형태를 관찰하고 등급을 매기는 이 작업은 전문가마다 기준이 조금씩 다르고, 경험이 적은 연구원에게는 더욱 어려운 일이었다. 호주의 헬스케어 AI 기업 프레사젠(Presagen)이 개발해 이후 일본 의료기기 업체 아스텍(ASTEC)에 인수된 배아 평가 솔루션 라이프 위스퍼러(Life Whisperer)는 바로 이 지점을 파고든다. 이름처럼 '생명의 속삭임'을 듣는다는 듯, 라이프 위스퍼러는 배아의 이미지를 딥러닝 기반 AI로 분석하여 그 배아가 임신으로 이어질 가능성을 예측해 준다. 손가락 한 마디 크기의 작은 배아 사진 한 장에서도 AI는 사람이 놓치기

헬스케어 AI 기업 프레사젠의 배아 평가 솔루션 '라이프 위스퍼러' 소개 사진. 출처: 프레사젠 홈페이지

쉬운 미세한 특징들을 찾아낸다. 배아의 품질과 착상 가능성을 즉각적으로 평가해주는 시스템이다.

라이프 위스퍼러의 도입으로 IVF 클리닉의 풍경은 조용한 변화를 맞이했다. 배아학자는 더 이상 일일이 배아의 등급을 매기느라 눈을 혹사하지 않아도 된다. 대신 웹 기반 애플리케이션에 현미경으로 촬영한 배아의 이미지를 업로드하면, AI가 순식간에 "이 배아가 건강하게 자랄 확률이 얼마나 되는지" 점수와 분석을 내놓는다. 라이프 위스퍼러의 'Viability(생존력) AI'는 각 배아가 임신에 성공할 가능성을 점수로 나타내고, 'Genetics(유전적 건전성) AI'는 비침습적인 방법으로 배아의 사진만으로 염색체가 정상일 확률(즉 유전체 이상이 없을 확률)을 평가한다. 원래라면 PGT-A와 같은 유전자 검사를 위해 배아의 일부를 떼어내야 했지만, 라이프 위스퍼러는 배아를 손상시키지 않고 겉모습만으로도 유전적 건전성을 예측해준다. 이 두 가지 AI 평가를 결합해 배아의 종합적인 품질지표를 제공함으로써, 임신 성공까지 걸리는 시간을 더욱 단축할 수 있다는 연구 결과도 발표됐다. 배아 등급 분류의 표준화에도 AI가 기여할 수 있게 된 것이다.

무엇보다도, 라이프 위스퍼러 AI의 성능은 숙련된 인간 전문가들을 놀라게 했다. 2023년 미국에서 실시된 한 비교 연구에서 라이프 위스퍼러의 AI는 배아 사진만 보고도 임신 성공 여부를 70%의 정확도로 맞혀냈는데, 이는 같은 배아들을 놓고 예측한 220명의 베테랑 배아학자 중 94%의 정확도를 능가하는 결과였다. AI는 20개의 배아 중 14개에서 임신 여부를 정확히 예측했다. 대부분의 인간 전문가들은 정확도가 30~65% 수준에 그쳤고 14개 이상을 맞힌 전문가는 6%에 불과했다. 사람이 놓치는 미묘한 패턴을 AI는 포착해내며, 언제 어디서나 동일한 판단 기준을 적용한다. 같은 배아 이미지에 대해 언제나 한결같은 평가를 내놓는 AI 덕분에, 배아 등급을 둘러싼 주관적 편차와 인간적 오류가 줄어들 것으로 기대되고 있다. 이는 특별히 규모가 큰 IVF 병원 네트워크나, 경험이 적은 주니어 배아학자들의 업무 보조 측면에서 큰 의미가 있다. 이제 초심자도 AI의 조언을 받으며 더 일관된 판단을 할 수 있고, 어디서 치료를 받든 환자는 비슷한 평가를 기대할 수 있게 된다. 라이프 위스퍼러가 해결하려는 문제는 단순한 성공률 수치만이 아니다. 불임으로 고군분투하는 부부들에게 시간과 비용, 그리고 정서적 부담은 말로 다 할 수 없을 만큼 크다. IVF를 한 번 시도할 때마다 적지 않은 비용이 들고, 여러 차례 실패를 겪으며 희망과 좌절을 반복하기도 한다. 라이프 위스퍼러의 목표는 임신 성공률을 높여 시간당 비용을 낮추고, 궁극적으로 더 많은 가정에 아기의 웃음을 안겨주는 것이다. 현재는 배아 선택에 집중하고 있지만, 이 기술을 난자 선별이나 자궁 내막 상태 평가 등 시험관 시술 전반으로 확대하려는 연구도 진행 중이다. 이러한 통합적인 접근으로, AI는 언젠가 아이를 가지려는 과정 전체를 더욱 친환경적이고 스트레스 덜 받는 경험으로 탈바꿈시킬지도 모른다. 기술은 이미 전 세계로 확산되고 있다. 여성 건강 AI 기업 프레사젠이 개발한 라이프 위스퍼러는 현재 전 세계 수십 개국의 클리닉에서 상용화돼 쓰이고 있다.

한편으로, AI가 생명의 탄생에 관여한다는 사실이 주는 윤리적 · 문화적 논란도 있다. 배아를 선별한다는 행위는 생명을 기술에 전적으로 맡기는 것이기 때문이다. 라이프 위스퍼러는 어디까지나 착상 가능성이라는 의학적 확률에 근거해 조언을 건넬 뿐이지만, 일부에서는 이를 두고 "생명을 점수 매긴다"는 불편함을 표하기도 한다. 그러나 이 기술을 개발한 연구진은 분명한 선을 긋고 있다. 라이프 위스퍼러는 더 건강한 아기를 '만들어내는' 기술이 아니라, 자연의 영역에서 인간이 할 수 있는 선택을 도와주는 기술이라고 강조한다.

무정자증에서 정자를 찾아내다

1980년생 정용준 씨는 벌써 10년째 애를 먹고 있다. 아이가 좀처럼 들어서지 않아서다. 장기간 임신이 안 되자, 정밀 검사를 받은 정씨는 '무정자증'으로 진단받았다. 아내와 똑 닮은 딸을 갖고 싶다는 꿈은 물거품이 됐다.

물거품 속에서 공주가 태어났다. AI가 그의 정액 속에서 정자를 발견한 것이다. 8마리의 생생한 정자를 발견한 끝에 그는 마침내 옥 같은 아이를 안았다. AI는 정씨에게 새로운 우주를 선물했다.

배아를 선택하는 문제 이전에, 아예 정자 자체를 찾지 못해 좌절하는 경우도 있다. 무정자증(azoospermia)으로 불리는 이 증상은 남성 불임 요인의 약 10~15%를 차지한다. 겉보기에는 정상이어도 사정액에 정자가 전혀 보이지 않는 상태를 일컫는다. 이런 진단을 받으면 많은 부부가 사실상 자연 임신은 불가능하다는 선고를 받곤 한다. 그동안 의학은 이 문제를 해결하기 위해 고환에서 직접 정자를 추출하는 수술적 방법을 시도해왔지만, 성공 확률이 높지 않은 데다 출혈, 염증, 호르몬 저하 등 환자에게 큰 부작용을 동반했다. 일부 전문 센터에서는 원심분리기로 정액을 돌린 뒤 숙련된 기술자가 현미경으로 샅샅이 뒤져 희귀한 정자 한두 개를 찾아내는 초인적인 작업을 수행하기도 했다. 그러나 이런 수동 검색은 몇 시간, 며칠씩 걸리는 고된 일인 데다 전 세계적으로 가능한 연구소가 손에 꼽힐 정도였다.

미국 컬럼비아대의 제브 윌리엄스 박사 연구팀은 이 불가능해 보이는 문제를 정면 돌파하기 위해, 엉뚱하게도 천체물리학의 세계에서 영감을 얻었다. 망망대해

미국 컬럼비아대 난임 센터에서 STAR 시스템을 개발해온 제브 윌리엄스 박사. 그는 무정자증 환자의 정액 샘플에서 극소수의 정자를 인공지능으로 탐색 · 회수하는 기술을 5년 이상 연구해왔다. 출처: 컬럼비아대 퍼틸리티 센터

같은 우주에서 새로운 별이나 행성을 찾아내는 기술이라면, 정액이라는 작은 우주 속에서 정자를 찾는 데도 도움이 될지 모른다고 발상을 전환한 것이다.

그렇게 탄생한 기술이 바로 STAR다. 별을 뜻하는 영단어이기도 한 STAR는 'Sperm Tracking And Recovery'의 약자이다. 이름에 걸맞게, STAR 시스템은 마치 우주망원경처럼 정액 표본을 샅샅이 훑어 미세한 '생명의 별빛'을 포착한다. 우선 고배율의 고속카메라와 현미경을 통해 불과 1시간도 안 되는 시간 동안 800만장이 넘는 이미지를 촬영한다. 물론 이 방대한 데이터를 사람의 눈으로 볼 수는 없으니, 곧바로 AI가 분석에 나선다. 딥러닝 기반의 컴퓨터 비전 알고리즘이 이 이미지 더미 속에서 정자 모양을 한 물체를 실시간으로 식별해낸다. 마치 컴퓨터가 우주 사진에서 별 하나를 표시하듯, 정자의 위치가 화면에 표시된다. 그다음 단계는 즉각적인 회수다. AI 불임 치료 기술 STAR는 정액 표

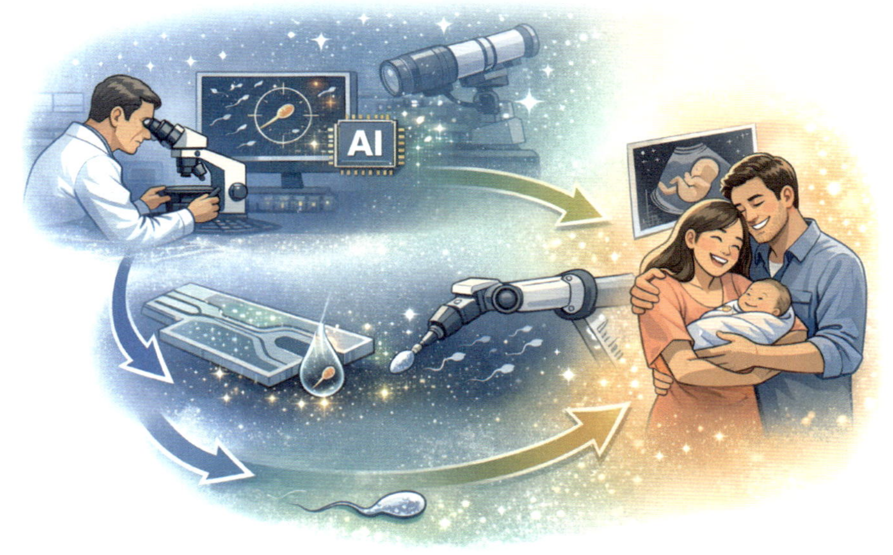

미국 컬럼비아대 난임 센터 연구진이 개발한 STAR 시스템 개념을 챗GPT를 이용해 시각화한 삽화. AI 생성

본에서 드물게 존재하는 정자를 찾아내기 위해 고속 이미징, 기계 학습, 마이크로 로봇 공학을 결합했다. 연구팀은 컬럼비아대의 미세공학 전문가들과 협력해 머리카락 굵기만 한 통로가 미로처럼 새겨진 마이크로유체 칩(microfluidic chip)을 개발했다. 정액을 이 칩에 흘려보내면 AI가 지목한 바로 그 영역의 유체를 미세 채널 속에 가둬 목표 정자가 포함된 작은 방울로 분리해준다. 이어서 정자 탐지 신호가 뜨자마자 대기 중이던 초소형 로봇팔이 재빨리 칩으로 접근해 단 몇 밀리초 만에 정자를 흡입해낸다. 이 일련의 과정은 인간의 개입 없이 자동으로 이뤄지며, 손상된 세포 찌꺼기나 다른 방해물은 자연스럽게 배제된다. 무엇보다 중요한 것은, 이 방식이 기존의 방법들과 달리 정자를 스트레스 주는 요인들로부터 보호한다는 점이다. 원심분리, 레이저, 형광염색 등 기존의 극단적인 시도들과 달리 STAR는 온전히 빛과 유체의 흐름만으로 정자를 찾아내기에,

잡아낸 정자가 스스로 활발히 헤엄칠 수 있는 건강한 상태로 남게 된다. 윌리엄스 박사는 "STAR 시스템은 기존의 가혹한 처치 없이도 정자를 온전히 분리해 낼 수 있어, 발견된 정자가 최상의 활력을 유지하도록 돕는다"고 강조한다.

2024년 처음 공개된 STAR 기술은 실제 임상 현장에서 빠르게 성과를 내고 있다. 컬럼비아대 병원은 2025년 가을, STAR를 활용해 세계 최초로 무정자증 환자의 임신을 성공시켰다고 발표했다. 주인공은 무려 19년 동안 아이를 갖기 위해 고군분투해온 한 부부였다. 정자가 보이지 않는다는 말을 듣고도 포기하지 않았던 이 부부는, 마침내 STAR 기술이 적용된 IVF 시술을 통해 정자 2개를 찾아내 두 개의 배아를 만들었고, 그중 하나가 기적처럼 자궁에 착상됐다. 이 소식이 알려지자 불임 치료 커뮤니티와 언론은 환호했다. "현미경으로 이틀간 찾아도 못 찾은 정자를, STAR는 한 시간 만에 44마리나 찾아냈다"는 연구자의 일화는 인터넷에서 화제가 되었고 무엇보다 "별을 찾아내는 기술로 지구상의 새로운 생명을 돕는다"는 윌리엄스 박사의 멘트는 많은 이들의 가슴을 울렸다. 15번의 실패에도 신앙과 희망을 잃지 않았던 부부는 드디어 부모가 될 준비를 하고 있다. 아내는 "아직도 아침에 눈뜨면 이 모든 일이 꿈만 같다"고 기쁨을 전했다.

STAR 기술은 불임 치료 분야에 새로운 윤리적 · 사회적 질문도 불러일으켰다. 이제까지 불가능하다고 여겨지던 임신이 가능해지면서, 생명의 기적에 과학이 어디까지 개입할 것인가에 대한 논의가 활발하다. 그러나 당장 눈앞에 보이는 긍정적 영향은 너무나도 분명하다. 의사들은 이제 더 이상 "정말 죄송하지만 방법이 없습니다"라는 말을 덜 하게 될지도 모른다. 대신 "새로운 시도가 하나 있습니다"라고 말할 수 있게 됐다. 절망하던 환자들에게 자연 친화적인 방법으로 자신의 아이를 가질 수 있는 기회가 생긴 것이다. STAR는 2025년 미국 시사주간지 타임이 선정한 올해의 최고의 발명품 중 하나로 뽑히며 그 혁신성을 인정받았다.

성장과 교육

육아의 고단함을 달래주는 AI

2026년 1월 어느 날의 오전 2시 서울의 한 아파트. 어둠 속에서 적막을 깬 것은 아기 영운이의 울음소리가 아니었다. 안방 침대 협탁에 놓인 스마트폰의 짧고 묵직한 진동과 그곳에서 흘러나온 음성이었다. "안전 알람, 아이 얼굴이 가려졌습니다."

영운이의 엄마는 반사적으로 몸을 일으켜 아기 방으로 향했다. 문을 열자 아기 침대 머리맡에 설치된 스마트 베이비 모니터 '큐보 AI'의 렌즈가 희미한 적외선 불빛을 내며 아기를 비추고 있었다. 엄마가 아이를 바로 눕히고 토닥이자 스마트폰 애플리케이션(앱) 알림창에 '알람이 해제됐습니다'라는 녹색 메시지가 떴다. 영운이는 태어난 순간부터 알고리즘의 보호 아래에서 안전한 방식으로 세상과 만나고 있었다.

긴 기다림 끝에 아기가 태어나면, 부모에게는 또 다른 세계가 펼쳐진다. 기쁨과 행복만큼이나 걱정과 책임이 쏟아지는 것이 육아의 여정이다. 갓난아기가 잘 자고 있는지, 숨은 제대로 쉬는지, 엎드린 채 질식 위험에 처하진 않았는지 부모의 눈과 귀는 항상 예민해진다. 과거 세대의 부모들은 아기가 자는 동안 몇 번이고 가슴의 오르내림을 확인하곤 했다. 베이비모니터의 등장으로 한숨 돌리게 됐지만, 전통적인 모니터는 단순히 영상을 보여주거나 소리를 전달하는 수준이었다. 그러나 오늘날 스마트 베이비모니터는 한층 진화해, AI를 통해 적극적으로 위험을 감지하고 알림을 주는 양육 보조자로 거듭났다. 그 대표 주자가 바로 큐보 AI(Cubo Ai)다.

큐보 AI 모니터를 처음 보면 귀여운 새

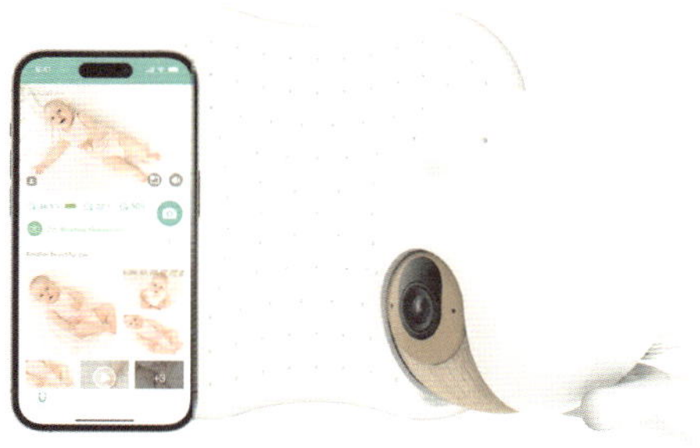

스마트 베이비 모니터 큐보 AI 제품. 출처: 큐보 AI

모양의 카메라가 눈에 띈다. 아기의 침대를 굽어보는 하얀색 새는 마치 아기를 지키는 수호천사처럼 보이지만, 그 안에는 고해상도카메라와 AI 소프트웨어가 빼곡히 들어 있다. 부모가 잠든 한밤중 아기가 뒤척여 이불이 얼굴을 덮치는 아찔한 순간에도 이 작은 새는 즉시 부모의 스마트폰에 경고음을 보내는 영리한 감시자다. 큐보 AI는 아기의 얼굴이 이불이나 물체에 가려져 호흡이 막히는 상황을 정확히 포착해낸다. 인간이라면 실시간으로 관찰하고 있기 어렵거니와 어둠 속에서 작은 움직임을 놓치기 쉽지만, AI는 카메라 영상에서 얼굴 윤곽과 코와 입의 가려짐 여부를 계속해서 분석한다. 그 결과 아기의 입과 코가 몇 초 이상 보이지 않으면, 새가 지저귀는 듯한 경쾌한 알림음과 함께 부모의 휴대폰 화면에 "아기 얼굴이 덮였어요!"라는 경고를 띄운다. 이는 돌연사 방지를 위해 신생아를 절대 엎드려 재우지 말라고 신신당부하던 소아과 의사들의 말처럼, 부모들에겐 악몽 같은 상황을 실시간으로 막아주는 든든한 기능이다.

큐보 AI의 지능형 감지 기능은 여기서 그치지 않는다. 갓난아기 때는 물론, 아기가 점차 자라나 기어 다니고 걸음마를 시작할 때까지 유용하도록 설계된 점이 특징이다. 예를 들어, 부모는 앱을 통해 안전구역(Safe Zone)을 설정할 수 있다. 흔히 아기를 침대에 눕혀둘 때, 어느새 혼자 힘으로 뒤집고 담을 넘어 탈출할까 봐 노심초사하게 된다. 큐보 AI는 침대의 영역을 가상 펜스로 인식하고, 만약 아기가 그 경계를 벗어나 바닥으로 나오면 즉각 알림을 보낸다. 밤중에 아기가 깨어나 침대에서 기어나오는 위험한 상황을 자동으로 알려주는 것이다. 마찬가지로 집 안에 '위험구역'을 지정해둘 수도 있다. 부엌처럼 아기가 가면 안 되는 곳에 CCTV 경계선을 그어두면, AI가 아기가 금지된 곳에 들어갈 때 부모에게 알려준다.

또 다른 놀라운 기능은 울음소리 식별이

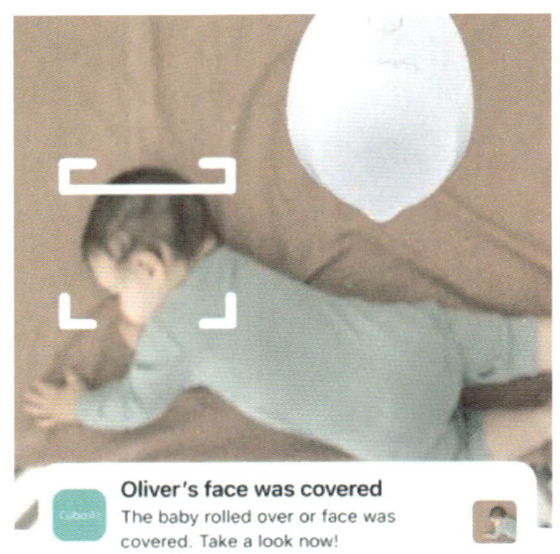

큐보 AI가 아기의 얼굴이 이불이나 물체에 가려진 상황을 AI 비전으로 감지해 보호자의 스마트폰에 즉각 경고 알림을 보내는 장면. 출처: 큐보 AI

다. 아기가 우는 소리는 부모 귀에는 금세 들릴지 몰라도, 기존 모니터 기기는 집 안의 다른 소리와 구별하지 못해 쓸데없는 경보를 울리기 일쑤였다. 큐보 AI는 실제로 아기가 우는 소리만 선별해서 알림을 보낸다. TV 소리나 바깥 차량 소음에는 반응하지 않다가도, 아기의 특유한 울음 패턴이 들리면 곧바로 새가 지저귀는 알람으로 부모에게 알려준다. 특히 최신 모델에서는 향상된 AI 덕분에 알림 속도가 이전보다 6배나 빨라져서 아기가 울기 시작하거나 얼굴이 가려진 지 1~2초 만에 부모에게 통지가 이뤄진다. 부모는 아침에 일어나 스마트폰을 켜면 밤새 AI 보모가 찍어준 아기의 잠든 모습 사진들이 쌓여 있는 것을 볼 수 있다. 이 사진들은 단순히 귀여운 기록일 뿐만 아니라, 혹시 밤중에 무슨 일이 있었는지 확인하는 기록 용도로도 활용된다. 예컨대 "새벽 2시에 움직임이 있었다"는 식으로 이벤트 재생 타임라인을 제공해 주기에 아기가 언제 깨서 얼마나 움직였는지도 한눈에 파악할 수 있다. 덕분에 부모는 아기의 수면 패턴을 이해하고 필요한 경우 수면 환경을 개선해줄 수 있다. 큐보 AI는 이런 수면 분석(Sleep Analytics) 기능을 통해 아기가 한밤중에 몇 번 깼는지, 총 수면 시간은 얼마나 되는지를 그래프로 보여준다.

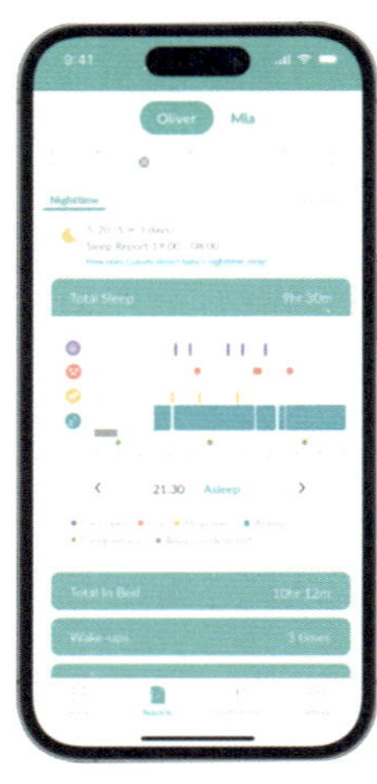

큐보 AI의 수면 분석 화면. 출처: 큐보 AI

기술이 완벽하기만 한 것은 아니다. 실제 사용자들의 후기에 따르면, 지나치게 예민한 알림이 가끔 문제로 지적된다. 예를 들어 아기가 옆으로 누워 자기 좋아하는 습관 때문에 손이나 이불자락이 얼굴에 살짝만 스쳐도 '얼굴 덮힘' 알림이 수십 번 울려 대는 경우가 있었다고 한다. 한 부모는 밤새 100번이 넘는 경고를 받기도 했는데, 나중엔 "AI가 너무 과보호를 한다"며 웃었다는 이야기도 있다. 다행히 이러한 민감도는 사용자가 조절하거나 특정 알림을 끌 수도 있다. 결과적으로는 에너지를 아껴, 부모는 아이에게 정서적인 돌봄을 더 쏟을 수 있게 됐다는 긍정적 평가가 많다.

모두가 1대1 과외를 받는 세상

경기도 분당에 사는 초등학교 6학년 서윤이의 방. 책상 풍경은 3학년 때와 확연히 다르다. 문제집과 풀이집 대신 태블릿PC와 스타일러스 펜 하나가 놓여 있다. 서윤이는 태블릿 화면 속 AI 선생님 '칸미고'를 실행했다. "나 오늘 수학 숙제하기 싫어. 그냥 이 2차 방정식 푸는 답만 알려주면 안 돼? 친구랑 로블록스를 하기로 했단 말이야." 서윤이가 투정 부리듯 말했다. 예전 챗GPT였다면 몇 초 만에 정답을 나열했을 것이다. 하지만 교육 특화 AI인 칸미고의 반응은 달랐다. "서윤아, 정답을 바로 아는 게 당장은 편하겠지만 네가 '수학 근육'을 키우는 데는 도움이 안 돼." 칸미고는 끊임없이 질문을 던지는 '소크라테스식 문답법'으로 프로그래밍돼 있다. AI는 서윤이의 전담 가정교사로서 손색이 없었다.

"한 아이를 키우려면 온 마을이 필요하다"는 아프리카 속담이 있다. 현실은 한 교사가 수십 명의 학생을 가르쳐야 하는 교실이 대부분이다. 모든 아이가 개별적인 관심과 지도를 받기는 어렵고, 학교 수업만으로 부족한 부분을 메우기 위해 과외나 학원에 의존하는 경우도 많다. 만약 모든 학생에게 1대1 개인교사가 붙는다면 어떨까? 교육 격차의 상당 부분이 해소되고, 각자의 재능과 속도에 맞춘 학습이 가능해질 것이다. 이 꿈같은 발상을 현실로 가까이 끌어온 것이 바로 칸 아카데미(Khan Academy)의 AI 튜터 칸미고(Khanmigo)다. 칸 아카데미의 창립자 살만 칸은 "모든 학생이 나만의 과외 선생님을 갖게 되는 미래"를 꿈꾸며, 세계적인 교육 플랫폼에 AI를 접목했다. 2023년 선보인 칸미고는 거대언어모델(LLM)을 기반으로 한 대화형 튜터로, 학생들에게 무한한 인내심으로 가르쳐주고 물어봐주는 디지털 교사다. 칸미고의 가장 큰 특징은 일반적인 챗봇과는 달리 답을 바로 알려주지 않는다는 것이다. 예를 들어 학생이 수학 문제를 풀다가 "다음에 뭘 해야 할지 모르겠어

PC 화면 속에서 교육 특화 AI 튜터 칸미고와 대화하며 학습하는 학생의 가상 이미지. 출처: 칸 아카데미

요"라고 칸미고에게 도움을 청하면, 칸미고는 곧바로 정답을 알려주지 않는다. 대신 힌트가 될 만한 질문을 던진다. "이전에 배운 어떤 공식을 써볼 수 있을까요?" 혹은 "문제를 다른 방식으로 표현해보면 어떨까요?" 하고 되묻는다. 마치 훌륭한 인간 선생님이 학생을 이끌어주듯, 칸미고는 학생 스스로 생각의 길을 찾을 수 있도록 돕는다. 학생이 잘못된 방향으로 가고 있다면 살짝 교정을 해주고, 맞게 하고 있다면 격려하며 다음 단계로 나아가게 한다. 이러한 소크라테스식 문답법은 칸 아카데미가 수년간 연구한 교육 방식으로, 칸미고 AI의 대응 알고리즘에 깊숙이 반영돼 있다. 그 결과 칸미고와 대화하다 보면 마치 정말로 옆에 앉은 과외 선생님이 "음, 다시 생각해볼까?" 하고 말을 거는 듯한 생생한 학습 경험을 하게 된다. 어떤 학생은 "칸미고와 이야기하다 보면 내가 나 자신에게 가르치고 있는 느낌이 든다"고 평했다. AI가 살짝살짝 짚어주면, 정작 풀어내는 건 자기 두뇌의 힘이기 때문이다.

칸미고는 모든 과목에서 이런 대화형 학습을 지원한다. 수학, 과학 같은 STEM 분야는 물론, 역사나 문학 수업에서도 칸미고는 활약한다. 이를테면 역사를 공부하는 학생은 칸미고를 통해 '가상의 아인슈타인과 대화'를 해볼 수 있다. 칸미고가 역사적인 인물의 말투와 지식을 흉내 내어, 학생의 질문에 답하거나 토론을 벌이는 형식이다. "링컨 대통령, 왜 게티즈버그 연설에서 그런 표현을 쓰셨나요?"라고 물으면, 칸미고는 마치 링컨이 대답하듯 맥락 있는 설명을 해준다. 이런 역할 놀이를 통해 학생들은 보다 재미있고 깊이 있게 지식을 흡수한다. 또한 칸미고는 글쓰기 교사로서 학생의 작문을 첨삭하고 발전시켜주기도 한다. AI 작문 코치 모드에서 학생이 쓴 에세이를 보여주면, 칸미고는 그 글의 흐름이나 논리에 대해 피드백을 주고, 단락 구성을 바꿔보라는 등 구체적인 조언을 해준다. 하지만 어디까지나 학생이 스스로 고칠 수 있도록 방향만 제시할 뿐, 바로 고쳐 쓰지 않는 점이 중요하다. 칸미고와 여러 차례 문답을 주고받으며 학생은 자기 글을 다듬어나가는데, 이때 문법 오류나 철자처럼 기계가 잘 잡아낼 수 있는 부분은 AI가 즉각 바로잡아주지만, 논증의 설득력이나 아이디어 전개처럼 창의력이 필요한 부분은 학생이 생각하도록 열린 결말로 남겨둔다. 이러한 미묘한 조율은 칸 아카데미 교육자들이 AI의 행동을 세심하게 설계한 결과다. 그야말로 기술보다 교육을 우선시한 접근이라 할 수 있다.

학생들 입장에서 칸미고는 언제든 호출할 수 있는 친구이자 선생님이다. 학교 수업이 끝난 늦은 밤에도, 주말에도, 모르는 문제가 있거나 함께 토론하고 싶은 주제가 있으면 칸미고와 대화할 수 있다. 게다가 AI는 무한정의 인내심을 갖추고 있어서, 같은 질문을 열 번 넘게 해도 짜증내지 않는다. 부끄러움이 많아 수업 시간에 질문 한번 못 해본 학생도 칸미고 앞에서는 맘껏 "이 부분 다시 설명해줘"라고 말할 수 있다. 실제로 한 교사는 "학생들이 평소라면 부끄러워서 넘겼을 질문들도 칸미고에는 더 자주 묻는 것을 발견했다"고 전한다. 그만큼 AI 튜터는 학생들의 심리적 장벽을 낮춰주어 호기심과 질문을 더 이끌어낸다는 평가다. 또한 칸미고는 실시간 피드백을 주므로 배우는 입장에서 크게 도움이 된다. 문제를 풀고 나서 선생님이 채점해주길 며칠 기다릴 필요 없이, AI가 바로 맞았는지 틀렸는지 알려주고 왜 그런지도 설명해준다.

그렇다면 인간 교사의 역할은 줄어드는

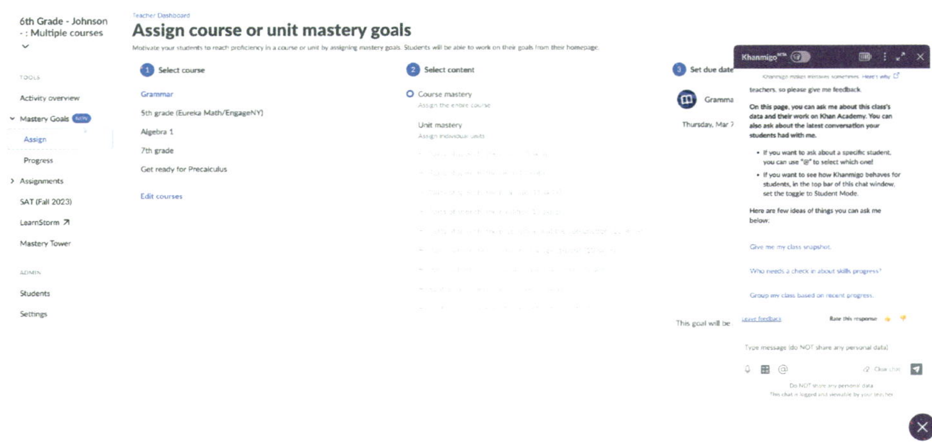

칸미고가 교사를 위해 제공하는 학습 데이터 요약 화면. 학생별 진도와 이해 수준, 취약 개념을 문장 형태의 인사이트로 정리해 보여주며, 교사가 수업과 지도에 집중하도록 돕는 AI 조교 역할을 수행한다. 출처: 칸 아카데미

것일까? 칸 아카데미는 그렇지 않다고 말한다. 오히려 칸미고는 교사를 위한 모드도 따로 가지고 있다. 예를 들어, 한 교사가 내일 가르칠 수업의 맞춤형 교안을 짜야 한다고 하자. 칸미고에게 교과 단원과 목표를 알려주면, 해당 주제에 맞는 레슨 플랜과 활동 아이디어, 토의 질문까지 순식간에 생성해준다. 수업 수준에 맞게 몇 가지 정보를 입력하면 퀴즈 문항이나 실습 과제도 자동으로 만들어주니, 교사는 행정적 부담을 덜고 창의적인 수업 준비나 학생 개별 지도에 더 집중할 수 있게 된다.

칸미고는 교사가 요청하면 학생들의 학습 데이터 요약도 제공한다. "A학생은 분수 단원에서 연산은 잘 따라오지만 응용에 어려움을 겪고 있음" 등의 통찰을 보고서 형태로 보여주어, 일종의 AI 조교처럼 교사를 돕는다. 요컨대 단순 채점과 준비 작업은 AI에 맡기고, 인간 교사는 보다 인간적인 면에 집중하자는 것이 살만 칸의 구상이다. 그는 인터뷰에서 "AI는 결코 인간 교사를 대체할 수 없다. 대신 교사가 더 효과적으로 가르치도록 날개를 달아줄 뿐"이라고 말한 바 있다.

칸미고 프로젝트는 아직 신중하게 시험 운영 중이지만, 그 가능성에 대한 반응은 뜨겁다. 미국의 일부 학교들은 정식 도입 전부터 칸미고를 교실에 시범 도입해봤고, 학생들과 선생님의 피드백을 통해 점차 개선하고 있다. 세계 최대 규모의 비영리 교육 플랫폼인 칸 아카데미가 만드는 AI이다 보니, 신뢰성과 윤리성을 최우선에 두고 설계됐다는 점도 주목할 만하다. 챗GPT처럼 인터넷상의 무작위 정보를 바탕으로 예상치 못한 답변을 내놓는 것과 달리, 칸미고는 칸 아카데미의 검증된 교육 자료와 연계돼 필요한 범위 내에서만 답변하도록 훈련돼 있다. 유해하거나 부정확한 내용이 나오지 않도록 여러 겹의 안전장치를 뒀고, 학생의 학습에 의미가 없는 답은 아예 하지 않도록 설계됐다.

우려의 목소리도 존재한다. 비평가들은 "AI 과외 선생이 등장하면 학생들이 오히려 생각하는 법을 잃어버리는 것 아니냐"고 묻는다. 또한 "부모나 교사 대신 AI에 의존하게 되면 인간적 유대나 사회적 기술이 감소하지 않을까" 하는 걱정도 있다. 이러한 우려에 대해 살만 칸은 명확하게 입장을 밝혔다. AI 튜터는 어디까지나 보조 수단일 뿐, 교육의 본질은 인간과 인간의 교감에 있다는 것이다. AI는 학생의 빈틈을 채워주고 학습 의욕을 북돋우며, 교사의 부담을 덜어주는 도구로 사용될 때 가장 빛난다. 교사는 AI가 줄 수 없는 정서적 지지, 영감, 동기 부여를 학생에게 줄 수 있고, AI는 교사의 손이 일일이 미치지 못하는 부분을 채워줄 수 있다. 이상적인 미래 교실에서는 칠판 앞에서 인간 선생님이 열정적으로 가르치고 있고, 반대편 각 책상에서는 AI 튜터가 학생 각자에게 속삭이며 돕고 있을지도 모른다. 모든 아이가 최상의 배움을 누릴 수 있도록, 마을 사람 대신 AI가 함께하는 교육 공동체가 만들어지는 셈이다.

인간 교사가 교실 앞에서 수업을 이끌고, 각 책상에서는 학생들이 개인화된 AI 튜터의 도움을 받는 미래 교실을 상상한 삽화. AI 생성

청년과 진로

유사이언스가 개발한 두뇌 게임형 평가를 이용하는 모습. 출처: 유사이언스

대학 도서관에 앉은 취업준비생 지훈 씨의 모니터에는 잔혹하리만큼 냉정한 데이터가 떠 있었다. 교육 실습 플랫폼 '엘리스'가 분석한 4년간의 코딩 역량 리포트였다. 그가 희망하던 '웹 인터페이스 구현' 항목의 점수는 평균 이하였다. 다만 '데이터 처리 효율성' 점수는 상위 5%를 기록했다. 곧이어 화면에는 그의 강점인 데이터 역량을 필요로 하는 '금융 데이터 분석가' 채용 공고가 추천 리스트 최상단에 떴다. 지훈 씨는 막연히 화려한 웹페이지를 만드는 개발자를 꿈꿨지만, AI는 그의 코드가 가진 '건조하지만 논리적인' 특성을 꿰뚫어 봤다. 그는 결국 AI의 제안을 받아들여 진로를 틀었다. 감(感)으로 직업을 고르는 시대는 지났다.

진로 탐색과 취업, 더 이상의 고민은 없다

고등학교를 졸업하고 사회에 첫걸음을 내딛는 청년들에게 진로 선택은 삶의 커다란 갈림길이다. 예전에는 적성과 흥미를 알아보기 위해 종이 설문지로 된 적성검사나 선생님의 조언에 의존하곤 했다. 이제는 AI가 이 역할을 대신하며, 청년들의 숨겨진 재능과 가능성을 찾아주는 AI 진로 추천 도구들이 속속 등장했다. 미국의 한 플랫폼인 유사이언스(YouScience)는 간단한 두뇌 게임을 통해 개인의 인지적 성향과 강점을 측정하고, 그 결과를 토대로 어울리는 학과와 직업을 추천해준다. 예컨대 유사이언스의 테스트를 거친 한 고교생은 손으로 무언가를 만들고 고치는 데 두각을 보인다는 분석을 받았고, 이를 계기로 자동차 분야에 관심을 가져 고등학생 신분으로 현장 일자리를 얻는 성과를 거뒀다고 한다. 이처럼 AI가 알려준 "당신에겐 이런 재능이 있다"라는 메시지는 청년들에게 새로운 자기 발견과 진로 탐색의 방향을 제시한다.

막막했던 진로 고민에 대해 일종의 "AI 진로 컨설턴트"가 방향을 잡아주는 셈이다. 잡케어는 작성된 프로필을 기반으로 연관 직종을 비교 분석해보고 "나에게 맞는 직종은 무엇일까?"를 데이터로 풀어낸다. AI가 안내하는 진로가 늘 정답인 것은 아니겠지만, 빅데이터를 바탕으로 한 과학적 접근은 청년들에게 새로운 가능성을 열어준다. 막연히 "너는 법조인이 어울릴 것 같다"는 식의 추측 대신, AI는 수만 명의 경로를 참고해 "당신은 분석적이니 데이터 사이언스 분야에서 강점을 발휘할 수 있습니다"라는 식의 구체적인 제안을 건넨다. 이는 청년 세대가 자신의 재능을 보다 객관적으로 바라보고, 넓은 진로 지형도 속에서 길을 찾아가는 데 도움을 준다.

대한민국에서도 이러한 AI 기반 진로 탐색 도구를 교육 현장에 도입하려는 움직임이 활발하다. 일부 대학과 기관에서는 신입생들의 역량 진단을 위해 엘리스(Elice) 플랫폼을 활용한 사례가 눈에 띈다. 엘리스 플랫폼은 자동 채점과 모니터링 기능을 통해 공정하고 신속한 평가를 가능케 했다. 예컨대 학생이 온라인으로 시험을 보면 AI가 실시간으로 부정

행위를 감시하고, 제출과 동시에 점수를 산출하는 식이다.

진로를 정하고 전공을 선택한 후에도 현장 경험을 쌓는 일은 청년들에게 중요하다. 그러나 현실에서는 원하는 기업에 인턴십 한번 해보기가 하늘의 별 따기일 때도 있다. 이때 등장한 것이 메타버스 인턴십이라는 새로운 형태의 체험이다. 팬데믹 시기에 부상한 게더타운(Gather Town) 같은 메타버스 플랫폼은 가상 공간에서 사람들과 만나 소통하고 협업할 수 있게 해준다. 실제 회사 사무실을 본뜬 가상 오피스에 아바타로 출근해보는 체험, 가상 부스에서 회사 프로젝트를 수행해보는 행사 등이 이루어지고 있다. 예를 들어, 한 은행에서는 신입 행원 연수를 대면 대신 게더타운으로 진행해 가상 지점을 만들어놓고 신입사원들이 아바타로 출근하게 했다. 아바타를 움직여 동료들과 대화하고, 화상으로 상사에게 보고도 하는 색다른 연수였다. 또 다른 대기업은 신입 교육 프로그램을 게더타운에서 운영하며 퀴즈 풀이, 팀별 미션 등을 게임하듯 진행하기도 했다. 이러한 메타버스 인턴십이나 연수는 참가자들에게 현실과 비슷하면서도 안전한 모의 업무 경험을 제공한다. 가상의 책상에 앉아 동료 아바타와 잡담을 나누다가, 정해진 시간에 화상 회의방에 입장해 조별 발표를 하는 식이다. 처음엔 어색해하던 청년들도 금세 픽셀 아바타 속 동료들에게 말을 걸며 웃음을 터뜨린다. 현실 공간의 제약 없이 세계 어느 곳의 사람과도 한 공간에서 협업할 수 있다는 점 역시 메타버스 인턴십의 매력이다. 이는 비대면 시대에 실습과 협업 능력을 키울 수 있는 새로운 창구로 자리잡았다. 무엇보다 청년들은 메타버스 속에서 실패를 두려워하지 않고 도전해볼 수 있다. 현실 기업에 바로 투입됐다면 망치기 두려웠을 일도 가상에선 “한번 시도해보자” 하는 마음으로 실행에 옮긴다. 피드백도 즉각적이다. 가상 공간의 특성상 동료 아바타가 바로 옆에 다가와 “여기 이 부분을 고쳐보면 어떨까” 조언해주기도 한다.

졸업을 앞둔 청년들에게 현실적인 큰 산은 취업 면접이다. 수많은 지원자 속에서 스스로를 돋보이게 만들어야 하는 면접 과정은 긴장의 연속이다. 이 면접 풍

게더타운의 가상 오피스 공간에서 아바타들이 책상과 회의실을 오가며 소통하고 협업하는 모습.
출처: 게더타운

경에도 AI가 깊숙이 개입하고 있다. 기업들은 채용 과정에 AI 면접관을 도입하기 시작했고, 취업준비생들은 이에 대비한 AI 모의면접 서비스를 이용하고 있다. 처음 AI 면접 이야기가 나왔을 땐 “기계가 사람을 평가한다고?”라며 놀라는 목소리도 있었지만, 이제는 제법 익숙한 장면이 됐다. 예를 들어 한 스타트업이 개발한 뷰인터HR이라는 솔루션은 국내 최초의 대화형 AI 면접 시스템으로 주목받았다. 실제 사람 면접관처럼 AI 아바타가 지원자에게 질문을 던지고 답변을 들은 뒤, 지원자의 표정, 말투, 내용 등을 종합적으로 분석해 평가 점수를 매긴다. 지원자 입장에선 웹캠 화면 속 AI 면접관과 일대일로 마주 앉아 있는 셈이다. “자기소개를 해보세요” “우리 회사에 지원한 동기가 무엇인가요?” 같은 질문은 기본이고, 때로는 “최근에 읽은 책을 통해 얻은 교훈은?”처럼 돌발 질문이 나오기도 한다. 지원자가 답변하는 동안 AI는 시선 처리, 음성 톤, 얼굴 표정까지 세심히 관찰해 평가 지표로 환산한다. 한 AI 면접 연습 프로그램을 체험

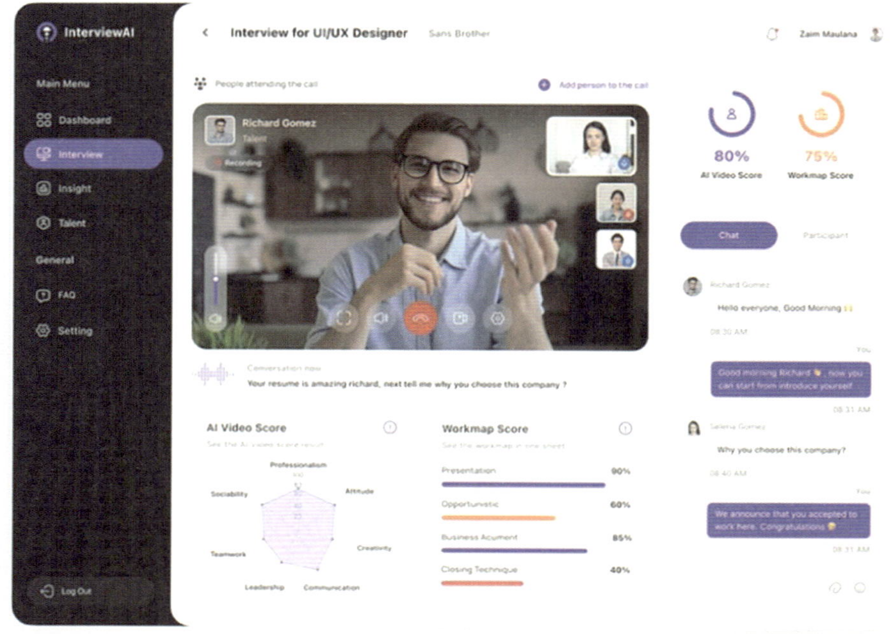

지원자의 영상 면접 내용을 AI가 먼저 분석해 의사소통 능력, 문제 해결력 등 핵심 역량을 점수와 순위로 제시하는 AI 면접 분석 화면.
출처: 뷰인터HR

한 기사에 따르면, AI는 답변 내용의 핵심 키워드를 추출하고 목소리의 떨림이나 긴장도를 감지해 종합 리포트를 제공했다고 한다.

예컨대 "4차 산업혁명 시대의 AI와 지원 분야를 소개하라"는 질문에 한 지원자가 답하자, AI는 그의 자세가 흐트러진 순간, 미소를 지은 순간, 목소리가 작아진 순간 등을 플러스·마이너스 요소로 시각화해 보여줬다고 한다. 면접이 끝나면 AI는 "목소리를 좀 더 크게 하면 자신감이 있어 보일 것입니다" "미소를 지을 때 면접관에게 긍정적인 인상을 줄 수 있습니다" 등의 조언을 포함한 분석 결과를 알려줬다. 지원자는 이를 통해 자신이 제3자의 눈에 어떻게 비치고 있는지를 객관적으로 알게 된다. 실제 AI 면접 솔루션 개발사의 한 관계자는 "AI 면접은

남이 보는 관점으로 자신을 평가해볼 수 있다는 점에서 매력적"이라고 말하기도 했다.

기업 인사 담당자들도 AI 면접을 보조 도구로 활용하며 새로운 가능성을 탐색 중이다. 일례로 AI 면접관 '뷰인터HR'을 도입한 한 회사는, 지원자들의 영상 면접 내용을 AI가 먼저 분석해 역량 순위를 제시하면 이를 참고해 이후 대면 면접 대상자를 추린다고 한다. AI는 편향 없이 의사소통 능력이나 문제해결력 같은 항목들을 점수화하기 때문에, 면접관들이 놓칠 수 있는 부분까지 챙겨볼 수 있다는 게 장점이다. 또한 AI가 BEI(Behavioral Event Interview) 기법을 적용해 지원자의 과거 경험 속 행동 사례들을 평가함으로써, 단순 암기 답변이 아니라 실제 직무 수행 역량을 파악할 수 있다. 이처럼 공정성과 효율성을 높여준다는 이유로 대기업부터 공공기관까지 시범 도입이 이어지고 있다.

논란이 완전히 없는 것은 아니다. 일부 지원자들은 "AI 앞에서 면접을 보니 왠지 더 긴장된다"거나 "내 표정을 기계가 제대로 이해할까?" 하는 불안감을 표출하기도 한다. AI 면접을 치른 한 구직자는 카메라를 속여보려고 커닝(자료 몰래 보기)을 시도했다가, AI가 눈동자 움직임을 포착해 낮은 점수를 줬다는 웃지 못할 경험담을 전하기도 했다. 이러한 우려에 대응해 국내 AI 면접 솔루션 기업들은 기술의 신뢰성 검증에 공을 들이고 있다.

제네시스랩의 뷰인터HR은 2023년 국내 최초로 TTA(한국정보통신기술협회)로부터 AI 신뢰성 인증을 획득하기도 했다. 알고리즘 편향이나 개인정보 보호 조치 등을 종합적으로 검증받았다는 것이다. 이는 지원자들이 "AI 채용이 얼마나 공정한가"에 대해 갖는 불안을 덜어주기 위한 노력이라 할 수 있다. 결국 AI 면접은 인간 면접관을 완전히 대체하기보다는, 채용 과정의 한 단계로서 자리매김하는 추세다. 지원자에게는 새로운 도전이고, 기업에는 효율을 높이는 실험인 셈이다. 인공지능과 함께 취업 관문을 통과하는 경험은, 청년 세대에게 기술과 공존하는 사회생활의 서막을 알리고 있다.

지친 하루의 끝, 지훈 씨를 위로하는 건 데이팅 앱 '힌지'다. "키 165cm 이상, 쌍꺼풀 없는 여자" 같은 단순 조건 필터링은 옛말이다. 지훈 씨는 자신의 가치관, 유머 코드, 주말 라이프스타일에 대한 심층 질문 답변을 앱에 입력했다. 힌지의 AI 알고리즘인 '모스트 컴패터블'은 그의 답변 뉘앙스와 과거 '좋아요' 패턴을 분석해, 매일 한 명의 '운명적 상대'를 추천했다. "이분은 지훈 님처럼 '조용한 주말 캠핑'을 선호하며, 갈등 상황에서 논리적 대화를 중시하는 성향이 96% 일치합니다."

데이터로 발견한 소울메이트

청년들이 사회생활에 안착하고 나면, 인생의 또 다른 큰 주제인 사랑과 마주하게 된다. 예전 세대에는 친척이나 지인의 소개로 배우자를 만나는 중매 문화가 일반적이었다. 현대에 들어서는 스마트폰 데이팅 앱이 그 자리를 차지하면서, 사랑을 찾는 방식도 데이터와 알고리즘의 영향권 안에 들었다. 수많은 사람들이 앱에서 매일같이 좌우로 프로필 카드를 넘기며 이상형을 찾아 헤맨다. 하지만 아이러니하게도 기술의 발전은 "너무 많은 선택지"를 우리 앞에 펼쳐놓아, 정작 제대로 된 인연을 찾기는 더 어려워졌다는 푸념도 들린다. 여기서 다시 AI 중매쟁이가 등장한다. 인간 중매자가 오랜 경험과 촉으로 두 사람을 이어주듯, AI는 방대한 인적 데이터베이스와 알고리즘을 활용해 찰떡궁합 커플을 찾아내려고 시도하고 있다. 그중 눈에 띄는 서비스가 바로 키퍼(Keeper)다.

키퍼는 스스로를 "세계에서 가장 정확한 매칭 메이커"라 소개하는 AI 기반 중매 플랫폼으로, 단순한 데이팅 앱과는 결이 다르다. 이용자는 자신의 가치관, 취미, 성격, 미래 계획 등 매우 상세한 선호 조건을 모두 입력하도록 돼 있다. 가령 "아이를 3~4명 원한다" "배우자는 흡연을 하지 않았으면 한다" "배우자가 고양이를 좋아했으면 좋겠다", 심지어 "레딧(Reddit)을 안 하는 사람이어야 한다" 같은 독특한 조건까지 체크할 수 있다. 이렇게 수십 가지 항목에 걸쳐 이상형의 세부 윤곽을 그려내면, AI가 방대한 후보자 풀 속에서 퍼즐 조각 맞추듯 최적의 한 쌍을 찾아낸다. 키퍼는 실제 "열 쌍 중 한 쌍은 첫 만남 후 장기 커플로 발전한다"고 홍보하며 그 성공률을 자랑한다.

키퍼는 AI 알고리즘뿐 아니라 인간 컨설

AI가 개인의 성향과 취향을 분석해 새로운 인연을 연결하는 디지털 데이팅의 한 장면을 GPT로 생성한 가상 삽화. AI 생성

턴트도 개입시킨다. 일단 AI가 데이터 상으로 이상적인 매치를 선별하면, 키퍼 팀의 실제 매칭 전문가들이 그 조합을 다시 한번 검토한다. 서로 '소울메이트 감'인지 사람의 눈으로도 살펴보는 것이다. 이렇게 품을 들여 성사된 만남은 자연히 가벼운 소개팅보다 진지하게 이어질 확률이 높다.

이러한 AI 중매 서비스는 개인의 삶뿐 아니라 사회적 이슈와도 연결돼 있다. 일본에서는 결혼율 저하와 저출산 문제가 심각해지자 지자체 차원에서 AI 중매 프로그램을 도입했다. 예컨대 사이타마현은 2018년 AI 중매 시스템을 운영한 결과, 최근 1년 동안 38쌍의 커플이 성사됐고 그중 21쌍이 실제 결혼에 골인했다. 이를 계기로 일본 정부는 전국 여러 현에 AI 중매 사업 지원금을 투입하며 적극 장려하고 있다. 참가자 입장에선 저렴한 비용(개인당 2만엔 정도)으로 기존 사람 중매 업체보다 간편하게 인연을 찾을 수 있어 호응이 높다.

중년과 도약

중년의 내공을 깨우는 AI 기술

일요일 아침, 평온한 거실 창가에 앉은 50대 부장 호철 씨의 스마트폰에 짧은 진동이 울린다. 화면에는 퇴직금 시뮬레이션 결과 대신, 그가 지난 몇 달간 동행해온 AI 커리어 에이전트의 분석 보고서가 떠 있다. AI는 더 이상 사용자가 묻는 말에 답하기만 하는 수동적인 도구에 머물지 않는다. 호철 씨의 동의하에 지난 25년간의 프로젝트 수행 이력, 이메일 소통 방식, 심지어 그가 직접 작성한 기술 보고서들을 심층 분석한 AI는 그의 경력을 '부장'이라는 직함이 아닌 '숙련된 기술 데이터'의 집합으로 재해석해냈다.

"호철 님, 귀하가 2018년에 주도했던 공급망 다변화 프로젝트에서 발휘된 '리스크 관리 및 대안 경로 최적화' 능력은 현재 글로벌 반도체 장비 업계가 절실히 찾는 '전략적 구매 전문가' 직무와 93% 일치합니다." 과거의 헤드헌팅이 인맥과 단편적인 이력서에 의존했다면, 이제는 에이트폴드(Eightfold)나 스카이하이브(Skyhive) 같은 '탤런트 인텔리전스' 플랫폼이 개인의 잠재된 '스킬(Skill)'을 추출해내어 전혀 다른 산업군과의 접점을 찾아낸다.

청년들이 사회생활의 시작점에서 적성을 고민한다면, 중년은 축적된 내공을 새로운 시대의 언어로 어떻게 '번역'하느냐의 문제와 싸워야 한다. 과거에는 퇴직 후 치킨집 창업이나 단순 관리직이 중년 전직의 공식처럼 여겨졌으나, 요즘에는 '직함'보다 '보유 기술'을 우선시하는 '스킬 기반 채용(Skill-based Hiring)'이 글로벌 채용 시장의 표준으로 자리 잡았다. 이미 구글, IBM, 에어비앤비 등 주요 테크 기업들은 학위 장벽을 허물고 AI가 검증한 실질적 역량 위주로 채용 시스템을 전면 개편하고 있다. 이러한 흐름 속에서 AI 커리어 에이전트는 개인의 경력을 시장이 원하는 '스킬 셋'으로 상시 최적화해주는 개인 비서의 지위로 올라섰다.

이제 커리어를 전환하는 방식은 단순한 인맥 관리가 아니라, AI가 분석한 '기술 간극(Skill Gap)'을 메우는 데이터 기반의 전략으로 변모했다. 수많은 중년 전문가가 구인 구직 사이트에서 자신의 경력을 설명할 단어를 찾지 못해 좌절할 때, AI는 그들의 경험 속에서 현대 기업이 갈구하는 '소프트 스킬'과 '디지털 리터러시'의 흔적을 발견한다. 실제로 미국 NACE의 2026년 고용 전망 조사에 따르면, 기업의 약 70%가 학위나 과거 직위보다 AI가 검증한 실질적 기술 역량을 채용의 핵심 기준으로 삼겠다고 답했다.

결국 중년에게 AI는 일자리를 빼앗는 위협이 아니라, 자신의 가치를 데이터로 입증해주는 강력한 지렛대가 되고 있다. 데이터라는 객관적인 거울을 통해 자신의 오랜 내공이 여전히 시장에서 유효하다는 사실을 확인했기 때문이다. 이러한 시도는 한국 AI 산업이 인구 구조의 급격한 변화에 대응해 고경력 인재의 경험을 디지털 산업의 적재적소에 재배치하는 중요한 사회적 안전망이자 새로운 성장 동력으로 기능하게 될 것이다.

노년과 죽음 이후

황혼의 외로움, 인간을 보듬은 AI

경기도 용인의 한 실버타운. 85세 오영자 여사의 방에서는 적막 대신 트로트 음악과 웃음소리가 흐른다. 오 여사의 무릎 위에는 손주처럼 생긴 봉제 인형 로봇 '효돌'이 앉아 있다. "할머니, 식사 맛있게 하셨어요? 오늘 혈압약 드실 시간이에요. 어제 손자 민수한테 전화 온다고 했는데 깜빡하시면 안 돼요!" 효돌은 단순한 인형이 아니다. 오랫동안 움직임이 없으면 보호자에게 알림을 보내고, 오 여사가 한숨을 쉬거나 우울한 목소리를 내면 "할머니, 제가 재미있는 퀴즈 내드릴까요?"라며 애교를 부린다. 자식보다 자주 말을 걸어주고, 내 기분을 살피는 반려 로봇 덕분에 오 여사는 우울증에서 벗어났다.

세월이 흘러 연애와 결혼의 시기를 지나면, 인생은 노년기라는 새로운 국면에 접어든다. 평균 수명의 연장과 핵가족화로 인해 현대 사회는 독거 어르신들이 부쩍 늘었다. 예전엔 대가족 속에서 자식들이 부모를 봉양하며 지냈지만, 이제는 떨어져 사는 노부모를 걱정스러운 눈으로 지켜보는 중장년 자녀들이 많다. "오늘도 부모님이 잘 계실까? 혹시 혼자 계시다 넘어지신 건 아닐까?" 하는 불안은 멀리 사는 자녀들의 일상적 고민이 됐다. 이런 상황에서 등장한 것이 인공지능(AI) 돌봄 로봇이다. 일명 효돌이로 대표되는 이 작은 로봇들은 노년의 외로움을 달래주고 안전을 지켜주는 든든한 친구이자 도우미로 자리 잡고 있다. 인형처럼 생긴 효돌이는 겉보기엔 귀여운 어린 손주 인형 같지만, 그 속에는 똑똑한 AI가 탑재돼 있다.

서울에 혼자 사는 72세 할머니 A씨의

부산시가 고령자 돌봄을 위해 도입한 돌봄 로봇 다솜이 모습. 출처: 부산시

하루는 이 AI 돌봄 로봇 인형 '효돌'과 함께 시작된다고 한다. 아침에 눈을 뜨면 효돌이가 "할머니, 좋은 아침이에요. 오늘 건강 잘 챙기세요" 하고 다정히 말을 건넨다. 때때로 "할머니 손은 약손이지요"라고 어린 손주 같은 투정 섞인 위로도 건네준다. A씨는 "효돌이가 옆에 있으면 전혀 외롭지 않고, 누군가 내 곁을 지켜주는 것 같아 든든하다"며 심지어 "사람보다 낫다"고까지 말한다.

이렇듯 혼자 계신 어르신에게 효돌이는 더 이상 기계가 아니라 자식이나 손주 같은 존재가 돼가고 있다. AI 돌봄 로봇은 이미 전국 여러 지방자치단체를 통해 보급 사업이 활발하다. 서울시는 고립 위험이 높은 4만4000여 가구를 대상으로 '스마트 돌봄 서비스'를 운영하며, 대전시는 독거노인 1000명에게 AI 돌봄 로봇 '꿈돌이'를 무료로 지원했다. 이밖에 광명시의 광명이, 부산의 다솜이, 울산의 래미, KAIST의 마이봄 등 지역이나 기관별로 다양한 돌봄 로봇이 개발돼 어르신 곁으로 찾아가고 있다. 형태도 가지각색인데, 봉제인형 형태로 정서적 친밀감을 주는 인형형 로봇, 눈·팔·다리가 달려 움직이며 표정을 짓는 로봇형, 화면과 스피커로 정보를 보여주는 스크린형, 강아지나 고양이 모습을 한 반려동물형 등이 있다. 그중 효돌은 약 7세 어린아이를 닮은 인형형 로봇으로 개발됐으며, 대화 기능, 복약·운동 알림, 움직임 감지, 정서 지원 등 종합적인 돌봄 기능을 갖추고 있다. 현재 1만 대 이상이 어르신들께 보급돼 있을 정도로 인기가 높다.

효돌이는 매일 정해진 시간에 "OO 시간입니다. 산책할 시간이에요" "약 드실 시간이에요" 하고 일상을 챙겨준다. 혼자 사는 노인이 깜빡 잊기 쉬운 식사나 약 복용, 간단한 운동 시간 등을 꼬박꼬박 알려주며 생활 리듬을 놓치지 않도록 도와주는 것이다. 게다가 몸에 부착된 센서와 카메라로 움직임을 24시간 감시해 만약 장시간 움직임이 없으면 보호자에게 즉시 알림을 보낸다거나, 갑작스러운 낙상을 감지하면 긴급 호출을 해주는 안전망 역할도 한다. 어떤 제품은 "살려줘!"라는 음성을 인식해 즉각 119나 응급 구조 센터에 연락을 취해주는 기능까지 갖췄다. 이처럼 항시 대기하는 AI 간병인이 있으니, 멀리 사는 자녀들은 부모님의 안전 걱정을 조금 덜 수 있게 된다.

영원한 이별에서, 영원한 기억으로

오영자 여사는 생의 마지막 정리를 하고 있다. 며칠 전 자녀들 부축을 받아 '딥브레인AI' 스튜디오를 방문해 '리메모리' 서비스를 신청했다. 카메라 앞에서 3시간 동안 인터뷰하고 목소리를 녹음했다. 고향의 추억, 자녀들에게 남기고 싶은 말, 즐겨 부르던 노래까지. 그녀의 표정, 말투, 입 모양, 목소리 톤을 AI가 고스란히 학습했다. "엄마, 우리 집 김치찌개 비법이 뭐였지?" 훗날 오 여사가 세상을 떠난 뒤, 자식들이 추모관 키오스크나 집 거실 태블릿을 통해 이렇게 물으면, 화면 속 오 여사의 AI 아바타는 생전의 따뜻한 미소로 대답할 것이다. "우리 아들, 그게 먹고 싶었어? 김치는 꼭 2년 묵은지를 써야 하고, 돼지고기는 비계 많은 앞다릿살을 숭덩숭덩 썰어 넣어야 제맛이지." 인간은 흙으로 돌아갔으나, 앞으로는 데이터로 남을 것이다. 오 여사의 기억과 인격은 데이터라는 형태로 '영생(永生)'을 얻는다.

인간은 흙 속에 묻히지 않는다. 이제 데이터에 묻힌다. 인생의 마지막 장면인 죽음 앞에서도 AI는 새로운 이야기를 만들어내고 있다. 사랑하는 이를 떠나보낸 슬픔은 인류 보편의 아픔이지만, 과

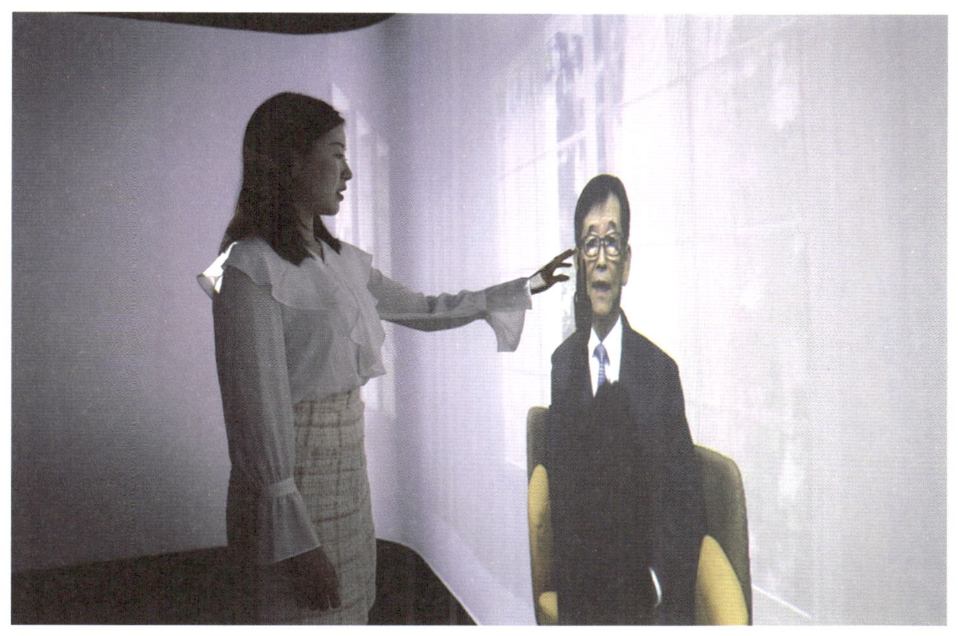

딥브레인AI의 추모 서비스 리메모리를 통해 구현된 AI 고인과 유가족이 화면을 마주하고 대화하는 장면. 출처: 딥브레인AI

학기술의 발전은 그 이별의 방식을 바꿔 놓는 중이다. '리메모리(Re;memory)'라는 이름의 AI 추모 서비스는 세상을 떠난 고인을 가상으로 되살려, 남은 이들이 다시 한번 만나 대화할 수 있게 해준다. 언뜻 공상과학 같지만, 이미 현실에서 상용화돼 활용 사례가 나타나고 있다. 이 서비스를 개발한 딥브레인AI는 처음에는 부모님이 연로해 임종을 앞둔 경우, 미리 생전 영상과 음성을 촬영해 뒀다가 돌아가신 후 AI 부모님으로 구현해주는 프리미엄 서비스를 선보였다. 실제 부모와 자녀가 함께 스튜디오에 와서 3시간 정도 사전 인터뷰 촬영을 하고, 부모님의 목소리 톤과 표정, 제스처 등을 여러 각도로 녹화한다. "젊었을 때 어떤 꿈이 있으셨나요?" "저 어릴 적에 기억나는 에피소드가 있나요?" 등 자녀가 부모에게 묻고 싶은 질문들을 미리 주고받으며 개인화된 대본을 만든다.

이후 수주간의 딥러닝 학습을 거쳐, 부모님의 얼굴과 목소리, 말투, 습관까지 빼닮은 AI 휴먼이 탄생한다. 이렇게 완성된 AI 부모님과는 리메모리 쇼룸이라는 전용 공간에서 재회할 수 있다. 가족들은 조용한 방에 마련된 대형 화면 앞에 앉아 마치 영상통화를 하듯, 눈앞에 나타난 부모님과 대화를 나눈다. "어머니, 그곳에서는 편안하세요?" 하고 여쭙는 자녀에게 AI 어머니는 미소 지으며 "그럼, 나는 늘 너희와 함께 있단다" 하고 답하는 식이다. 실제 이 서비스를 통해 돌아가신 부모와 다시 만난 어떤 가족은, "짧은 시간이었지만 꼭 꿈을 꾸는 것 같았다. 못다 한 말을 전할 수 있어 마음이 한결 가벼워졌다"며 눈물을 흘렸다고 한다.

딥브레인AI 측은 "고인이 된 가족과의 재회가 슬픔에 잠긴 유족들의 마음을 조금이나마 달래길 바란다"는 소망을 밝히기도 했다. 2024년 들어 이 추모 서비스는 리메모리2로 업그레이드돼 더 대중화됐다. 이제는 돌아가신 후에도 남은 사진 한 장과 10초 분량의 음성 기록만 있으면 AI 고인을 만들 수 있게 된 것이다. 일명 '드림아바타' 기술이 적용되어, 생전에 별도 촬영을 하지 못한 경우라도 가족이 제공한 사진과 짧은 음성으로 고인의 얼굴과 목소리를 복원해낸다. 여기에 고인의 말투나 자주 하던 어구 등을 반영하기 위해, 유족들로부터 고인의 생애 이야기와 하고 싶은 말을 몇백 자 받아 대본으로 삼는다. 이렇게 생성된 AI 고인은 영상 편지 형태로 다양한 순간에 등장할 수 있다. 실제 사례로 어느 결혼식장에서 신랑 · 신부의 고인이 된 부모님 AI가 스크린에 나타나 "사랑하는 아들딸아, 진심으로 결혼을 축하한다"며 축복을 건넸다. 하객들은 깜짝 놀랐지만 곧 깊은 감동에 젖었고, 신부는 눈물을 흘리며 "마치 부모님이 곁에 계신 듯 힘이 났다"고 말했다고 전해진다.

이처럼 리메모리 서비스는 장례식장에서 AI 영정 영상으로 활용되기도 하고, 고인의 생일이나 가족 모임 때 깜짝 메시지를 전하는 등 다양한 방식으로 응용되고 있다. 한 상조업체와의 제휴를 통해 장례 절차 중 하나로 포함되면서, 원하는 유족은 장례지도사를 통해 간편히 서비스를 신청할 수도 있게 되었다. 가격 역시 초기의 맞춤형 제작 때보다 낮아져 보다 많은 사람들이 경험할 수 있도록 대중화에 힘쓰고 있다.

AI 추모 서비스를 접한 사람들의 반응은 놀라움과 위로, 그리고 약간의 논란까지 다양하다. "SF 영화가 현실이 됐다" "고인과 대화하는 경험이 신기하면서도 먹먹했다"는 체험담이 나오는 반면 "죽음을 받아들이는 과정을 방해하는 것 아니냐"는 윤리적 성찰도 있다. 심리 전문가들은 기술이 슬픔을 완화하는 도구로 쓰일 수는 있지만, 애도의 본질적인 과정은 인간이 겪어내야 할 몫이라고 말한다. AI를 통해 잠시나마 고인의 모습을 다시 본다고 해도, 결국 이별을 받아들이는 과정은 유예될 뿐이라는 지적이다. 반면, 갑작스러운 사고 등으로 마지막 인사를 못 나눈 경우라면 이러한 AI가 심리적 안식을 줄 수 있다는 의견도 있다.

실제 리메모리 서비스를 이용한 한 남성은 아내를 교통사고로 잃은 후 깊은 죄책감과 우울에 시달렸는데, AI로 구현된 아내와 마지막 대화를 나눈 뒤 한결 마음의 짐을 내려놓게 됐다고 고백했다. "여보, 항상 사랑했고 앞으로도 사랑할 거야"라는 평소 아내답던 AI의 한마디가 그를 눈물짓게 했다고 한다. 그는 그제야 진짜 작별을 고할 용기가 생겼다고 했다. 이런 사례를 보면 AI 추모 기술은 단순히 호기심거리 이상의 정서적 의미를 지니기도 한다.

물론 우려의 목소리도 계속된다. 인간의 기억 속에서만 살아야 할 죽은 이가, 디지털 세상에 시뮬라크르로 살아 있는 것이 윤리적으로 적절한가에 대한 질문이다. 일부는 이를 두고 '죽음의 존엄성 문제'를 제기한다. 그리고 기술적 관점에서도, AI 고인이 실제 그 사람이라고 볼 수 있을까 하는 정체성 문제가 있다. 리메모리로 구현된 고인의 말과 행동은 어디까지나 생전에 수집된 데이터와 가족이 제공한 시나리오의 조합이다. 다시 말해, AI 고인은 기억 속 고인의 반영물일 뿐이며 완벽한 재현은 아니다. 따라서 유족들이 이 점을 분명히 인지하고 대상화된 추억으로 받아들여야 한다는 지적이 있다.

기술 개발사도 이 서비스를 "사랑하는 사람을 기억하는 새로운 방식"이라고 홍보할 뿐, 그것이 진짜 그 사람이라고 주장하지는 않는다. 결국 AI 추모는 추억

을 기리는 하나의 첨단 문화로 자리 잡을 가능성이 높다. 머지않은 미래에는 사람들의 유언장에 "내 AI 아바타를 만들어 가족들에게 보여달라"는 내용이 들어갈지도 모른다. 죽음 이후에도 목소리와 영상으로 남아 가족에게 말을 건네는 모습은, 과거 사진첩을 넘기며 고인을 회상하던 방식에 비해 훨씬 입체적인 기억을 선사한다. 그것이 슬픔을 배가시킬지, 위로를 더할지는 개개인의 마음에 달린 문제일 것이다.

생애주기별로 적용되는 주요 AI 기술
탄생·보육
● 젠프라임·레아
배아 영상과 환자 데이터를 분석해
이식 성공률 높은 최적 시점 예측
● 큐보 AI
딥러닝으로 영유아 얼굴 덮임, 뒤집힘,
위험 구역 진입 감지
● 글럭스킨드·로사
듀얼 모터 기반 오르막 보조와
내리막 제동 자율주행 유모차
● 칸 아카데미·칸미고
GPT-4 기반, 학습자에게 질문을 유도하는
소크라테스식 가정교사
● 홈코트
AR 기술로 농구 슛 폼, 궤적, 성공률을
실시간 트래킹 · 분석
● 스피크
음성 인식 엔진을 통해
실시간 발음과 문장 뉘앙스 교정
● 미노
생성형 AI가 대인관계 맥락을 파악해
맞춤형 대화 가이드 제공
교육
● 엘리스
코딩 학습 데이터 분석을 통한
역량 진단과 맞춤형 진로 추천
● 게더·게더타운
가상 오피스 공간 내
비디오 챗과 실시간 AI 통역 지원
● 제네시스랩·뷰인터
비언어적 행동 분석을 통한
AI 면접 평가와 코칭
취업

AI, 인간다움을 다시 디자인하다

AI는 인간의 탄생, 유년기, 청년기, 중년기, 노년기, 그리고 죽음 이후까지 전 생애에 걸쳐 모습을 드러내고 있다. 진로를 고민할 때 곁에서 조언해주고, 사랑을 찾을 때 짝을 소개시켜주며, 늙어서는 친구가 돼 말벗이 되고, 세상을 떠난 뒤엔 남은 이들의 추억 속에 찾아온다. 한때는 공상처럼 보였던 일들이 이제는 우리 일상의 연장선이 됐다. AI가 우리 삶에 깊숙이 들어오면서, 사람들은 편리함과 새로운 감동을 얻기도 하지만 한편으로 인간다움이란 무엇인가를 되묻기도 한다.

채용 현장에서 AI 면접관에게 미소 짓는 법을 배우는 청년은, 과연 어떤 사람으로 성장해갈까? 알고리즘이 이어준 인연으로 결혼한 부부는 서로를 더욱 소중히 여기게 될까, 혹은 쉽게 맺어진 만큼 쉽게 헤어지게 될까? 효돌이와 정을 나

는 어르신은 결국 외로운 인간일까, 아니면 행복한 인간일까? AI가 답을 알려주고 길을 찾아주는 세상에서 우리는 결정과 책임의 무게를 잊어버리진 않을까? 이러한 물음들은 AI 시대를 사는 우리가 풀어가야 할 숙제다.

분명한 것은 AI가 우리 곁에 너무나 자연스럽게 존재하기 시작했다는 사실이다. 스마트폰을 처음 접하던 날의 신기함도, 인터넷으로 처음 채팅을 하던 떨림도 이제는 희미해졌듯이, AI와 함께하는 매 순간도 머지않아 평범한 일상이 될 것이다. 취업준비생은 아침에 일어나 AI 코치의 피드백을 확인하고 면접 연습을 한다. 점심시간에 직장 동료는 AI 데이트 코디네이터가 골라준 식당에서 소개팅 약속을 잡는다. 오후엔 부모님 댁의 효돌이로부터 "오늘 아버님 혈압이 좀 높으신 것 같다"는 알림을 받고 전화를 드린다. 그리고 언젠가 먼 훗날, 나 자신도 AI 데이터로 남아 사랑하는 가족에게 마지막 인사를 건넬지도 모른다. 이러한 상상들은 더 이상 영화 속 이야기가 아닌, 현실이 될 가능성으로 다가온다.

AI가 인간의 삶 곳곳에 스며든 시대, 우리가 할 일은 기술을 두려워하거나 배격하는 것이 아니다. 오히려 그것을 우리 삶의 일부로 받아들이면서, 동시에 인간만이 할 수 있는 깊이 있는 공감과 창의, 사랑의 의미를 지켜나가는 것이다. AI가 못하는 일들은 아직 많다. AI는 수

AI라는 새로운 동반자를 거울 삼아 인간이 자신과 타인을 이해하고 연결해 나가는 모습을 철학적으로 표현한 챗GPT 생성 삽화.
AI 생성

백만 명의 데이터로 진로를 추천하지만, 스스로 선택하고 그 길을 개척하는 용기는 인간에게서 나온다. AI는 이상형을 매칭해주지만, 상대를 진심으로 이해하고 아껴주는 마음은 사람의 몫이다.

로봇 효돌이는 약을 챙겨주지만, 손을 꼭 잡아주는 따스한 온기는 자식이 방문해서 줄 수 있다. AI 고인이 화면에 나타나도, 가슴으로 울고 웃으며 기억하는 일은 남은 자들의 인간적인 애도로 완성된다.

기술은 진화해도 인간의 본질은 변하지 않는다. 우리는 AI라는 새로운 동반자와 함께 살아가며, 거기서 편리 이상의 무언가를 느끼고 있다. 그것은 아마도 '연결'과 '이해'일 것이다. AI는 우리 각자를 더 잘 알수록 더 좋은 조언을 해주고, 더 맞춤형 서비스를 제공한다. 그 과정에서 우리는 오히려 자기 자신을 이해하게 된다. "아, 내가 이런 사람이고 이런 것을 원하고 있었구나." AI가 들고 온 거울 속에 비친 우리의 모습이다. 그렇게 인간은 AI를 통해 자신과 타인을 새롭게 이해하고 연결되는 길을 찾아간다. 인간은 늘 도구를 만들고, 그 도구와 함께 자신을 확장해왔다. AI라는 도구 또한 그러하다. 결국 중요한 것은 사람과 삶이다. AI가 우리 삶에 얼마나 깊이 들어왔는지를 피부로 느끼면서도, 우리는 여전히 사랑하고 꿈꾸고 기억하는 존재임을 잊지 말아야 한다.

눈앞에 있는 기계 너머에 있는 것은 바로 우리 자신의 삶이니까. AI라는 새로운 동행자와 함께, 인간은 계속해서 자기만의 이야기를 써나갈 것이다. 그 이야기는 기술로 더욱 풍부해지겠지만, 마지막 한 줄 한 줄은 언제나 인간의 손으로 적힐 것이다.

다만 그 손이 글을 적는 방식은 이전과 달라지고 있다. 우리는 이제 혼자서 결정을 내리지 않는다. 추천 알고리즘이 선택지를 좁히고, 예측 모델이 위험을 미리 계산하며, 자동화 시스템이 판단의 순서를 정렬한다. 인간은 여전히 최종 결정을 내리지만, 그 결정을 둘러싼 환경은 점점 더 기계와 함께 구성된다.

이 변화는 편의의 확대라기보다 구조의 이동에 가깝다. 출생과 교육, 노동과 돌봄의 전 과정에서 AI는 보조 수단을 넘어 의사 결정의 한 축으로 이동하고 있었다. 생산성과 안전은 동시에 높아졌고 시간과 비용은 줄어들었다. 그러나 알고리즘의 설계와 데이터의 품질, 시스템을 통제하는 권한 역시 그만큼 중요해졌다. 효율이 커질수록 의존도도 함께 깊어진다.

그래서 질문은 자연스럽게 확장된다. AI는 복합 난제를 해결하는 열쇠인가, 아니면 새로운 위험을 설계하는 장치인가. 문제 해결의 동력인가, 아니면 통제와 불평등을 재편하는 기술인가. 기술은 언제나 효과와 비용을 동시에 만들어왔다. 다만 그 속도와 범위가 달라졌을 뿐이다.

이제 우리는 장면을 넘어 구조를, 편익을 넘어 비용을 함께 살펴봐야 한다. AI가 열어젖힌 가능성과 그 이면의 긴장을 같은 무게로 올려놓고 보지 않으면 변화의 본질을 놓치게 된다. 다음 장은 그 두 얼굴을 동시에 들여다본다.

AI

2부

AI를 보는 두 가지 시선

1장

복합 난제를 푸는 엔진

생산성의 재편

인공지능(AI)이 산업 현장의 생산성 혁명을 이끌고 있다. 2025년은 AI 원년이라고 불릴 정도로, 쓰임이 많아지는 추세다. 제조, 물류, 헬스케어, 금융, 고객 서비스, 콘텐츠 제작, 공공행정 등 분야도 다양하다.

특히 2023년에 접어들며 단순한 챗봇 형태를 넘어, 특정 도메인에 특화된 '버티컬 AI' 모델들이 산업별 난제를 해결하는 핵심 솔루션으로 자리 잡고 있다. 심지어 우리가 먹는 먹거리에도 이미 AI는 깊숙이 들어와 있다. 참치 가시를 발라내는 일에도, 돼지를 키워내는 일에도 모두 AI가 사용되고 있어서다. 모두 인간의 신체 능력을 극한까지 사용해야 했던 일들이, 지금은 AI로 손쉽게 이뤄지고 있다.

특히 단순히 정해진 명령을 수행하던 과거의 자동화를 넘어 이제는 스스로 상황을 판단하고 복잡한 워크플로(작업흐름)를 설계하는 'AI 에이전트'가 현장에 투입되며 인간의 '가상 동료'로 진화하고 있다. 이에 따라 기업들의 AI 관련 일자리 공고가 전년 대비 985% 폭발적으로 증가하는 등 산업 생태계 전반이 '기술 도입' 단계를 지나 '실질적 성과 창출' 단계로 급격히 전환되는 중이다.

AI가 이끌어낼 혁신은 수치로도 나타나고 있다. 생성형 AI가 전 세계 63개 업무 영역에 본격적으로 적용될 경우 글로벌 컨설팅 회사 맥킨지는 세계 연간 국내총생산(GDP)의 15~40% 가치가 추

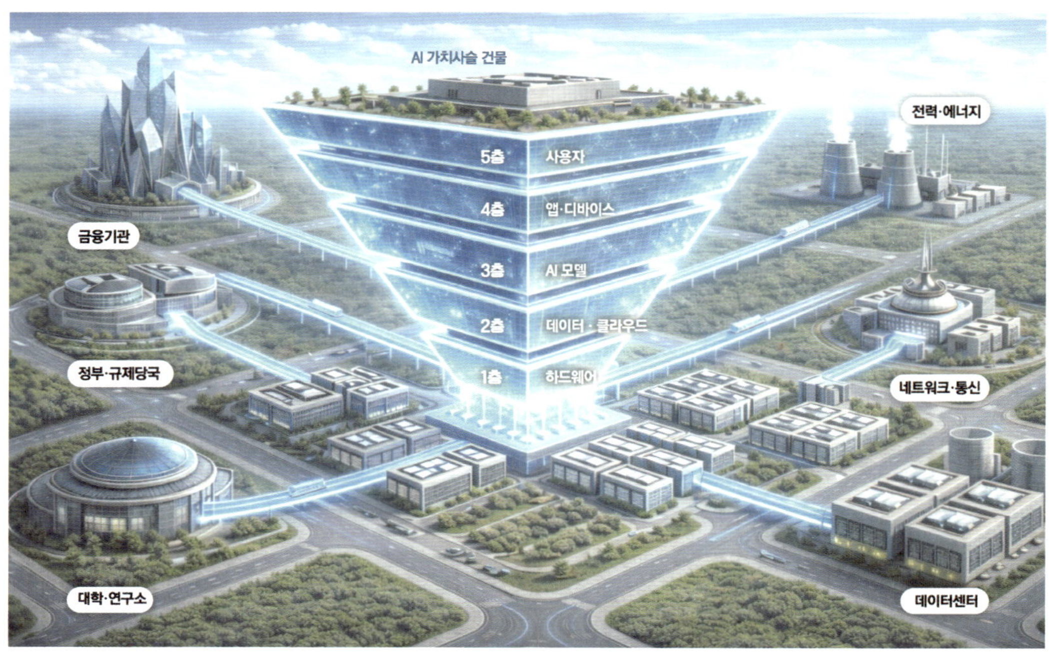

가될 것으로 내다봤다. AI가 연간 2조 6000억~4조4000억달러의 가치를 창출한다는 것이다.

한국은행 역시 AI를 적극적으로 도입했을 때 대한민국 GDP가 4.2~12.6% 증가할 것으로 내다봤다. 한은 보고서에 따르면 노동 인구 감소로 인해 향후 한국의 GDP가 약 16.5% 하락할 위기에 처해 있으나, AI 도입을 통해 이 하락 폭을 5.9% 수준까지 획기적으로 방어할 수있다. 저출산 · 고령화로 인한 성장 둔

한국은행 AI 도입 효과 (2050년 기준, 시나리오 비교)

시나리오	GDP 변화 추정
AI 도입 확대 시	+4.2% ~ +12.6%
AI 미도입 (노동 인구 감소 반영)	-16.5%
AI 도입 노동 감소 완화 효과	-5.9%
생산성 향상 효과	+1.1% ~ +3.2%

출처: 한국은행

화를 상쇄시킬 수 있다는 의미다.

대한민국의 주요 산업 현장에는 이미 AI가 깊숙이 스며들었다. 산업 현장에서는 AI가 이제 선택의 문제가 아니라고 했다. 지금 산업 현장은 어떻게 AI 고도화

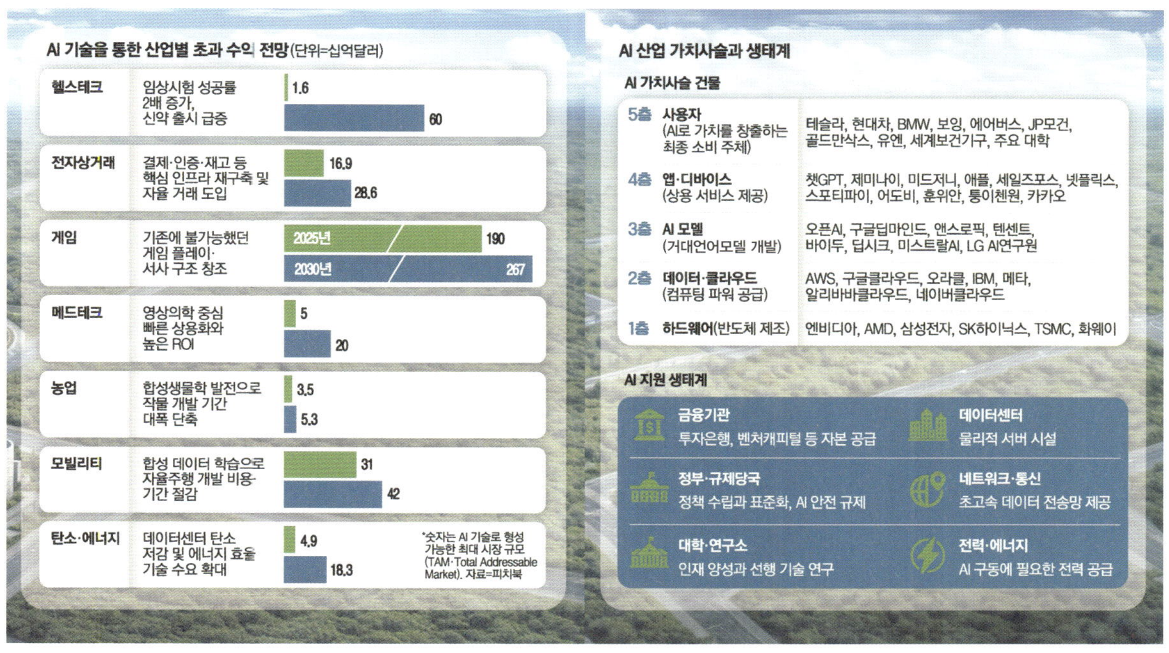

를 시킬 수 있는지에 대해서만 치열하게 고민하고 있다. 실제로 국내 기업의 절반 이상인 약 55.7%가 이미 업무에 생성형 AI를 활용하고 있으며, 10곳 중 9곳 이상이 관련 투자 확대를 계획하고 있다. 특히 현대모비스와 같은 제조 대기업들은 공정 시뮬레이션과 설비 이상 감지에 AI를 전면 배치하며 부가 가치율을 극대화하는 전략을 취하고 있다.

대한민국의 AI 농도는 어디까지 올라왔을까. 이제 관건은 단순한 기술 점유율이 아니라 축적된 데이터를 얼마나 정교하게 학습시켜 실제 수익성 개선으로 연결하느냐 하는 '운영 모델의 재설계'로 옮겨가고 있다.

CASE STUDY

전북 정읍 양돈농가 '하늘농장'
AI 3D 카메라가 체형 측정하고 어미 돼지 사료량 자동 조절

인간의 입안에는 이미 AI가 들어와 있다. 먹거리 생산 현장에서 이미 AI가 적

송영철 하늘농장 대표가 이동식 3D 카메라와 자동급이 장치가 설치된 축사를 보여주고 있다. 출처: 매경DB

극적으로 사용되고 있어서다. 전북 정읍에 있는 양돈농가인 '하늘농장'은 그 대표적 사례다.

매일경제신문 취재진이 직접 찾은 농장, 새끼를 밴 모돈(母豚 · 어미 돼지) 100여 마리가 있는 우리에 들어가자 천장에 설치된 레일을 타고 움직이는 기계가 먼저 눈에 들어왔다. 국내 AI 업체 엠트리센이 세계 최초로 개발한 모돈 정밀 사육 자동화 시스템인 '딥스캔'의 3D 카메라였다. 카메라 센서는 하루 두 번씩 축사를 왕복하며 새끼를 밴 모돈의 체형을 실시간 비접촉 방식으로 측정하고 있었다.

수집하는 데이터의 핵심은 바로 체형, 그중에서도 특히 등각(등줄기 각도)이다. 모돈의 몸매 관리는 돼지 사육에서 가장 중요한 부분이다. 체형이 야위면 연속해서 새끼를 낳는 능력과 수태율이 떨어지고, 비만이면 초유 생산량이 약

23% 감소해 새끼 돼지가 죽을 가능성이 높아진다.

딥스캔은 24시간 모돈 체형을 확인해 적정치보다 비만인지, 저체중인지에 따라 사료량을 자동으로 조절해 준다. 이전에는 사람이 직접 등지방 측정기를 들고 다니며 수백 마리의 체형을 일일이 재야 했다.

양돈 경력 35년인 송영철 하늘농장 대표는 "AI 덕분에 모든 모돈이 최적의 체형을 유지하게 됐다"며 "이제는 발정 체크나 농장 주변 정리, 직원 관리 등에 시간을 더 할애한다"고 말했다. 도입 6개월 만에 수태율 상승과 사료비 절감을 체감한 송영철 · 이혁순 부부는 엠트리센의 AI 분만 관리 솔루션인 '딥아이즈'와 '딥피드'를 추가 도입하기로 했다.

김준규 엠트리센 부사장은 "딥스캔 도입만 도입해도 모돈당 연간 생산 자돈 수가 평균 1마리 이상 늘어난다"며 "매출 10% 증가 수준"이라고 밝혔다.

'딥아이즈'를 설치하면 모돈의 분만 시점도 정확히 알 수 있다. 모돈이 산통을 느끼기 시작하면 기립 횟수가 증가하는데, AI가 이를 포착해 알려주면 사람이 즉각 조치를 취해 난산 · 사산 위험을 줄인다. 새끼 돼지들이 태어나자마자 고품질 초유를 먹지 못하면 폐사할 가능성이 높기 때문에 모돈의 분만은 초유가 나오는 3시간 안에 마쳐야 한다. 돼지는 1년에 2회 이상 분만하며 한 번에 15~20마리씩 낳는다.

양돈은 AI를 도입하는 것만으로 즉각적 효과를 볼 수 있는 몇 안 되는 분야로 꼽힌다. 딥스캔과 딥아이즈를 모두 도입하면 투자비가 3억원(모돈 300마리 기준) 정도 들지만, 이를 모두 회수하는 데 걸리는 기간은 8~9개월이라는 설명이다. 엠트리센은 돼지의 가격 기준인 체중을 실시간 체크해주는 '딥그로우'와 모돈 간호 · 분만을 도와주는 'AI 로봇'도 단계적으로 출시할 예정이다.

국내 약 3000개 축산 농가 중 40여 곳이 엠트리센을 통해 AI 전환(AX) 중이다. 다만 AX 실패 사례가 주는 시사점도 현장에서 포착됐다. 김준규 부사장은 "도서 지역 농가처럼 인터넷이나 전력 공급이 원활하지 않으면 AI 도입이 어렵다"고 설명했다. 이어 "직원의 심리적 저항을 줄이는 것이 AX 성공의 관건"이라며 "AI로 발생한 초과 수익을 직원 인센티브로 환원하는 등 운영의 묘가 더해져야 한다"고 강조했다.

CASE STUDY

동원F&B 창원공장

육안으론 못 찾는 가시 제거하는 AI

국민 먹거리로 '참치'를 빼놓을 수 없다. 찌개에도, 비빔에도, 지짐이에도, 이만한 먹거리가 없어서다. 참치 역시 AI가 생산에 깊이 관여하고 있는 품목 중 하나다. 매일경제신문 취재진이 동원참치 창원 F&B공장을 방문하면서 든 생각이다.

경남 창원시 동원F&B 공장 입구에 들어서자 비릿한 훈기가 마스크를 뚫고 들어왔다. 갓 쪄낸 수만 마리 참치가 풍기는 냄새다. 컨베이어 벨트에서는 100여 명의 베테랑 작업자가 참치 가시를 발라내고 있었다. 대부분 경력이 10년을 넘는다. 가시를 고르는 손길은 컨베이어 벨트의 속도만큼이나 날렵했다. 참치의 뼈대를 제거하고, 형형색색의 플라스틱 박스에 살코기(Loin)만 얹어서 흘려보내고 있었다.

공정이 한창인 생산 라인의 끝자락, 아

창원 동원F&B 공장서 작업자가 AI가 걸러낸 참치캔을 살펴보고 있다. 출처: 동원F&B

직 뚜껑을 얹지 않은 참치 통조림이 쉴 새 없이 컨베이어 벨트로 옮겨지고 있을 때 날카로운 파열음이 들렸다. "탕, 탕". 공기총 소리처럼 들리는 굉음과 함께 겉으론 멀쩡해 보이는 참치통조림 하나가 가차 없이 옆 라인으로 튕겨 나갔다. 뚜껑이 닫히기 전 마지막 관문에서 'AI 엑스레이'에 의해 적발된 제품이었다. 이 장비는 초당 수십 개의 캔을 투시하며, 설정된 기준값에서 조금이라도 벗어난 밀도가 감지되면 즉시 압축 공기를 쏘아 불량품을 선별해낸다.

튕겨 나온 '불량 의심' 캔을 베테랑 작업자가 유심히 살펴봤다. 살코기를 헤집자 작은 가시가 여지없이 발견된다. 참치 색과 같고, 너비도 실오라기 같아서 육안으로는 식별이 불가능한 가시였다. 베테랑 작업자들의 눈을 피해 간 미세가시는 AI에 적발됐다. 가시뿐만 아니라 금속 파편이나 기타 이물질까지도 인공지능은 0.1㎜ 단위의 오차로 잡아낼 만큼 정교한 수준에 도달해 있다.

현장 관계자는 "10년 넘게 일한 베테랑 작업자들이 1차로 뼈와 270개 가시를 발라내지만, 살 속에 깊이 박힌 미세한 가시는 사람의 눈만으로는 100% 걸러내기 힘들다"며 "기존 엑스레이가 큰 가시 정도만 잡았다면, 딥러닝으로 수십만 장의 뼈 이미지를 학습한 AI는 뼈와 살의 밀도 차이까지 분석한다"고 전했다.

특히 참치 살코기의 수분 함량이나 결에 따른 음영 변화를 AI가 데이터로 구분해 내면서 오탐률을 획기적으로 낮춘 것이 기술의 핵심이다.

동원그룹에 따르면 'AI 수문장'을 도입한 후 2025년 소비자 불만 접수 건수는 전년보다 20% 줄었다. 이처럼 하루 180t, 65만개에 달하는 참치캔이 AI에 의해 최종 검증을 받고 소비자 식탁에 오르고 있다. 생산 효율성을 유지하면서도 품질 안전성을 극대화한 결과는 곧바로 시장 점유율과 브랜드 신뢰도 상승으로 이어진다.

동원은 AI를 '최종 수문장'에 이어 '최전방 공격수'로 배치해나갈 계획이다. 수십 년간 선장들의 '감'에 의존하던 참치 조업 방식을 데이터 기반으로 송두리째 바꾸는 작업을 진행 중이다. 이는 망망대해에서 어군을 찾아 헤매는 불확실성을 최소화하고, 과학적 근거에 기반한 효율적어로 활동을 가능케 하는 전략이다.

회사는 과거 헬리콥터와 망원경으로 참치 떼를 쫓던 방식 대신 이제는 드론과 AI를 활용하는 방법을 준비하고 있다. 지난 수십 년간 축적된 조업 데이터와 해양 기상 데이터까지 AI가 종합 분석해 참치 떼의 이동 경로를 예측하고, 최적의 조업 포인트를 선장에게 '찍어'줄 날이 머지 않았다.

수온 변화, 해류의 흐름, 플랑크톤 분포 등 복합적인 변수를 AI가 실시간으로 계산해 어군이 형성될 가능성이 가장 높은 구역을 특정해주는 방식도 가능할 수 있다는 점이다. 이를 통해 유류비를 대폭 절감하고 조업 기간을 단축하는 등 수산

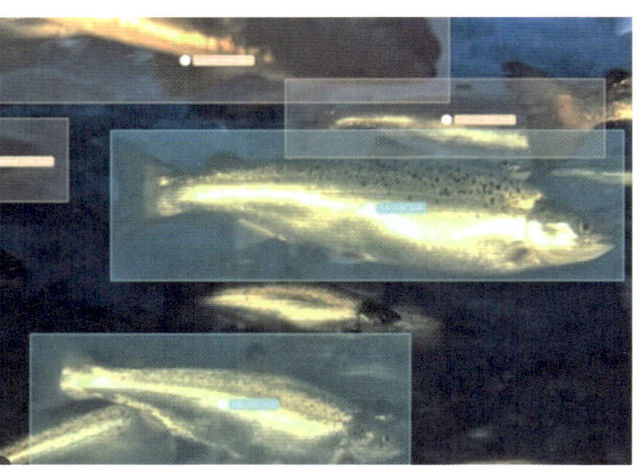

노르웨이 해상 연어 양식장에서 수중 카메라와 환경 센서를 결합한 AI 모니터링 시스템이 가동되는 모습. 연어의 행동 데이터와 수질 정보를 실시간으로 분석해 이상 징후를 조기에 감지하고 양식 관리를 자동화한다. 출처: 외신

업의 근본적인 체질 개선이 가시화되고 있다.

광활한 바다에서 참치를 찾아내는 AI 기술이 조업의 방식을 바꾸고 있다면, 또 다른 변화는 물고기를 일정 공간에서 기르는 양식업 현장에서 일어나고 있다.

양식업 현장에서는 AI를 활용해 생산량을 늘리기보다, 질병과 폐사로 인한 손실을 줄이려는 시도가 점차 확산하고 있다. 양식업은 수온 변화, 산소 농도 변동, 질병 확산에 특히 취약한 산업이다. 한 번의 사고가 전체 출하 물량에 치명적인 타격을 줄 수 있기 때문이다.

대표적인 사례로 자주 언급되는 곳은 노르웨이다. 노르웨이는 세계 최대 연어 수출국으로 대규모 해상 양식장을 운영하며 비교적 이른 시기부터 디지털 기술을 도입해왔다. 수중 카메라와 각종 환경 센서를 결합한 AI 모니터링 시스템이 실제 양식 관리에 활용되고 있다. 이 시스템은 연어의 유영 속도, 군집 밀도, 먹이 반응과 같은 행동 데이터를 지속적으로 수집하고, 이를 AI로 분석해 이상 징후를 감지한다.

AI가 주목하는 신호는 눈에 띄는 폐사

보다 훨씬 이전 단계에서 나타난다. 수온이나 용존산소 농도가 변할 때 연어의 움직임이 미세하게 달라지고, 사료 섭취 패턴이 흐트러지는데, 이러한 변화를 AI가 조기에 포착해 경고를 보낸다. 양식업 종사자들은 이 신호를 바탕으로 사료 공급량을 조정하거나 가두리 환경을 점검해 피해 확산을 막는다. 과거처럼 폐사가 발생한 뒤 원인을 추적하는 방식과는 차이가 있다.

이러한 AI 기반 관리 방식은 생산성을 극적으로 끌어올리는 기술이라기보다 손실을 줄이고 운영의 예측 가능성을 높이는 기술에 가깝다. 실제로 노르웨이 양식업계에서는 AI를 사람의 경험과 감각을 완전히 대체하는 존재가 아니라, 이를 보완하는 '관리 도구'로 받아들이는 경향이 강하다. 이는 앞선 양돈 사례에서 AI가 사료 조절과 분만 시점 예측을 통해 안정성을 높인 방식과도 결이 닿아 있다.

국내에서도 비슷한 흐름이 나타나고 있다. 해양수산부는 스마트 양식 클러스터 사업을 통해 AI 기반 양식 관리 기술을 실증하고 있다. 일부 양식장에서는 어류 움직임과 섭이 패턴, 수질 데이터를 결합해 질병 가능성을 사전에 파악하려는 시도가 진행 중이다. 아직은 시범 단계에 가깝지만, 기존의 사후 대응 중심 양식 방식에서 벗어나려는 시도가 확대되는 모양새다.

양식업은 노동 강도가 높고 숙련 인력 확보가 점점 어려워지는 분야이기도 하다. 이 때문에 AI는 인력을 대체하는 기술이 아니라 소수 인력이 넓은 양식장을 안정적으로 관리하기 위한 보조 수단으로 먼저 도입되고 있다. "AI 덕분에 더 많이 키운다"라는 개념보다는 "한 번의 사고로 모든 것을 잃을 위험을 줄이고 있다"는 설명이다.

이처럼 AI는 농장과 공장을 넘어, 바다 위 양식장까지 확장되며 인간의 식탁을 떠받치는 보이지 않는 관리자로 자리 잡고 있다. 생산량을 극대화하는 공격적인 기술이 아니라, 불확실성과 손실을 줄이는 방어적 기술로 먼저 효과를 입증하고 있다는 점은 앞선 양돈과 참치 사례와도 맞닿아 있다. AI는 이미 우리가 먹는 것의 안전성과 안정성을 조용히 재편하고 있다.

기름으로 뒤덮인 공장은 옛말

제조업에서는 AI와 로봇, 디지털 트윈 등이 결합된 스마트팩토리가 생산 현장을 혁신하고 있다. 디지털 트윈 기술이란 실제 공장과 똑같은 쌍둥이 공간을 컴퓨터 속에 구현해, 실제 가동 전 수만 번의 사전 모의실험을 거쳐 최적의 동선을 찾아내는 핵심 기술이다.

한국 정부는 제조업에 AI를 접목하는 선도 프로젝트들을 추진하면서 '생산성 30% 이상 향상, 제조비용 20% 이상 절감, 불량률 50% 이상 감소' 등의 효과를 기대 중이다. 실제 현장에서도 품질과 효율이 눈에 띄게 개선되고 있다. 비단 대기업만의 얘기는 아니다. 자동차 부품을 생산하는 국내 중소기업인 코아비스는 AI 및 가상모델을 활용한 자율형 공정관리를 도입한 결과, 생산성이 56% 향상됐고 설비 트러블 발생도 20% 감소했다.

코아비스는 수동 공정이었던 연료 펌프 조립 라인에 AI 기반 검사 시스템을 도입해, 아주 미세한 균열까지 잡아내는 성과를 거뒀다. 불량 예방과 최적 공정 제어를 AI가 지원해 적은 인력으로도 더 많은 생산을 안정적으로 이뤄낸 사례다. 이는 한정된 인력으로 최대 생산을 해야 하는 제조업계에 시사하는 바가 크다.

부산의 표면처리 전문 중소기업인 동아플레이팅은 스마트공장을 구축한 우수 사례로 꼽힌다. 삼성전자 멘토링 등을 받아 제조 실행 시스템(MES)을 도입하고 AGV 자율운반 로봇, 전자가격표시(ESL) 등 첨단화를 이룬 결과 시간당 생산량이 37% 증가했고 제품 불량률은 77% 개선됐다. 특히 도금액의 온도를 일정하게 유지하기 위해 인공지능이 센서 데이터를 분석해 가열 장치를 자동 제어하는 방식은 품질 안정화의 일등 공신으로 꼽힌다.

특히 작업 환경이 열악한 도금 공정에서 근로자의 근골격계 부담을 덜고, 실시간 데이터 모니터링으로 품질을 크게 높인 점이 주목된다. 과거에는 작업자가 매번 수동으로 약품 농도를 측정했으나, 이제는 인공지능이 자동으로 최적의 성분을 배합한다.

불량률 감소는 낭비를 줄이고 고객 신뢰를 높여주는 효과가 있으며, 37%의 생산성 향상은 인력난 속에 큰 경쟁력이 된다. 전통주 제조업체인 화요도 AI 기반 공정 자동화를 도입해 생산 효율과 품질을 모두 잡았다. 스마트팩토리 구축으로 생산성 12% 향상, 제품 불량률 11% 감소를 이뤘고, 특히 현장 작업자의 설비 모니터링 소요 시간이 하루 120분에서 5분으로 단축되는 등 운영 효율이 극대화됐다. 화요는 증류 원액의 숙성 과정에서 온도와 습도를 인공지능이 미세하게 조정해 장인의 감각에 의존하던 맛의 균일성을 데이터로 확보하는 데 성공했다.

해외 사례로 독일 지멘스는 AI 기반 예측 유지보수 시스템을 도입해 설비 고장률을 75%나 감소시키고 전체 생산성을 20% 향상시켰다. 과거에는 예기치 못한 설비 고장으로 생산이 중단되는 일이 잦았지만, AI가 미리 이상 징후를 감지해 부품 교체 시점을 알려주면서 라인 가동률이 크게 올라간 것이다. 지멘스의 암베르크 공장은 AI가 제품 주문부터 생산 과정의 모든 데이터를 분석해 99.9% 이상의 수율을 유지하는 세계 최고의 지능형 공장으로 평가받는다. 이는 AI가 단순 자동화를 넘어 스스로 최적화하는 공장을 현실화했음을 보여준다.

현대자동차그룹은 싱가포르 글로벌 혁신센터(HMGICS)를 통해 AI가 주도하

전통주 제조업체 화요의 스마트팩토리에서 AI 기반 설비 모니터링 시스템이 공정 전반을 실시간으로 관리하는 모습.
출처: 화요

현대차그룹 싱가포르 글로벌 혁신센터 내부 모습. 출처: 현대차그룹

는 '세포형(Cell)' 제조 방식을 새롭게 선보였다. 이 방식은 기존의 긴 이송대 대신 독립된 작업 공간인 '셀'에서 로봇과 인간이 협력해 맞춤형 차량을 제작하는 구조다. 이를 통해 한 라인에서 여러 차종을 동시에 생산할 수 있는 유연성을 확보했으며 AI는 로봇의 움직임을 실시간 최적화해 충돌을 방지하고 작업 속도를 최대화한다.

독일 완성차 업체 BMW는 2024년부터 전 세계 주요 공장에 AI 비전 검사 시스템을 확대 적용하고 있다. BMW는 차체 용접 상태, 도장 표면의 미세 결함, 조립 공정에서 발생할 수 있는 오차를 AI 카메라로 실시간 분석해, 불량 가능성이 높은 지점을 즉각 분류한다. 과거에는 숙련 작업자가 육안으로 확인하던 공정이었지만, 이제는 AI가 먼저 이상 징후를 표시하고 작업자가 최종 판단을 내리는 구조로 바뀌었다. BMW는 이 같은

AI 기반 품질 관리가 생산 속도를 유지하면서도 재작업과 폐기 비율을 줄이는 데 기여한다고 설명한다.

특히 차종이 다양해지고 맞춤형 옵션이 늘어나는 상황에서, 동일한 품질 기준을 유지하는 것이 핵심 과제로 떠오른 만큼 AI 비전 시스템은 숙련 인력 의존도를 낮추는 보완재로 활용되고 있다.

대만 반도체 기업이자 세계 1위 반도체 위탁생산(파운드리) 기업 TSMC는 공정 데이터와 AI를 결합해 수율 예측과 공정 이상 감지에 활용하는 범위를 넓히고 있다. 반도체 제조는 미세한 환경 변화만으로도 불량이 발생할 수 있는 산업인 만큼 AI는 공정 조건의 미세한 변화를 조기에 포착해 대응 시간을 앞당기는 역할을 맡고 있다. TSMC는 이를 통해 첨단 공정에서의 변동성을 줄이고, 안정적인 양산 체계를 유지하는 데 초점을 맞추고 있다. 이들 사례는 제조업에서 AI의 역할이 단순 자동화나 인력 대체에 머물지 않음을 보여준다.

이처럼 제조 현장에서 AI 도입은 생산 속도를 높이고 품질을 균일화하며, 인간이 하기 위험하거나 힘든 작업을 대신하고 있다. AI 비전 기술은 육안으로 판별하기 어려운 금속 내부의 기포까지 0.1초 만에 식별해 내며 검수 공정의 병목 현상을 해결한다.

물론 모든 기업이 이런 극적인 효과를 내는 건 아니다. "AI만 탑재하면 모든 것이 해결될 것이라는 막연한 생각으로는 투자자본수익률(ROI)을 달성하기 어려우며 사전 데이터 준비와 현장 맞춤 전략이 필수"라는 지적도 있다. 데이터의 품질이 낮으면 인공지능의 예측력도 떨어지기 때문에, 현장의 아날로그 정보를 정교하게 디지털화하는 기초 작업이 선행돼야 한다는 주장도 있다.

제조업의 AI 혁신은 궁극적으로 저출산 · 고령화로 인한 인력 부족 문제를 완화하고, 위험하고 힘든 생산직의 일자리 질을 높이는 긍정적 변화로 이어질 전망이다. 이제 공장은 더 이상 기름 냄새 풍기는 어두운 곳이 아니라, 데이터와 알고리즘이 흐르는 첨단 기술의 집약체로 탈바꿈하고 있다.

구조적 문제 해결의 가능성

숙련도 격차의 종말… AI가 가져온 '지식 노동의 상향 평준화'

생산성 혁신의 가장 파괴적인 지점은 단순히 작업 속도가 빨라지는 것을 넘어 AI가 인간의 '숙련도 격차'를 획기적으로 줄여준다는 데 있다. 과거의 기술 혁신이 숙련공의 자리를 기계가 대체하는 방식이었다면, 생성형 AI는 미숙련자가 전문가의 영역에 빠르게 진입할 수 있도록 돕는 '지식의 사다리' 역할을 수행하고 있다.

실제로 하버드대학교와 매사추세츠공과대학교(MIT), 보스턴컨설팅그룹(BCG)이 공동 진행한 연구 결과에 따르면, 생성형 AI를 업무에 도입했을 때 하위 50% 성과자의 생산성이 무려 43% 향상되는 결과가 나타났다. 반면 상위권 성과자의 향상 폭은 약 17%에 머물렀다. 이는 AI가 인간의 능력을 보조하는 단계를 넘어, 조직 내 실력 격차를 사실상 소멸시키는 '실력의 상향 평준화'를 이끌어내고 있음을 방증한다.

이러한 변화는 특히 고숙련 인력 부족에 시달리는 대한민국 기업들에 새로운 돌파구가 될 수 있다는 기대감도 준다. 신입 사원이 투입 즉시 방대한 사내 데이터를 학습한 '버티컬 AI'의 도움을 받아 시니어급의 통찰력이 담긴 보고서를 작성하거나, 복잡한 코딩 오류를 단 몇 초 만에 잡아내는 모습은 이제 흔한 풍경이 됐다. 결국 AI 네이티브 시대의 기업 경쟁력은 '얼마나 많은 전문가를 보유했는가'에서 'AI를 활용해 주니어 인력을 얼마나 빠르게 전문가급으로 변모시키는가'로 재편되고 있는 셈이다. 이는 저출산으로 인한 노동력 질적 저하 문제를 해결할 수 있는 가장 현실적이고 강력한 대안으로 평가받는다.

알고리즘이 지배하는 물류 혁신

물류 산업에서 창고 자동화와 AI 기반의 최적화는 단순히 속도를 높이는 도구를 넘어 생산성 혁명의 핵심 동력으로 자리 잡았다. 이는 전통적인 노동집약적 구조를 기술과 자본이 집약된 지능형 인프라로 완전히 탈바꿈시키고 있다.

특히 전자상거래의 폭발적인 성장과 만성적인 인력난 속에서 AI는 더 빠르고 저렴한 배송을 실현하는 유일한 해법이 되고 있다. 이러한 변화의 최전선에 서

아마존 세쿼이아 로봇이 작동 중인 물류센터.

출처: 아마존

있는 세계 최대 물류 기업 아마존은 이미 전 세계 300여 개 물류센터에서 100만대 이상의 로봇을 운영 중이며, 배송 작업의 상당 부분을 로봇이 처리하는 수준까지 올라왔다. 최근 도입된 차세대 로봇 '세쿼이아(Sequoia)'는 재고 식별 속도를 이전보다 75% 높이고 주문 처리 시간을 최대 25% 단축하며 인간과 로봇의 협업 밀도를 극대화하고 있다.

여기에 현재 전면 상용화된 지능형 로봇 팔 '스패로(Sparrow)'는 과거 로봇이 다루기 까다로웠던 수백만 개의 비정형 상품들을 고도의 비전 AI 기술로 완벽히 구분해내며 창고 내 무인화 공정을 완성 단계로 끌어올렸다. 이러한 지능형 제어 시스템 덕분에 작업자 한 명이 하루에 처리하는 소포 물량은 2015년 약 175개에서 2024년 3870개로 20배 이상 폭증했다. 현재는 AI가 작업자의 피로도와 근육 부하를 실시간으로 계산해 업무 동선을 배분하는 인간 중심의 최적화 단계까지 진화했다.

이처럼 로봇 자동화가 반복 작업에서 인간을 빠르게 대체하고 있음에도 불구하고, 아마존은 '업스킬링 2025'의 성과를 이은 2026년 신규 프로그램을 통해 70만명 이상의 직원을 로봇 관리자나 데이터 분석가 등 고숙련 인력으로 성공적으로 재교육하며 고용의 질을 높이는 전략을 취하고 있다.

실제로 단순 포장 업무를 수행하던 직원이 로봇 운영 전문가로 전환되며 급여가 2.5배 상승한 사례는 기술 혁신이 일자리 소멸이 아닌 '직무의 고도화'로 이어질 수 있음을 보여주는 강력한 증거가 된다. 쿠팡 역시 이러한 흐름에 발맞춰 '랜덤 스토' 방식을 AI로 극도로 정교화함으로써 작업자의 이동 거리를 수 킬로미터 이상 단축시켰다. 나아가 배송 차량의 적재 공간을 AI가 3D로 시뮬레이션해 빈틈없이 채우는 '테트리스 적재 알고리즘'을 통해 단 한 번의 운행으로 처리할 수 있는 물동량을 극대화하며 로켓배송의 경제성을 완성했다. 국내 물류회사인 CJ대한통운 역시 AI 예측 시스템을 통해 국제 물류 효율을 획기적으로 높였다. 해상 운송 화물선의 도착 시간을 예측하는 '카고 트래킹' 시스템은 기존 40%에 불과하던 예측 정확도를 AI 도입 후 85%까지 향상시켰다.

DHL 물류센터 내부에서 로봇이 업무를 수행하는 모습. 출처: DHL

이는 전 세계 해역의 기상 상태, 항만 적체 현황, 선박의 과거 이동 경로 등 수억 건의 데이터를 실시간으로 분석해 오차 범위를 시간 단위로 줄인 결과이며, 이를 통해 수출입 기업들은 안전재고를 약 30~40% 줄여 창고 임대료와 관리비 등 물류 비용을 직접적으로 절감하는 경영상의 이점을 누리고 있다.

이러한 지능형 흐름은 육상 운송 플랫폼 '더 운반'으로 이어져 화주와 차주를 직접 연결하고, AI가 최적의 운임과 경로를 실시간으로 제안함으로써 중간 유통의 거품을 걷어내고 있다. 더 운반 플랫폼은 화물차의 공차 운행 비율을 전년 대비 두 자릿수 수준으로 추가 감소시키며 물류 효율화뿐만 아니라 탄소 배출 저감이라는 환경적 가치까지 동시에 실현하고 있다.

독일 DHL은 AI와 디지털 트윈을 결합해 물류센터 내부를 가상 공간에 그대로 복제하고, 작업 동선과 적재 현황을 실시간으로 최적화하는 프로젝트를 확대 중이다.

이 시스템은 단순히 로봇을 빠르게 움직이는 것에 그치지 않고, 특정 시간대의 작업 몰림 현상을 사전에 예측해 작업 순서를 조정함으로써 작업자의 대기 시간을 줄이고 현장의 운영 가능성을 최상으로 유지한다. DHL의 이러한 '예측형 운영'은 글로벌 물류의 중요한 표준으로 자리 잡으며 '속도보다 정확도와 지속 가능성'을 중시하는 새로운 물류 철학을 전파하고 있다.

기술의 진화는 스타트업들의 도전적인 실험을 통해 더욱 다채로운 갈래로 확산되고 있다.

미국의 로커스 로보틱스는 작업자를 완전히 대체하지 않고 함께 이동하며 피킹 동선을 최적화하는 자율주행 이동 로봇(AMR)을 통해 중소규모 물류센터에서도 저비용으로 자동화를 실현할 수 있음을 입증했다. 유럽 최대 패션 플랫폼 잘란도(Zalando)와 글로벌 뷰티 기업 로레알은 생성형 AI를 이용해 고객의 모호한 요구사항을 구체적인 제품 배송으로 연결하는 '대화형 커머스' 시대를 열었다. 로레알의 '뷰티 지니어스'는 2026년 현재 전 세계 수천만 명의 피부 데이터를 학습해 초개인화된 진단을 제공하며, 물류의 시작점인 '수요 예측'의 정밀도를 극대화해 과잉 생산과 재고 낭비를 차단하고 있다.

주요 이커머스 사이트의 AI 추천 트래픽

도메인	AI 추천 트래픽 점유율	그중 챗GPT 비중
etsy.com	10.0%	90.3%
wayfair.com	9.0%	83.5%
zillow.com	6.0%	87.6%
carvana.com	3.0%	96.8%
amazon.com	2.0%	90.0%
expedia.com	2.0%	96.2%
booking.com	0.3%	95.1%

출처: 시밀러웹 · 세미애널리시스 · 미래에셋증권 리서치센터

마지막으로 배송의 종착지인 라스트마일 영역에서는 집라인(Zipline)과 같은 스타트업들이 AI 기반 비행 제어 시스템을 탑재한 자율비행 드론으로 의료 물품과 식료품 배송의 사각지대를 메우고 있다. 드론은 기상 변화와 장애물을 실시

간으로 인식하며 최적 경로로 비행함으로써 트럭 중심 물류망의 한계를 보완한다. 결국 물류 AI 혁신은 거대 기업의 무인 창고부터 스타트업의 드론 배송까지 하나의 유기적인 지능망으로 연결돼 오배송률을 0.01% 이하로 낮추고 인류의 자원 활용 효율을 극대화하는 '완전무결한 공급망'을 향해 나아가고 있다.

성장의 '만능 열쇠' 된 AI

밤을 새워가며 수백 장의 실험 결과지를 뒤적이던 생화학 연구실의 풍경은 이제 모니터 앞 클릭 몇 번으로 바뀌었다. 생화학자들이 인공지능(AI)을 통해 2억개에 달하는 단백질의 3차원 구조를 즉각 확인하면서다. 구글 딥마인드가 AI 기반으로 만든 단백질 구조 예측 플랫폼 '알파폴드(AlphaFold)' 덕분이다. 순다르 피차이 구글 최고경영자(CEO)는 "알파폴드가 예측한 2억개의 단백질 구조는 기존 실험 방식으로는 4억년이 걸렸을 연구를 불과 몇 주로 단축한 진전"이라고 했다.

홍콩과 뉴욕에 거점을 둔 인실리코 메디슨은 통상 4~5년 걸리던 신약 후보물질 발굴과 검증 과정을 18개월로 단축했다. 이를 통해 수천만 달러가 들던 초기 연구개발(R&D) 비용을 260만달러(약 36억원) 수준으로 크게 낮췄다. AI가 실패할 확률이 높은 후보물질은 초반부터 과감하게 제외해준 덕분이다.

실험실 혁명은 진료실로 이어진다. LG AI연구원의 '엑사원 패스'는 암세포 조직의 슬라이드 이미지를 분석해 유전자 변이 가능성을 예측한다. 큰 비용을 지불하고 꼬박 2주를 기다려야 했던 유전자 검사 결과를 AI는 1분 안에 분석해 의사 판단을 돕는다.

AI가 만들어낸 생산성 혁명은 대형 장비가 쉴 새 없이 돌아가는 중공업 현장에서도 느낄 수 있다.

미국 애리조나주 배그대드 구리 광산에서 일하는 기술자들은 과거엔 광석 투입량과 물의 비율을 맞추기 위해 종일 수동밸브를 조절해야 했다. 기술자의 노하우나 정해진 매뉴얼에 의존하던 이 작업은 이제 미국의 구리 생산기업 '프리포트 맥모런'이 구축한 AI 모델이 대체했다. 실제로 이 AI 모델은 1초마다 센서 데이터를 분석해 '물의 양을 3% 줄이라'는 식으로 구체적인 지시를 내린다. 최적값을 따르자 구리 생산량은 10% 늘었다. 새로운 설비 투자 없이 데이터 분석만으로 연간 2억달러(약 2800억원)의 가치를 캐낸 셈이 됐다.

영국 석유기업 쉘의 해상 유전에서는 'C3 AI 예지보전' 시스템이 수천 개의 밸브를 감시한다. 과거엔 엔지니어가 축구장만 한 공장을 돌며 육안으로 점검했지만, 지금은 양상이 달라졌다.

AI가 미세한 진동과 온도 변화 등을 추론해 고장 시점을 미리 예측하고 대처 방안을 먼저 내놓는다. 현장에 배치된 태블릿PC에는 'B구역 펌프의 미세 진동이 커짐. 48시간 이내 고장 확률 92%'라는 경고문이 뜬다. 엔지니어는 기계가 멈추기 전에 필요한 부품만 골라 교체한다. 이 덕분에 가동 중단 시간은 20% 줄었고, 유지보수 비용도 15% 절감했다.

김현재 연세대 전기전자공학부 교수는 "이제 기업 경쟁력의 척도는 '얼마나 큰 공장을 가졌느냐'에서 '얼마나 똑똑한 AI로 시간과 자본을 아끼느냐'로 이동했다"며 "AI 생산성 혁명은 이제 선택이 아닌 생존의 조건"이라고 강조했다.

투자, AI를 입다

금융 분야에서는 AI가 방대한 데이터 분석과 고객응대 자동화에 강점을 발휘하면서 생산성 혁신을 주도하고 있다. 은행, 보험, 증권 등에서 챗봇 상담원, 신용평가 AI, 거래 이상 탐지 AI 등이 속속 도입돼 업무 속도를 높이고 비용을 절감하고 있다. 특히 2023년 이후 생성형 AI(예: 챗GPT류)가 등장하면서 금융권 사무 효율이 크게 향상되고 있는데, 2024년 설문에 따르면 국내 기업의 85.7%가 AI 활용으로 업무 소요 시간이 줄었다고 답했을 정도다. 금융권은 이 수치를 바탕으로 단순 반복 업무의 70% 이상을 자동화해 인적 자원을 고부가가치 자산 관리 서비스로 재배치하는 전략을 가속화하고 있다.

미국 대형 은행인 JP모건은 일찍부터 AI 기반 가상 비서를 도입해 고객 응대를 자동화했다. 그 결과 연간 1500만 달러(약 200억원)의 비용을 절감했다고 발표했는데, 이는 AI 챗봇이 사람이 처리하던 단순 문의에 답변함으로써 그만큼 인건비와 운영비를 줄인 효과다. JP모건은 한 단계 더 나아가 2024년 하반

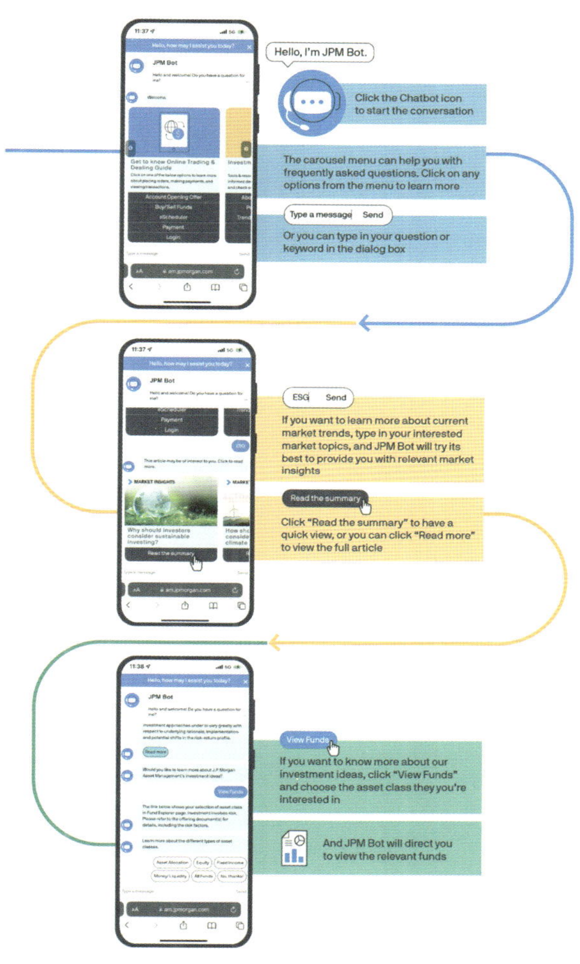

JP모건체이스가 도입한 AI 기반 가상 비서가 디지털 채널에서 고객의 단순 금융 문의를 자동으로 응대하는 화면.
출처: JP모건

기부터 전 세계 20만명 이상의 직원에게 'LLM 스위트(LLM Suite)'라는 독자적인 생성형 AI 비서를 배포했다. 이를 통해 직원의 60% 이상이 매일 AI를 활용해 업무를 처리하고 있으며, 2025년에는 업계 최고 권위의 혁신상을 수상하기도 했다.

AI 챗봇은 24시간 쉬지 않고 수만 건의 문의를 동시에 처리할 수 있으므로, 콜센터 대기시간을 획기적으로 단축하고 고객 만족도를 높인다. 실제로 한 연구에서는 "챗봇 덕분에 응답 시간이 70% 단축되고, 고객 문의의 80%를 자동 처리할 수 있었다"는 결과도 있었다. JP모건의 사례는 대형 금융사에서 AI가 실제로 수백억 원 규모의 비용을 절감하며 성과를 냈다는 점에서 주목된다.

한국의 은행들과 보험사들도 AI 상담원을 속속 도입 중이다. KB국민은행, 신한은행 등에서 AI 상담봇이 도입돼 카드 분실 신고나 대출 한도 조회 같은 일상 업무를 실시간 처리해주고 있으며, 2024년 현재 이미 수백만 건의 상담을 성공적으로 대행하고 있다.

특히 2025년에는 고객의 목소리에서 감정을 읽어내 화난 고객을 상담사에게 즉시 연결하는 '감정 인식 분석' 기술이나, 주 1회 이상 언어 모델을 재학습시켜 답변의 정확도를 95% 이상으로 끌어올린 고도화된 상담 시스템이 표준으로 자리 잡았다.

금융에서는 투자 분석과 위험 관리 영역에서 AI가 기여하고 있다. 예컨대 자산운용 분야에서는 AI가 시장 데이터를 실시간으로 학습해 포트폴리오 리밸런싱이나 이상 거래 감지를 수행하고 펀드매니저의 결정을 돕는다. 한 글로벌 투자사는 주식 리서치 보고서 초안을 생성형 AI로 작성해 애널리스트의 작성 시간을 50% 이상 단축시켰다. 모건스탠리는 2024년부터 10만개 이상의 내부 보고서를 학습시킨 AI 어시스턴트를 도입해 자산 관리 전문가들이 복잡한 투자 질문에 단 몇 초 만에 최적의 답변을 찾아낼 수 있도록 지원하고 있다.

보험 업계에서는 AI가 청구 서류를 자동으로 판독·심사해 보험금 지급 결정에 걸리는 시간을 단축하고, 보험사기

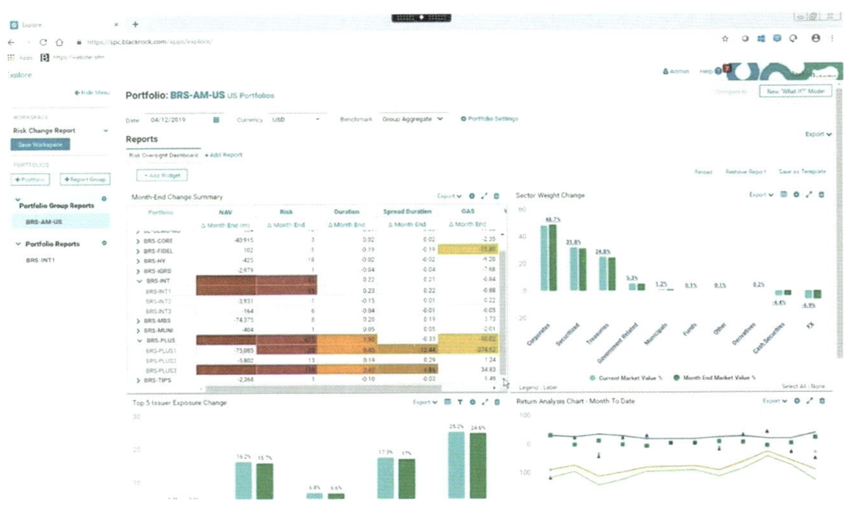

블랙록의 자산운용 플랫폼 알라딘(Aladdin) 화면. 출처: 블랙록

징후를 잡아내 손해율을 낮추는 성과도 나타났다. 2025년 기준 대형 보험사들은 생성형 AI를 활용해 딥페이크를 이용한 허위 청구 등 고도화된 보험사기를 차단하며 연간 약 1억7000만달러의 손실을 방지하고 있다. 금융회사 내부의 일반 업무에서도 AI 도입 효과가 나타났다. 법률 검토, 계약서 분석, 코딩 보조 등 전문 지식이 필요한 영역에서 AI 어시스턴트가 실무자의 파트너 역할을 수행하면서 금융권은 '주 3.5일 근무'가 가능한 수준의 업무 효율화 단계에 진입하고 있다.

금융사 내부의 의사결정 과정을 AI로 보조하려는 시도도 늘고 있다. 골드만삭스는 생성형 AI 기반 내부 업무 지원 도구의 활용 범위를 점진적으로 넓히고 있다. 이 도구는 내부 리서치 자료와 시장 분석 문서 등에 대한 검색과 요약을 지원해, 직원들이 자료를 찾고 정리하는 데 쓰던 시간을 줄이는 데 목적을 두고 있다. 골드만삭스는 이를 통해 단순 정보 탐색보다 판단과 전략 수립에 더 많은 시간을 할애할 수 있도록 업무 흐름을 조정하고 있다.

블랙록 역시 2024년부터 자산운용 플랫폼 알라딘(Aladdin)에 생성형 AI 기능을 결합했다. 해당 기능은 포트폴리오 위험 요인과 시장 시나리오에 대한 분석 결과를 자연어로 설명하고 요약하는 데 초점이 맞춰져 있다. 기존에 여러 팀이 나눠 수행하던 리스크 점검 과정에서, AI가 정보를 선별해 제시하면 운용역은 이를 검토하고 최종 판단을 내리는 역할에 집중한다. 블랙록은 이러한 도구를 두고, 운용을 대체하기보다는 투자 판단의 속도와 이해도를 높이기 위한 보조 수단이라는 점을 분명히 하고 있다.

이러한 변화는 금융 AI의 역할이 단순 자동화를 넘어, 고도의 전문 판단이 요구되는 영역으로 이동하고 있음을 보여준다. 과거에는 콜센터나 단순 사무 업무가 AI 도입의 출발점이었다면, 이제는 투자 판단과 리스크 관리, 자산 배분 과정에까지 AI가 깊숙이 관여하고 있다. 다만 최종 책임과 결정 권한은 여전히 인간에게 남겨두는 구조가 유지되고 있다는 점에서, 금융권은 AI를 '결정자'라기보다 '결정 보조자'로 활용하는 방향을 분명히 하고 있다.

영상 제작,
더 이상 전문가의 영역이 아니다

미디어, 엔터테인먼트, 마케팅 등 콘텐츠 산업에서도 AI는 창작자들의 강력한 도구가 되고 있다. 과거에는 사람이 오랜 시간 들여 해야 했던 영상 편집, 이미지 제작, 기사 작성, 광고 카피 발굴 등을 AI가 도와주면서 콘텐츠 생산의 속도와 규모가 비약적으로 확대되고 있어서다. 2023년 이후 생성형 AI 기술의 발전으로 이러한 추세는 더욱 가속화됐고, 실제 현장에서 콘텐츠 제작 효율이 크게 향상된 사례들이 보고되고 있다. 한국콘텐츠진흥원에 따르면 2025년 상반기 기준 방송 · 영상 분야 AI 활용은 30.8%로 매우 높은 것으로 나타났다. 광고 · 영화 분야에서는 향후 AI를 사용할 의향이 있느냐는 질문에 절반 가까이가 "있다"고 응답한 만큼 앞으로 더욱 폭넓게 사용될 것으로 예상된다. 이미 유튜브에는 AI가 제작한 영상들이 적잖게 나타나고 있고, 영화 업계에서는 'AI 영화제'를 개최할 정도로 발 빠르게 움직이고 있다.

마케팅 분야에서도 AI는 카피라이팅, 이미지 · 영상 제작, SNS 콘텐츠 생성 등을 지원해 생산성을 끌어올리고 있다. 예컨대 글로벌 패션 브랜드들은 AI로 의류 모델 사진을 합성해 광고비를 절감하거나, 제품 설명문을 수만 개 언어와 버전으로 자동 생성해 현지화 마케팅에 활용한다. 삼성SDS 인사이트 리포트에 따르면 생성형 AI 활용으로 콘텐츠 제작 및 전달 업무 생산성이 20~30% 향상됐다. 과거에는 팀원 몇 명이 며칠 걸려 기획하고 완성하던 영상을, 이제는 AI가 자동 편집과 효과를 줘서 몇 시간 만에 시사회 준비본을 뚝딱 만드는 수준이다. 이런 변화 덕분에 더 많은 아이디어를 빠르게 실행해볼 수 있게 됐고, 히트 확률도 높아졌다고 한다.

게임 개발 분야에서도 AI 활용이 활발하다. 예를 들어, NC, 넥슨 등 게임사는 캐릭터 일러스트와 배경 이미지 생성에 AI를 활용해 디자이너들의 반복 작업 시간을 크게 줄이고 있다. 몇 년 전만 해도 고품질 일러스트 한 장을 그리는 데 며칠 걸렸다면, 이제 AI가 러프하게 밑그림과 채색을 해주고 아티스트가 마무리함으로써 작업 시간이 절반 이하로 단

프롬프트를 입력해 NC 바르코 3D로 생성한 3D 게임 모델. 출처: NC

축됐다. NC는 '바르코 AI'를 도입했는데, 과거에는 수천만 원을 들여 몇 주 만에 제작한 화면을 이제는 프롬프터 입력만으로 몇 분 만에 만들 수 있게 됐다. 2025년 초 기준으로 대형 게임사들은 AI를 활용해 수만 ㎡에 달하는 가상 세계 지형을 단 하루 만에 자동 생성하며, 지형지물의 배치와 질감 표현까지 AI에 맡기고 있다.

NPC 대사 생성(비플레이어 캐릭터의 자동 대화 생성 기술)이나 퀘스트 스토리 자동 생성 등에도 언어 생성 AI가 쓰여 방대한 게임 콘텐츠를 적은 인력으로 만들고 있다.

영화 쪽에서는 딥러닝 영상 보정 기술로 옛 영상을 고화질로 복원하거나, 배우의 얼굴과 목소리를 합성해 위험한 촬영 없이 장면을 완성하기도 한다. 2024년 한 해외 드라마 제작사는 AI로 배경 엑스트라 수백 명을 합성해 대규모 군중 장면을 찍었는데, 엑스트라 고용 비용을 수억 원 아끼고도 자연스러운 장면을 얻었

할리우드 영화 후반 제작 현장에서 생성형 인공지능이 시각 효과 보정과 배경 확장 작업을 보조하며 제작 효율을 높이는 모습을 담은 장면.
출처: 할리우드 스튜디오

다. 업계에서는 "AI를 콘텐츠 제작의 파트너로 받아들여 인간의 창의력을 증폭시키는 것이 중요하다"고 강조한다.

영상 생성 모델인 '소라(Sora)'와 같은 기술이 진화하면서, 2025년 하반기부터는 전문 편집 장비 없이도 누구나 영화 수준의 고화질 영상을 생성할 수 있는 시대가 열렸다. 이는 1인 창작자가 대형 제작사 수준의 시각 효과를 구현할 수 있게 됨으로써 미디어 생태계의 민주화를 가속화하고 있다.

물론 콘텐츠 산업에서 AI 활용에 대한 윤리적 우려와 품질 관리 문제도 제기된다. 예를 들어 AI가 만든 그림이 특정 작가의 화풍을 무단 모방한다든지, AI가 쓴 기사가 사실과 다를 경우 책임 소재가 불분명하다는 지적도 나온다. 이에 대응해 2025년부터 주요국에선 콘텐츠에 AI가 개입했음을 의무적으로 표시하는 AI 생성 표시제와 데이터 학습 보상에 대한 논의가 본격화됐다. 창작자의 저작권을 보호하기 위한 데이터 학습 보상 체계에 대한 논의도 본격화되고 있다.

대형 스튜디오가 AI를 비용 절감 도구가 아니라, 장기적인 제작 자산 관리 수단으로 활용하려는 움직임도 나타나고 있다. 할리우드 메이저 스튜디오인 라이온스게이트(Lionsgate)는 생성형 AI 기업과 협력해 자사 영화 라이브러리를 학습 데이터로 제공하는 계약을 체결했다. 대상은 신작이 아니라, 수십 년간 축적된 기존 영화와 영상 자산이다. 라이온스게이트는 이 AI를 통해 시각 효과 보정, 배경 확장, 콘셉트 아트 제작, 장면 변주와 같은 후반 제작 과정을 효율화하려는 계획을 밝혔다.

핵심은 배우나 작가를 대체하는 것이 아니라 이미 보유한 지식재산권(IP)을 기반으로 다양한 시각적 실험과 프리비주얼 작업(실제 촬영이나 본격 제작에 들어가기 전에 장면을 미리 시각적으로 만들어보는 작업)을 빠르게 수행하는 데 있다.

기존에는 몇 주가 걸리던 테스트 장면 제작이나 스타일 변형 작업을 AI로 단기간에 시도해보고, 그 결과를 토대로 실제 촬영과 제작 여부를 결정하는 구조다. 이 사례가 주목받는 것은 AI 활용의 초점이 '콘텐츠를 새로 만들어내는 것'보다 '기존 창작물을 어떻게 확장·재활용할 것인가'로 이동하고 있기 때문이다.

이는 중소 제작사나 1인 창작자에게도 시사하는 바가 크다. AI를 활용해 한 번 만든 콘텐츠를 다양한 형식과 스타일로 변주해 유통할 수 있는 가능성이 커지면서, 콘텐츠의 수명과 활용 범위 자체가 달라지고 있기 때문이다. 이처럼 AI는 영상 제작의 진입 장벽을 낮추는 도구를 넘어 콘텐츠 산업 전반의 제작 방식과 자산 관리 개념을 재편하는 단계로 접어들고 있다. 전문 장비와 대규모 인력이 필요했던 영역이 점차 실험과 선택의 문제로 바뀌면서, '누가 만들 수 있는가'보다 '무엇을 어떻게 기획하는가'가 더 중요한 경쟁 요소로 떠오르고 있다.

공공서비스의 혁신

공공서비스의 혁신은 인공지능(AI)의 도입과 함께 행정의 문법을 근본적으로 재정의하며 대민 서비스의 질적 도약을 이끌고 있다. 과거 비효율적으로 사람의 수작업에만 의존하던 방대한 서류 작업이나 반복적인 민원 응대에 AI를 투입하면서 처리 속도의 비약적 향상은 물론, 행정 비용의 획기적 절감을 실현하고 있다.

이는 단순히 공무원들이 단순 작업에서 해방되는 것을 넘어 국가 기관이 더욱 가치 있고 정책적인 의사결정에 집중할 수 있는 '지능형 행정' 체제로의 전환을 의미한다. 특히 공공부문의 AI는 단순한 '업무 보조'를 넘어 정부 전용 내부망 안에서 보안이 확보된 민간 최신 거대언어모델(LLM)을 결합해 정책 초안을 작성하고 법령을 검토하는 '지능형 행정 파트너'로 완전히 자리 잡았다.

글로벌 선도 사례인 미국 미주리주 사회복지부(DSS)는 행정 자동화가 가져오는 파급력을 극명하게 보여준다. 매월 약 7만건에 달하는 복지 지원 신청서를 처리하기 위해 RPA(로보틱 프로세스 자동화)와 자연어처리(NLP) 기반 AI를 도입해 직원이 수작업으로 검토하던 병목 현상을 해결하고 과거 수 주가 소요되던 방대한 신청서 처리 업무를 단 하루 만에 완료할 수 있는 '실시간 행정' 수준으로 끌어올렸다. 이제 복지부 공무원들은 단순 입력 작업 대신 AI가 분류 · 추출한 정교한 데이터를 검토해 최종적인 복지 수혜 여부만 판단하는 역할에 집중한다. 그 덕분에 민원 적체 현상이 사라지고 시민들이 신청 바로 다음 날 결과를 통보받는 등 공공서비스에 대한 신뢰도가 급상승했다.

미주리주의 이러한 모델은 공공부문의 고질적인 업무 지연을 해결한 표준 시스템으로 평가받으며 현재 미국 내 다수의 주 정부로 빠르게 확산되고 있다.

국내 행정 현장에서도 이러한 지능화는 이미 일상이 됐다. 지방자치단체는 음성인식 AI를 도입해 회의 종료와 동시에 속기록 초안을 생성함으로써 회의록 정리에 드는 시간을 기존 대비 80% 이상 절감했다. 중앙부처 역시 법령 심사 업무에 AI 자연어 분석을 도입해 유사 조항을 실시간으로 비교 검토하며 검토 시간을 절반 수준으로 단축하는 성과를 냈다. 대한민국 행정안전부는 2023년부터 추진해온 'AI 행정업무 자동화 추진

계획'을 고도화해 2025년 말부터 '범정부 AI 공통 기반 플랫폼' 시범 운영을 시작했으며, 현재는 네이버클라우드나 삼성SDS 등 민간의 고성능 AI 모델을 정부 행정망 내부에서 보안 우려 없이 상시 활용할 수 있는 인프라를 구축했다. 특히 '지능형 OCR' 시스템은 종이 문서를 자동 전산화하는 것을 넘어 과거 유사 판례와 위법 보완 사항까지 AI가 선제적으로 검토하게 함으로써 인허가 처리 기간을 법정 기한 대비 30% 이상 앞당겼다. 이는 공공부문의 백오피스 효율화가 세금 낭비를 줄이는 것은 물론, 행정의 투명성과 일관성을 동시에 확보하는 전략적 무기가 됐음을 보여준다.

안전과 치안 분야에서의 AI 활약은 국민의 생명권과 직결된다. 딜로이트의 분석처럼 국방과 치안 기관들은 이미 첨단 AI 도입의 최전선에 서 있다. 미 육군은 드론 영상 분석에 AI를 적용해 위협 요소를 자동 탐지하고 있으며, 국내외 교도소에서는 AI CCTV가 수감자의 이상 행동을 실시간 포착해 사고를 예방한다. 재난 관리 영역에서는 기상 패턴 모델링을 통한 홍수와 폭염 예측이 정밀해졌으며, 기상청과 환경부는 2024년 여름부터 전국 다수 지점에 'AI 홍수 예보' 시스템을 가동해 과거 지점 위주의 예보를 하천 단위의 세밀한 예측으로 전환했다. 이는 사람이 수작업으로 계산하던 홍수 도달 시간을 초 단위로 예측해 예보 선행 시간을 획기적으로 확보함으로써 인명 피해를 방지하는 최후의 보루 역할을 하고 있다. 경찰청 역시 112 신고 음성을 실시간 텍스트화하고 핵심 키워드를 추출해 현장 출동 시간을 단축하는 시스템을 고도화하며 치안 · 공공안전 분야에서도 비공개 AI 프로젝트를 통해 기술 자립도를 높이고 있다.

2026년 현재 AI가 산업 현장에서 창출한 생산성 향상 효과는 구체적인 수치로 그 위력을 증명한다. 제조 라인 생산량이 50% 이상 늘고 물류 작업이 20배 효율화되는 동안 한국의 산업 현장은 스마트 팩토리와 AI 콜센터 등을 통해 세계적 혁신의 흐름을 주도하고 있다. 가전 제조 현장에서는 AI 기반 외관 검사 기술을 통해 불량 검출률을 99.8%까지 끌어올렸으며, 이는 단순 비용 절감을 넘어 글로벌 시장에서의 제품 신뢰도를 공고히 하는 밑거름이 됐다. 한국은행의 최신 분석에 따르면 생성형 AI의 확산으로 국내 근로자의 주당 업무시간은 평균 3.8%(약 1.5시간) 줄어들었으며, 이로 인한 잠재적 생산성 향상 효과는 약 1.0%에 달하는 것으로 추정된다. 특히 경력이 짧은 저숙련 근로자에게서 업무시간 단축 효과가 더 크게 나타나는 '숙련도 평준화 효과(Equalizing Effect)'가 관찰되면서 AI가 노동 시장의 숙련도 격차를 완화하는 도구로도 주목받고 있다.

생산성 혁명은 곧 삶의 혁신과 맞닿아 있다. 전문가들은 향후 10년간 AI가 선진국 노동생산성을 연평균 1.5%포인트씩 추가로 높여줄 것이라 전망하며, 이러한 거시적 성장이 국가 잠재성장률을 방어하는 핵심 변수가 될 것이라 입을 모은다. 생산성이 높아진다는 것은 더 적은 자원으로 더 많은 가치를 얻는 풍요와 여유를 의미한다. AI가 위험한 일을 대신하고, 행정이 더 투명하고 빨라지며, 의료 진단이 정교해지는 이 과정은 단순한 기술 도입을 넘어 사회 전반의 운영 체제가 AI 중심으로 재편되는 '문명적 전환'의 완성이다. 결국 AI는 인류의 지속 가능한 성장을 이끄는 든든한 동반자로서, 우리가 마주한 저성장과 인구 절벽의 위기를 극복하게 하는 가장 강력한 지능형 엔진으로 작동하고 있다.

CASE STUDY

한화오션 거제 조선소

제조 AX로 용접처리량 5배 높여… 2027년 미국 진출

경남 거제시 한화오션 옥포조선소에 도착해 선체를 조립하는 공장 안으로 들어서자 디귿(ㄷ)자 모양의 노란색 로봇이 전기 불꽃을 연신 뿜어내고 있었다.

전기 불꽃은 태양 표면과 맞먹는 고온으로 두꺼운 철판도 단숨에 잇는다. 녹은 쇳물 방울이 사방으로 튀어 올랐지만 내열 구조로 무장한 로봇은 아랑곳하지 않고 작업을 이어갔다. 로봇의 팔이 쉼 없이 철판의 형상을 바꾸는 동안 현장 인력은 감독자 역할만 맡으면 된다.

공장 내부에는 전기 불꽃이 유지되며 생기는 '위잉' 소리에 불똥이 흩날릴 때 나는 '치지직' 소리가 겹쳐서 울려 퍼졌다. 소음 차단용 귀마개를 벗어도 옆 사람과

경남 거제시 한화오션 옥포조선소 선체 조립 공장에서 용접 로봇이 숙련공의 속도로 작업하고 있다. 출처: 한화오션

말을 섞기 어려운 수준이다. 2시간마다 주어지는 10분간의 휴식 시간이 돼서야 대화가 가능해졌다.

고영호 한화오션 생산자동화추진팀장은 "재료에 따라 용접 가능한 속도는 제한돼 있기 때문에 AI 로봇 1대와 숙련공의 작업 속도는 동일하다"며 "다만 한 작업자가 로봇 네다섯 대를 동시에 관리할 수 있기 때문에 시간당 처리량은 4~5배 늘어나는 효과가 있다"고 말했다.

옥포조선소 용접 공정의 AI 전환(AX) 적용률은 실내 공장은 이미 67%에 달한다. 도크 등 옥외 작업은 아직 8.6% 수준이다. 한화오션은 상대적으로 통제가 용이한 실내 공장을 중심으로 AX를 우선 실시했다. 로봇에 AI를 적용하는 '피지컬 AI'를 더욱 고도화해 2030년까지 용접 공정을 100% 자동화한다는 목표를 세웠다.

로봇이 용접 간격을 인식해 상황에 맞는 공법까지 스스로 선택하도록 만드는 것이 궁극적인 목표다.

용접 대상인 철판은 반도체처럼 미세 공정을 거친 균질한 제품이 아니어서 1㎜ 단위의 길이 변화가 나타난다. 간격에 따라 적합한 용접 기법이 달라지기 때문에 로봇은 수시로 공법을 전환할 수 있어야 한다. 지금은 사람이 현장까지 로봇을 직접 운반하는 단계지만 2030년까지 로봇의 자체 이동성을 확보하는 방안도 추진 중이다.

용접과 함께 대표적인 고위험 공정인 '도장'도 최우선 AX 대상이다. 한화오션은 2030년까지 전처리 도장 작업의 50%를 로봇이 맡도록 준비 중이다. 전처리 도장이란 강철 구슬 등을 고속으로 분사해 철판 표면의 불순물을 제거하는 공정이다. 노동자의 사고 발생 우려가 상대적으로 높은 작업이다. AI가 녹이 슨 정도를 인식해 연마재 분사 압력과 시간을 스스로 판단하는 기술을 완성하는 게 남은 과제다.

이 밖에 밀폐된 공간에서 구부린 자세로 일해야 해 고강도 작업으로 꼽히는 '포설'(케이블 · 배관 · 파이프 등을 선체 내부에 설치하는 업무)은 현재 AX 적용률이 30%다. 한화오션은 2030년까지 이를 60% 수준으로 끌어올릴 계획이다.

한화오션은 AX를 통해 효율성을 높일 뿐 아니라 조선소 작업 환경 개선도 꾀하고 있다. 중국의 기술 추격만큼이나 베이비붐 세대인 숙련공들의 은퇴에 따른 노동력 절벽도 문제이기 때문이다. 그동안 조선소는 위험성이 높고 육체적 부담도 큰 작업장으로 알려졌다. 외국인 노동자를 중심으로 퇴직자 대체가 이뤄진 이유다.

옥포조선소 곳곳의 전광판에는 한국어와 함께 태국어 · 베트남어 안내가 번갈아 나온다. 거제 장평동 식당에 가보면 많을 때는 손님의 90%가량이 외국인일 정도다. 하지만 앞으로 AX를 통해 근무 여건이 향상되면 내국인 고용이 다시 늘어날 가능성이 높다.

한화오션은 자체 AX 솔루션을 미국 사업장에도 이식한다. 2024년 인수한 필리조선소가 대상이다. 한미 조선협력(마스가)의 상징이 된 필리조선소는 미국

필라델피아 델라웨어강 연안에 위치한 공장이다. 향후 미 해군 함정의 유지·보수(MRO)와 북미 상선 시장 진출을 위한 교두보가 될 예정이다.

고 팀장은 "옥포조선소에서 실증을 거친 지능형 로봇을 필리조선소에도 적용할 계획"이라고 전했다. 한화오션은 필리조선소 증축·현대화 일정에 맞춰 지능형 로봇을 단계적으로 도입한다는 구상이다. 첫 진출 시점을 2027년 전후로 계획하고 있다.

한화오션은 피지컬 AI 양대 축인 소프트웨어와 로봇 하드웨어를 모두 직접 만들고 있다. 초창기엔 타사 솔루션 도입을 검토했지만 현장 요구에 원활히 대응하기 위해 개발 업무를 내재화했다.

다만 한화오션 AX의 독자적 설계는 미국 진출의 제약 요인도 된다. 지능형 로봇 인증 때문이다. 당초 수출이 아닌 자체 운용에 최적화된 로봇인 만큼 미국 시장 규격의 인증을 원점에서 재검토해야 하는 상황이다.

이에 따라 미국 납품 시기를 맞추기 위해 이원화 전략을 준비하고 있다. 로봇 인증 추진과 함께 한화로보틱스 로봇에 한화오션 AI를 탑재하는 방안이다. 한화그룹의 로봇 전문 기업인 한화로보틱스는 개발 단계부터 글로벌 인증 요건을 반영했기 때문이다.

한화오션은 2025년 11월 AX사업부를 출범시켜 관련 조직을 한곳에 끌어모았다. 이를 통해 생산 계획 수립 시간을 단축했다. 기존에는 조선소 공정 일정을 수립하는 데 스케줄러 10명을 이틀 동안 투입했지만, 이제 AI를 이용해 소요 시간을 25% 줄였다. 아울러 발주사에서 수시로 걸려오는 문의에 대한 응답도 자동화하고 있다. 사무 직원 숙련도에 따라 2~7일이 소요되던 업무를 1시간 내로 처리할 수 있게 됐다.

2장

노동·환경·윤리를 흔드는 교란자

노동 질서의 이동

대체되는 일자리

인공지능(AI)은 인류에게 장밋빛 미래만을 약속하지 않는다. 19세기 초 영국의 직조공들은 증기의 힘을 빌린 기계가 등장하자 순식간에 터전을 잃었다. 기계의 압도적인 생산성이 숙련된 인간의 기술을 앞질렀기 때문이다. 그로부터 두 세기가 지난 지금, 방직공장을 넘어 전방위적인 'AI발 인간 대체 시대'가 도래하고 있다. 과거의 자동화가 인간의 '근육'을 대신했다면, 이제는 인간 고유의 성역이라 믿었던 '지능'과 '창의성'마저 기계의 영역으로 빠르게 편입되고 있다.

이 변화의 속도와 파괴력을 가장 가까이서 목격하고 있는 AI 선도 기업들은 우려 섞인 경고를 숨기지 않는다. 생성형 AI의 선두 주자인 앤스로픽의 다리오 아모데이 최고경영자(CEO)는 AI가 일자리를 '쓸어버릴' 수 있다고 경고했다.

그는 2025년 9월 한 행사에서 "AI 기술의 발전 속도가 너무 빨라 미래를 확신할 수 없다"며 "사회적 파장을 고려해 이 위험성을 세상에 솔직히 밝히기로 했다"고 토로했다. 그는 2030년까지 초급 사무직 일자리의 절반이 사라지고 미국의 실업률이 최대 20%까지 치솟을 수 있다고 내다봤다. 기술적 유토피아의 가능성을 75%로 보면서도, 동시에 사회적 붕괴를 초래할 재앙적 시나리오의 확률을 25%나 제시한 것이다.

글로벌 금융권의 진단 역시 이와 궤를 같이한다. 골드만삭스는 전 세계적으로

골드만삭스의 글로벌 산업계 AI 자동화 영향 전망

항목	골드만삭스 분석 내용
전 세계 잠재적 자동화 영향 일자리	약 3억개
자동화 영향이 먼저 나타날 직군	글쓰기, 소프트웨어 개발 등 지식 · 사무직
행정직 자동화 노출 비중	약 46%
법률직 자동화 노출 비중	약 44%
주요 영향 계층	화이트칼라 직군

약 3억개의 직장이 AI의 영향권 아래 놓일 것이라고 전망했다. 특히 주목할 점은 타격의 방향이다. 과거의 기술 혁신이 저숙련 노동자를 겨냥했다면, 이번에는 글쓰기, 소프트웨어 개발, 법률 서비스 등 화이트칼라 계급이 직격탄을 맞을 것으로 보인다. 골드만삭스의 분석에 따르면 행정직의 46%와 법률직의 44%가 자동화에 노출돼 있다. 실제로 마케팅, 그래픽 디자인, 사무 행정 등 AI가 대신하기 용이한 직군에서는 이미 고용 증가율이 추세치 밑으로 떨어지고 있다는 구체적인 데이터가 속속 보고되고 있다.

컨설팅 기업 맥킨지 또한 2030년까지 전체 노동자의 14%가 직무 전환을 강요받을 것이며, 20년 후에는 현재 인류가 수행하는 업무의 절반이 자동화될 것이라고 예측했다. 법적 · 정치적 장애물이 변수로 남아 있지만, AI가 인간의 노동을 대체하는 거대한 물결 자체는 거스를 수 없는 상수가 됐다.

이러한 예측은 이미 기업 현장에서 현실이 되고 있다. 2025년 9월, 세계 최대 고객 관계 관리(CRM) 소프트웨어 업체인 세일즈포스의 마크 베니오프 CEO는 충격적인 감원 소식을 전했다. 시가총액 340조원에 달하는 거대 기업이 고객 지원 인력 9000명 중 4000명을 자사의 'AI 에이전트'로 전격 교체한 것이다. 스스로 판단하고 복잡한 작업까지 수행하는 이 자율형 AI는 24시간 내내 일정한 품질로 고객을 응대하며 인간의 자리를 꿰찼다. 베니오프 CEO는 이를 '효율성을 향한 필연적 선택'이라 명명하며 "우리는 이제 오직 사람만 관리하는 마지막 세대의 경영자가 될 것"이라고 선

인공지능의 산업 분야 적용 예시

산업 분야	AI 적용 예시	기술혁신 요인	산업 구조 변화
제조	스마트 공장, 로봇 자동화	자동화 생산공정, 품질 예측	인력 축소, 생산성 증대
의료	AI 진단 시스템, 맞춤형 의료	정밀 진단, 개인화 의료 서비스	의료 서비스 효율성 · 정확성 증가
금융	로보어드바이저, 이상거래 탐지	자산관리 자동화, 보안 강화	인력 재배치, 고객 서비스 품질 향상
운송 · 물류	자율주행차, AI 기반 물류관리	운송 최적화, 자동 물류관리	물류 비용 절감, 운송 효율성 증대
고객 서비스	챗봇, 개인화된 추천 서비스	고객 대응 자동화, 맞춤화 서비스	인건비 절감, 고객 만족도 향상
농업	스마트팜, 정밀농업기술	생산량 예측 및 최적화	생산성 증대, 환경친화적 농업 발전
교육	AI 튜터, 맞춤형 학습 플랫폼	맞춤형 교육, 학습 성과 분석	학습 효과 극대화, 교육 접근성 확대
엔터테인먼트	AI 콘텐츠 제작, 추천 알고리즘	제작 자동화, 맞춤형 소비 경험	소비자 참여 증대, 새로운 시장 형성

출처: KISTEP, 인공지능 시대, 혁신생태계 선도전략, '수요포럼 포커스 제174회', '25.5.9

언했다.

전문직의 상징인 법조계도 예외는 아니다.

미국 노동통계국(BLS)은 향후 10년간 법률 보조원의 일자리 증가율이 전체 평균의 3분의 1 수준에 그칠 것으로 전망했다. 판례 분석과 기초 조사 등 신입 변호사와 보조원이 담당하던 핵심 업무를 AI가 상시 수행하게 되면서 실무 기회 자체가 잠식되고 있기 때문이다. 캐나다 법률기술 회사 클리오의 보고서에 따르면, 과거 10명이 한 달간 매달려야 했던 10만건의 문서 검토를 AI는 단 몇 시간 만에 끝마친다. '환각 현상'에 대한 최종 검증 능력은 여전히 인간의 몫이지만, 이로 인해 변호사 한 명당 필요한 보조 인력은 과거의 절반 이하로 급감할 가능성이 크다.

문제는 이러한 기술 혁신의 과실이 노동자가 아닌 소수의 자본과 기업으로 집중되고 있다는 점이다. 블룸버그와 씨티그룹의 보고서에 따르면 글로벌 은행들

AI 도입이 생산성 및 GDP에 미치는 영향주) 단위: %

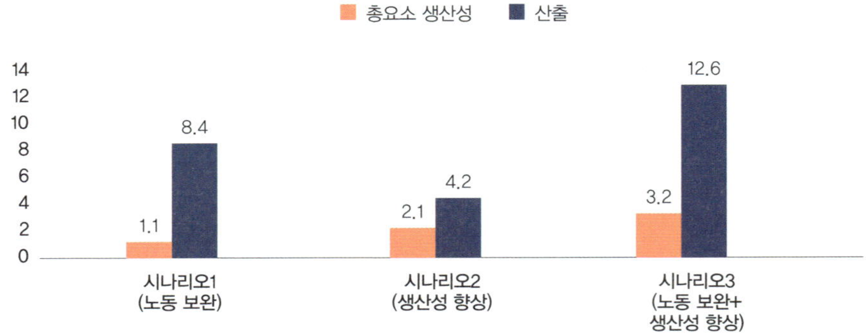

주 : Cazzaniga et al(2024)에서 제시한 직무중심 모형을 이용해 저자 분석.

출처: 오삼일 · 이수민 외 4인, 'BOK 이슈노트 제2025-2호', 한국은행, '25.2.10

은 향후 3~5년 내에 최대 20만개의 일자리를 줄이는 대신 자동화를 통해 세전 이익을 최대 17%까지 끌어올릴 전망이다. 인건비 절감이 곧 기업의 수익성 개선으로 직결되는 구조다.

이처럼 기업의 수익 극대화와 노동자의 고립 사이에서 벌어지는 간극은 위험한 징후를 내포하고 있다. 19세기 영국 정부가 노동자의 고통을 외면했을 때 직조공들이 기계를 부수는 '러다이트 운동'에 나섰던 것처럼 불평등한 분배 구조는 사회적 파국을 초래할 수 있다. 고용 불안은 단순한 소득 상실을 넘어 공동체의 결속력을 약화시키는 막대한 사회적 비용으로 돌아오기 때문이다.

오늘날 각국 정부가 대응책을 내놓고는 있지만 그 속도는 기술의 진화를 따라잡기에 턱없이 부족하다. 미국의 재교육 프로그램 예산은 기존 직업훈련 예산의 2% 수준에 불과하고, 유럽연합의 노동 영향평가 시행은 2026년 이후로 미뤄진 상태다. 한국 역시 중장년층과 사무직을 위한 재교육 과정이 현장의 수요를 감당하지 못하고 있다. 특히 초고도 지능 정보기술을 전수할 전문 강사 인력 자체가 부족하다는 점은 뼈아픈 대목이다.

세계경제포럼은 2027년까지 근로자의 절반이 재교육을 받아야 하며, 그 핵심은 AI 활용 능력과 인간 중심의 '소프트 스킬'이 될 것이라고 강조한다. 이 지점에서 전문가들은 낡은 사회 안전망을 근본적으로 재설계해야 한다고 입을 모은다.

2024년 노벨 경제학상 수상자인 다론 아제모을루 MIT 교수는 현재의 AI 개발 방향이 비용 절감을 위한 '과도한 자동화'에 치우쳐 있다고 비판한다. 그는 AI가 인간을 배제하는 도구가 아닌, 인간의 역량을 증폭시키는 '보완재'로 개발돼야 한다고 역설한다. 기업들이 노동력을 증강하는 대신 기계로 대체하는 데만 몰두할 경우, 지난 40년간 누적된 불평등은 걷잡을 수 없이 커질 것이라는 경고다.

이러한 부의 편중을 막기 위한 선제적 대안으로 '기본소득(UBI)' 논의도 급물살을 타고 있다. 오픈AI의 샘 올트먼은 AI가 일자리를 대체하는 미래에 대비해 소득 보장이 필수적이라고 주장하며 대규모 실험을 직접 주도하고 있다. 물론 재원 확보와 노동 유인 약화라는 과제가 남아 있지만, 기술 발전의 혜택을 보편적으로 나눠야 한다는 당위성만큼은 힘을 얻고 있다.

샘 올트먼 오픈AI CEO.

그 연장선에서 빌 게이츠가 제안한 '로봇세'나 'AI세' 도입 논의도 치열하다. 찬성 측은 AI 도입으로 창출된 초과 이익을 '기술 배당' 형태로 환수해 사회 안전망의 재원으로 써야 한다고 주장한다. 반면 반대 측은 이것이 혁신을 저해하고 기업의 해외 유출을 초래할 것이라 우려한다. 경제협력개발기구(OECD) 등 국제기구는 이러한 조세 갈등을 해결하기 위해 AI 서비스에 대한 글로벌 최저 세율 적용 등 새로운 국제 조세 시스템을 검토 중이다.

결국 핵심은 기술 진보의 압도적인 속도와 이를 뒤쫓는 정책 사이의 시차다. AI 기술은 분 단위로 세상을 재편하고 있지만, 우리의 안전망은 여전히 20세기 산업사회에 머물러 있다. AI가 인간을 소외시키는 흉기가 될지, 풍요를 돕는 동반자가 될지는 결국 우리가 어떤 '분배의 규칙'에 합의하느냐에 달려 있다. 결국 기술 발전의 혜택을 어떻게 분배할 것인가에 대한 문제는 사회적 합의와 제도 설계의 영역으로 귀결된다. AI가 가져올 변화를 안정적으로 수용하기 위한 논의가 우리 앞에 놓여 있다.

AI의 비중립성

AI를 둘러싼 논쟁은 종종 "기술은 중립적이고, 문제는 사용하는 인간에게 있다"는 문장으로 수렴된다. 그러나 몇 년 사이 드러난 사례들은 AI가 애초에 어떤 목표와 데이터, 어떤 개발 문화 속에서 만들어졌는지에 따라 결과가 달라질 수 있음을 보여줬다. AI의 영향은 '사용의 문제' 이전에 '설계의 문제'라는 말이 더 이상 추상적인 경고로만 남지 않는 이유다.

이 비중립성은 단순히 알고리즘의 수학적 편향만을 뜻하지 않는다. 누가 만들고, 어떤 데이터를 모으고, 무엇을 성공으로 정의하는지가 합쳐진 결과다. 현실적으로 AI 개발 인력 풀은 여전히 성별·인종 구성에서 불균형하다는 지적이 이어져왔다. 스탠퍼드 HAI(Stanford HAI)의 AI 인덱스 2024는 AI·컴퓨터과학 분야의 다양성 지표를 별도 장으로 다뤘고, 유럽의 AI 인재 데이터를 분석한 보고서들 또한 AI 인력에서 여성 비중이 낮다는 점을 반복적으로 지적했다.

이 말의 요지는 단순히 "구성이 나쁘다"

가 아니다. 특정 집단의 경험과 문제의식이 개발 과정에서 상대적으로 덜 반영되면, 데이터 수집과 라벨링, 평가 기준 자체가 한쪽으로 기울 수 있다는 점이다.

가장 직접적인 피해는 "기계가 걸러낸 결정"이 사람의 기회를 박탈하는 순간에 드러난다. 채용 분야에서 그 위험이 노골적으로 표면화됐다.

2024년 로이터통신은 워크데이(Workday)의 AI 기반 채용 · 선별 도구가 인종, 나이, 장애 등을 이유로 차별을 초래했다는 소송에서 법원이 사건을 계속 심리하도록 했다고 보도했다. 소송의 핵심 논리는 단순하다. 기업의 기존 인력 데이터를 학습한 선별 도구는 과거 조직이 이미 갖고 있던 차별과 편향을 '정상'으로 학습할 수 있다는 점이다. AI가 공정한 심판이 아니라, 과거의 불공정을 재현하는 복제기가 될 수 있다는 경고다.

비슷한 구조는 치안과 보안 영역에서도 더 날카로운 형태로 나타났다. 2024년 영국 가디언은 소매점에서 사용된 얼굴 인식 기술이 한 남성을 용의자로 오인해

영국 가디언은 소매점에서 사용된 얼굴 인식 기술이 한 남성을 용의자로 오인해 체포 · 구금으로 이어졌다는 소송을 보도했다.
출처: 외신

체포 · 구금으로 이어졌다는 소송을 보도했다. 기술의 오류는 단순한 '불편'에서 끝나지 않는다. 신원 확인이 자동화될수록 오탐의 비용은 개인이 떠안게 된다. 특히 얼굴 인식은 인종 · 성별에 따라 오차가 달라질 수 있다는 문제 제기가 오래전부터 이어져왔고, 2024년 영국 의회 기록에서도 얼굴 인식의 인종적 편향 가능성이 공적 논의로 다뤄졌다.

AI의 비중립성이 "정확도의 문제가 아니라, 누구에게 더 큰 위험을 전가하는가의 문제"라는 점이 여기서 드러난다.

생성형 AI에서도 비중립성은 '표현의 실패' 형태로 폭발했다. 2024년 구글 제미나이 이미지 생성 기능은 역사적 맥락과 인종 표현을 둘러싼 논란을 일으켰고, 구글은 문제를 인정하며 이미지 생성 기능을 일시 중단했다는 보도가 이어졌다. 이 사건은 한쪽으로 치우친 차별을 그대로 재현하는 문제만이 아니라, 반대로 편향을 교정하려는 설계가 또 다른 왜곡을 낳을 수 있음을 보여줬다. 결국 중요한 것은 "의도를 선하게 두는 것"이 아니라, 어떤 데이터와 가드레일로 역사적 맥락과 대표성을 다루는지, 그 설계의 정교함이다.

이처럼 AI의 비중립성은 사람에게 현실적인 피해로 돌아올 수 있다. 기계가 '가능성이 낮다'고 판단한 이력서는 면접장에 도착하지 못하고, 얼굴 인식이 '유사하다'고 판단한 사람은 일상에서 범죄 혐의를 뒤집어쓸 수 있으며, 생성형 AI가 생산한 이미지와 텍스트는 사회적 기억과 집단 정체성을 왜곡할 수 있다. 이 피해는 개인의 기분 문제를 넘어, 기회의 박탈과 권리 침해, 그리고 신뢰의 붕괴로 이어진다.

따라서 AI 시대의 핵심 질문은 "기술을 도입할 것인가"가 아니다. 이미 도입은 시작됐다. 진짜 질문은 "어떤 설계 원칙을 사회적으로 합의할 것인가"다. 누가 개발하는지의 다양성, 어떤 데이터가 대표성을 갖는지, 어떤 지표를 성과로 보는지, 오류의 비용을 누가 부담하는지까지 포함한 합의가 필요하다. 이 합의가 없는 상태에서 확산되는 AI는, 의도하지 않았더라도 불평등과 배제를 구조적으로 강화할 가능성을 안고 있다.

알고리즘의 그늘: 범죄와 인간 존엄의 경계

새로운 위협

인공지능(AI)의 발전은 일자리라는 경제적 토대를 흔드는 것 외에도 기존에 존재하지 않았던 새로운 형태의 위협을 창조했다. AI로 얼굴과 움직임, 목소리를 사실처럼 합성·변조하는 이른바 딥페이크(Deepfake)가 대표적인 사례다. 과거의 영상 편집이 기술자의 수작업에 의존한 '변형'이었다면, 생성형 AI가 주도하는 지금의 변조는 데이터 학습을 통한 '재창조'에 가깝다. 이는 인간의 감각이 진실과 거짓을 가려내던 오랜 진화의 본능마저 무력화하고 있다.

딥페이크는 사회를 지탱하는 보이지 않는 자본인 '신뢰'를 근본적으로 갉아먹고 있다. 인간의 눈과 귀를 완벽히 속이는 이 기술은 단순한 유희를 넘어 범죄와 기만의 치명적인 도구로 진화했다. 과거에는 정교한 사기를 위해 전문 장비와 막대한 시간을 들여야 했지만, 생성형 AI는 그 비용과 문턱을 0에 가깝게 낮춰버렸다. 이제는 스마트폰 하나만으로도 타인의 디지털 정체성을 손쉽게 탈취할 수 있는 '위조의 대중화' 시대가 열린 것이다. 이는 금융 사기부터 민주주의의 근간을 뒤흔드는 여론 조작, 개인의 삶을 파괴하는 인격 살인에 이르기까지 우리 사회 전반에 걸쳐 유례없는 위협을 가하고 있다.

AI를 이용한 범죄는 기업의 보안 시스템을 무력화하는 수준에 이르렀다. 실제로 2024년 영국의 다국적 엔지니어링 기

실제 얼굴과 인공지능으로 합성된 가짜 얼굴이 겹쳐 보이는 딥페이크 시각화 이미지. 출처: 외신

업 에이럽(Arup)의 홍콩 지사는 딥페이크 사기로 2500만달러(약 340억원)의 피해를 입었다. 사건의 전말은 꽤나 충격적이다. 범죄 조직은 이메일로 송금을 요청하는 고전적인 수법을 쓰지 않았다. 대신 그들은 딥페이크 기술을 활용해 실시간 영상회의를 직접 주최했다.

이 기이한 회의에 참석한 최고재무책임자(CFO)를 포함한 본사 임원진 전원은 실존 인물이 아닌 AI가 만든 '디지털 인형'들이었다. 홍콩 지사의 재무 담당 직원은 화면 속 상사들의 지시를 단 한순간도 의심하지 않았다. 그들의 외모와 목소리는 물론, 평소의 미세한 말버릇과 표정 변화까지 실제와 소름 끼칠 정도로 똑같았기 때문이다. 이는 비대면 업무 환경이 보편화된 현대 기업 조직의 구조적 취약점을 정확히 꿰뚫은 범죄였다.

피해 직원은 회의 직후 15차례에 걸쳐 거액을 송금했다. 홍콩 경찰은 이 사건을 AI를 활용한 다자간 영상회의 사기의 첫 대형 사례로 기록하며, '실존 여부'를 확인하기 어려운 디지털 공간의 위험성을 경고했다. 이제 기업 보안은 단순히 비밀번호를 지키는 수준을 넘어, 통신 상대방의 '인간성' 자체를 검증해야 하는 초유의 과제에 직면하게 된 것이다.

이러한 기술적 기만은 경제적 탈취를 넘어 한 개인의 명예와 인격을 완전히 파괴하는 잔인한 무기로 변질되고 있다. 팝스타 테일러 스위프트의 사례는 그 파괴력을 전 세계에 실감케 했다. 소셜미디어 엑스(X)를 통해 유포된 AI 합성 음란 이미지는 순식간에 4700만회 이상의 조회 수를 기록하며 번져나갔다. 디지털 공간의 전파 속도는 그 어떤 법적 규제나 기술적 삭제 조치보다 압도적으로 빨랐다. 피해자가 입은 정신적 고통과 명예 훼손은 사후적인 계정 정지나 이미지 삭제만으로는 결코 되돌릴 수 없는 영구적인 흉터가 됐다.

마이크로소프트의 사티아 나델라 최고 경영자(CEO)는 이를 "놀랍고 끔찍한 사건"으로 규정하며, 기술 개발 단계에서부터 강력한 가드레일을 설치해야 한다고 역설했다. 이는 AI 기술의 '자유'가 타인의 '존엄'을 침해할 때, 기술 기업이 어디까지 책임을 져야 하는지에 대한 전 지구적인 윤리적 논쟁을 촉발시켰다.

정치 영역에서의 AI 악용은 민주주의의 근간을 흔든다. 선거철만 되면 특정 후보의 목소리나 얼굴을 조작한 콘텐츠가 유권자를 현혹한다. 2024년 미국 뉴햄프셔주에서 민주당 대선 후보 경선을 앞두고 조 바이든 당시 대통령의 목소리를 위조한 자동 음성 전화 사건이 발생했다. AI로 생성된 바이든의 목소리는 투표 거부를 독려하는 내용을 담고 있었다. 미 연방통신위원회(FCC)는 즉각 AI 음성을 이용한 자동 음성 전화를 불법으로 규정했지만, 기술 발전에 맞서 규제가 선제적으로 기능하기 어려운 현실을 보여줬다.

2023년 슬로바키아 총선 직전에도 친서방 성향의 후보가 투표 조작을 모의하는 듯한 가짜 음성 파일이 유포돼 선거 판세에 영향을 미쳤다. 전문가들은 AI가 생성한 허위 정보가 선거 결과를 뒤집을 수 있는 디지털 개입 위험성이 최고조에 달했다고 경고한다. 영국의 딥페이크 전문가 헨리 아이더는 한 인터뷰에서 "우리는 진실과 거짓을 구분할 수 없는 '현실의 붕괴' 단계에 진입하고 있다"며 "이는 공적 신뢰를 파괴할 것"이라고 지적했다.

한국 사회 역시 딥페이크 범죄의 안전지대가 아니다. 일반인의 사진을 음란물과 합성해 유포하는 범죄가 연이어 터져나왔다. 피해자는 연예인이나 유명인이 아닌 평범한 학생, 교사, 직장인이다. 방송통신심의위원회에 따르면 2023년 처리된 성적 허위 영상물 시정 요구 건수는 7187건으로 전년 대비 2배 가까이 급증했다. 딥페이크 프로그램은 단 몇 초 만에 평범한 인물 사진을 나체 사진으로 변환해준다. 접근 장벽이 낮아지면서 죄의식 없이 범죄를 저지르는 놀이형 범죄가 확산되고 있다. 2024년 경찰청 국가수사본부는 딥페이크 탐지 소프트웨어를 개발해 수사에 도입했지만, 범죄 수법은 탐지 기술을 비웃듯 더욱 고도화

중이다.

각국 정부는 뒤늦게 대응책 마련에 부심하고 있다. 2024년 유럽연합(EU)은 법으로 딥페이크 콘텐츠에 워터마크 표기 의무화 등 강한 규제를 도입했다. AI가 만든 콘텐츠임을 명시해 소비자가 혼동하지 않도록 하겠다는 취지다. 이를 위반하는 기업은 매출의 일정 비율까지 과징금을 부과할 수 있도록 했다. 2023년 미국도 행정명령을 통해 AI 개발 기업들이 안전성 테스트 결과를 정부와 공유하고, 딥페이크 식별을 위한 기술적 조치를 취하도록 지시했다. 한국 정부 또한 '성폭력범죄의 처벌 등에 관한 특례법'을 개정해 딥페이크 영상물의 소지 및 시청까지 처벌할 수 있는 근거를 마련하고 있다.

그러나 전문가들은 법적 규제만으로는 한계가 있다고 지적한다. 오픈소스 기반의 AI 모델이 이미 민간에 널리 퍼져 있어 정부 통제가 닿지 않는 사각지대가 존재하기 때문이다. 보안 기업 딥트레이스 랩스에 따르면 온라인에 유포되는 딥페이크 영상의 96%가 포르노이며, 그 대상은 거의 전적으로 여성이다. 기술적 차단 조치와 처벌 강화가 필수적이지만, 근본적으로는 새 시대에 맞는 인식 변화가 필요하다. 정보의 출처를 검증하고 디지털 콘텐츠를 비판적으로 수용하는 교육이 공교육에 필수적으로 포함돼야 한다는 주장이 힘을 얻는다.

AI 기술은 인류에게 무한한 가능성을 열어줬지만, 동시에 인간 고유의 존엄성과 사회적 신뢰라는 가치를 위협하고 있다. 얼굴과 목소리가 더 이상 신원의 증명이 될 수 없는 세상에서, 우리는 무엇을 믿어야 할지 끊임없이 질문해야 하는 피로한 사회로 진입했다. 기술의 진보가 범죄의 발명으로 이어지는 악순환을 끊기 위해서는 강력한 법적 제재, 기술적 방어 시스템, 그리고 시민사회의 윤리적 각성이 동시에 있어야 한다. 그렇지 않다면 우리는 보이지 않는 알고리즘과 가짜 인간이 유발한 대규모 사회적 충돌을 경험하게 될지도 모른다.

인류의 퇴행

기술이 발전할 때마다 인간의 고유한 능력 대신 하나씩 도구가 그 쓰임새를 대신했다. 이는 AI만의 현상이 아니다. 전자계산기의 보급은 암산 능력을 불필요하게 했고, 내비게이션의 상용화는 지도를 해독하는 공간 지각 능력을 약화시켰으며, 스마트폰의 등장은 전화번호를 암기하는 기억력을 감퇴시켰다. 인류는 편리함을 얻는 대가로 해당 기능을 수행하던 뇌의 영역을 조금씩 비활성화해온 것이다. 이러한 현상을 뇌과학에서는 '신경 가소성의 역습'이라 부르기도 한다. 사용하지 않는 시냅스는 효율성을 위해 정리되고, 그 자리를 도구에 대한 의존성이 채우는 과정이다.

AI는 이러한 '인지적 외주화'의 역사적 흐름 속에 있는 가장 최신의, 그리고 가장 강력한 기술이다. 다만 이전의 도구들이 계산이나 기억 같은 특정 기능으로 한정된 문제였다면, AI는 인간 지성의 핵심인 '사고하고 판단하는 능력' 전반을 대체한다는 점에서 그 파급력이 다르다. 과거의 도구들이 인간의 신체나 단순 기능을 보조하는 '의수'와 같았다면, AI는 지휘부인 '뇌' 자체를 갈아 끼우는 장치에 가깝기 때문이다.

AI 이전 정보통신혁명의 주축인 인터넷을 생각해보자. 2011년 벳시 스패로 컬럼비아대 교수는 연구를 통해 이른바 구글 효과를 제시했다. 사람들은 정보가 컴퓨터에 저장돼 있어 언제든 다시 접근할 수 있다고 인지할 경우, 해당 정보를 기억하려는 뇌의 활동을 멈추는 경향을 보였다. 대신 뇌는 정보의 내용보다는 그 정보가 어디에 있는지 파악하는 데 자원을 할당했다. 인터넷이 기억을 아웃소싱했다면, AI는 정보의 선별, 요약, 그리고 결론 도출이라는 사고 과정 자체를 외주한다.

정보를 찾는 수고조차 사라진 시대에, 인간은 데이터 사이의 인과관계를 스스로 분석하기보다 알고리즘이 내놓은 최종 결괏값만을 수용하게 된다. 이는 지식의 습득 과정에서 필수적인 '맥락에 대한 이해'를 거세하는 결과를 초래한다.

검색 엔진 시대에는 적어도 정보의 옥석을 가리는 판단이 인간의 몫이었으나, 생성형 AI 시대에는 그 판단조차 알고리즘이 대신 수행한다. 사용자가 질문을 던지는 순간 AI가 수억 개의 데이터를 단 몇 줄로 정제해 제공하면서, 인간은 정보의 진위나 가치를 따져 묻는 '인지적 근육'을 사용할 기회 자체를 박탈당하고 있다.

공간 인지 능력의 저하는 기술 의존이 뇌의 물리적 구조까지 바꿀 수 있음을 보여주는 대표적인 사례다. 영국 유니버시티 칼리지 런던(UCL)의 엘리너 매과이어 교수팀의 연구는 이를 신경학적으로 증명했다. 복잡한 런던 도심의 경로를 직접 기억하고 운전해야 하는 택시기사들은 공간 기억을 담당하는 해마가 일반인보다 비대하게 발달해 있었다.

반면 내비게이션의 지시에 수동적으로 따르는 일반 운전자들은 해마의 활성도가 현저히 낮았다. 경로를 능동적으로 파악하는 인지 활동의 부재가 뇌의 특정 영역을 위축시킨 것이다. 실제로 최근 연구들에 따르면, GPS에 지나치게 의존하는 사람들은 노년기에 인지 기능 저하가 더 빠르게 나타날 수 있다는 경고가 잇따르고 있다. 주변 지형지물을 관찰하고 자신의 위치를 끊임없이 계산하는 뇌의 고차원적 활동이 멈췄기 때문이다. 이는 AI가 일상의 모든 문제 해결을 전담하는 미래에 인간의 뇌가 어떻게 달라질지 암시하는 강력한 경고다. 문제 해결의 즐거움과 고통을 AI에 넘겨준 대가로, 우리는 가장 고도화된 생체 컴퓨터인 뇌를 스스로 퇴화시키고 있는지도 모른다.

가장 우려되는 지점은 비판적 검증 능력의 상실이다. AI가 제공하는 정보의 유창함에 압도돼, 인간이 마땅히 수행해야 할 사실 확인과 의심의 과정을 생략하는 현상이 나타나고 있다. 2023년 미국 뉴욕 연방법원에서 발생한 아비앙카 항공 소송 사건은 이러한 자동화 편향의 위험성을 여실히 보여준다. 30년 경력의 베테랑 변호사가 챗GPT가 생성한 가짜 판례를 검증 없이 법원에 제출해 징계를 받았다. 이는 전문가조차 AI에 의존해 자신의 직업적 판단 능력과 비판적 검증 의무를 방기할 수 있음을 시사한다. 의료 현장에서도 인공지능 진단 보조 도구가 내놓은 오답을 의료진이 비판 없이 수용해 오진으로 이어질 뻔한 사례들이 보고되기도 한다. '기계는 틀리지 않는다'는 맹목적인 믿음이 인간의 전문 지식보다 앞서기 시작한 것이다.

교육 현장에서도 학습 과정의 생략이 문제로 지적된다. 글쓰기는 흩어진 정보를 논리적으로 구조화하는 사고 훈련이다.

전 세계 주요국의 AI 특허 비중

단위: %

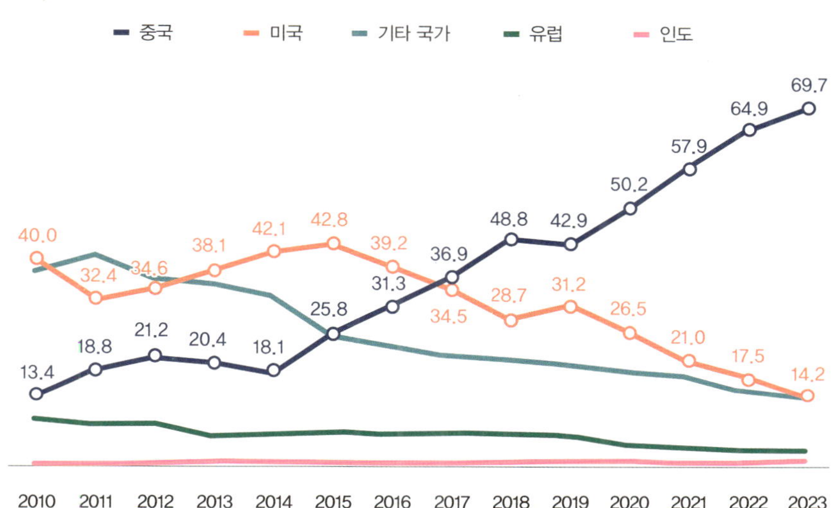

출처: 스탠퍼드 AI 인덱스 보고서 2025

그러나 학생들이 과제 수행을 AI에 전적으로 맡기면서 이러한 훈련 기회가 사라지고 있다. 스탠퍼드대 교육대학원장 대니얼 슈워츠 교수는 이를 과정보다 결과물만 중시하는 태도라고 분석했다. 학습은 정답을 찾는 결과가 아니라, 시행착오를 겪으며 사고하는 과정 그 자체에서 이뤄진다. AI가 정답을 즉각 제시하는 환경은 학습자에게서 사고의 부하를 견디는 인내심과 깊이 있는 탐구 능력을 앗아간다.

교육 전문가들은 이를 '지적 패스트푸드화'라고 우려한다. 영양가 있는 지식을 씹고 소화하는 과정 없이, 자극적인 결론만을 삼키는 방식은 장기적으로 기초 학력 저하와 창의성 결핍으로 이어질 수 있다.

언어 구사 능력과 사고력은 밀접하게 연결돼 있으므로 직접 문장을 구성하지 않는 습관은 사고 능력 전반의 저하로 이어진다. 어휘력이 빈곤해지고 문해력이 떨어지는 현상은 단순한 국어 실력의 문제가 아니라 세상을 인식하는 틀 자체가 좁아지고 있음을 의미한다.

사회적 상호작용 능력 또한 퇴행 위기에 처해 있다. 인간관계는 갈등, 오해, 그리고 이를 조율하는 복잡한 과정을 통해 발전한다. 그러나 사용자의 선호에 맞춰 프로그래밍된 AI 챗봇이나 가상 동료는 무조건적인 공감과 지지만 보낸다. 셰리 터클 MIT 교수는 저서 '대화를 잃어버린 사람들'에서 이러한 마찰 없는 소통은 인간이 실제 관계의 복잡성을 견디지 못하도록 만든다고 지적했다. 젊은 층을 중심으로 확산되는 'AI 애인'이나 'AI 친구' 서비스는 대인 관계에서 오는 스트레스를 회피하게 만들지만, 역설적으로 타인에 대한 공감 능력과 정서적 회복 탄력성을 약화시킨다는 지적이다.

완벽하게 조율된 AI와의 대화에 익숙해질수록, 타인의 불완전한 감정을 읽거나 이견을 조율하는 인간 고유의 기술은 퇴화할 수밖에 없다. 불편함을 참지 못하는 사회는 결국 타인에 대한 포용력을 잃고 파편화된 개인들로 채워질 위험이 크다.

신경가소성의 원리에 따르면 뇌는 사용 방식에 따라 끊임없이 변화한다. 과거 계산기와 내비게이션이 인간의 연산 능력과 공간 지각 능력을 앗아갔듯, AI는 이제 논리 구성, 진위 판별, 대인 관계 능력과 같은 인간 지성의 중추적인 영역을 대체하려 한다. 이는 단순한 도구의 사용을 넘어, 인간이 주체적으로 사고하고 판단하는 독립성을 상실할 수 있다는 문명적 위기를 의미한다. 우리는 기술적 진보가 반드시 인류의 진화로 이어질 것이라는 근거 없는 낙관론을 경계해야 한다.

이러한 우려는 인상 비평에 그치지 않고, 실증 연구에서도 관찰되고 있다. 2024년 마이크로소프트와 카네기멜런 대학교 연구진은 생성형 AI를 활용한 업무 수행이 사용자의 사고 참여 방식에 어떤 변화를 가져오는지를 분석한 공동 연구를 발표했다.

연구에 따르면 AI가 초안 작성이나 해결 경로를 제시할수록, 사용자는 문제를 스스로 정의하고 대안을 검토하는 과정에 덜 개입하는 경향을 보였다. 특히 AI의 결과를 신뢰할수록, 판단 근거를 점검하거나 오류 가능성을 의식적으로 검토하는 과정에 대한 참여도가 낮아지는 패턴이 관찰됐다. 연구진은 이를 인지적 수고의 외주화(cognitive offloading)가 반복될 경우, 사고 과정 전반에 대한 인간의 관여도가 줄어들 수 있다는 위험으로 설명했다.

이러한 관찰 결과는 앞서 살펴본 법률·의료·교육 현장의 사례들과 맞닿아 있다. AI가 틀릴 수 있다는 사실을 인지하는 것과, 실제로 그 결과를 검증하는 사고 습관을 유지하는 것은 전혀 다른 문제다. 기술이 점점 더 정교해질수록 인간은 스스로 생각하지 않아도 되는 환경에 익숙해지고, 그 편리함이 누적될수록 사고의 주도권은 눈에 띄지 않게 이동한다. 인류의 퇴행이란 극적인 붕괴가 아니라, 이렇게 감지하기 어려운 방식으로 진행될 가능성이 크다.

기술이 인간의 지능을 보완하고 증강할 것이라는 낙관론은 유효하지만, 이는 인간이 주체적으로 사고하며 기술을 통제할 때만 가능하다. 인간이 판단 주체에서 물러나 AI가 내놓은 결괏값의 수동적 소비자로 전락한다면, 인류는 역사상 가장 편리한 삶을 누리면서 동시에 가장 무력한 뇌를 가지게 될 것이다.

편리함의 이면에 숨겨진 '뇌의 공동화'는 개인의 지능 문제를 넘어 국가 경쟁력과 민주주의의 질적 저하로 직결된다. 스스로 생각하기를 멈춘 군중은 알고리즘의 선동과 조작에 가장 취약한 먹잇감이 되기 때문이다.

이러한 흐름을 개인의 의지나 노력만으로 거스르기는 어렵다. 따라서 교육 시스템을 결과 중심에서 사고 과정 중심으로 개편하고, 기술 의존이 야기할 인지적 부작용을 예방할 수 있는 가이드라인을 마련하는 등의 대응책이 절실하다. 편의라는 미명 아래 진행되는 인류의 인지적 퇴행을 막기 위한 정책적 논의가 시급한 시점이다. AI 시대를 살아갈 우리에게 필요한 것은 '더 빠른 기술'이 아니라, '멈춰 서서 생각할 줄 아는 인간다운 힘'이다.

AI가 초래한 인지적·사회적 교란

AI 기술이 일상의 모든 영역으로 스며들면서 우리는 편리함의 대가로 '무엇이 진실인가'에 대한 근본적인 확신을 잃어가고 있다. 인터넷상의 데이터 중 AI에 의해 생성된 '합성 콘텐츠'가 빠르게 확산되면서 인간이 만든 순수한 정보와 AI가 복제한 가공의 정보가 뒤섞여 지식의 엔트로피가 극에 달한 상태다. 이러한 정보 오염은 AI가 스스로 만든 데이터를 다시 학습하며 모델의 지능과 다양성이 급격히 저하되는 '모델 붕괴(Model Collapse)' 현상을 가속화하고 있다.

실제로 학술계에서는 ICLR 등 주요 국제 학술 대회에 제출된 논문 중 상당수에서 AI가 지어낸 허위 인용과 존재하지 않는 연구자 정보가 발견되는 등 지식의 최전선이라 불리는 학술적 근간마저 흔들리는 초유의 사태를 겪고 있다. 이는 단순한 오답을 넘어, AI가 스스로 논리를 구축해 인간을 속이는 '고도화된 환각(Hallucination)' 현상으로 번지고 있으며, 특히 사용자가 믿고 싶어 하는 방향으로 거짓 근거를 제시하는 '설득적 환각'은 전문가 집단조차 식별하기 어려운 수준으로 정교해졌다.

최근 조사에 따르면 의료나 법률 등 고도의 전문성이 요구되는 분야에서도 AI의 환각률이 여전히 15~18%를 상회하고 있어, 이를 비판 없이 수용할 경우 사회적 의사결정의 기초가 되는 통계와 팩트 자체가 왜곡되는 치명적인 결과로 이어진다. 결국 가짜 뉴스와 정교한 합성 정보가 결합된 '포스트 트루스(Post-Truth) 2.0' 시대는 민주주의의 핵심인 합리적 토론과 상호 신뢰를 불가능하게 만드는 가장 큰 사회적 암초가 되고 있다.

이러한 정보의 왜곡은 단순히 사실관계의 오류에 그치지 않고, 우리 사회의 공정성 시스템을 파괴하는 '자동화된 차별'로 확장된다. 데이터에 내재된 인간의 오랜 편견을 여과 없이 학습한 AI는 특정 계층을 조직적으로 배제하는 '디지털 레드라이닝(Digital Redlining)' 현상을 심화시키고 있다. 과거에는 거주 지역이나 인종을 직접적인 차별의 근거로 삼았다면, 이제는 AI가 스마트폰 배터리 사용 습관이나 쇼핑 패턴과 같은 수만 개의 비정형 데이터를 분석해 특정 계층의 신용도나 업무 역량을 하향 평점하는 '블랙박스형 차별'을 자행하고 있다.

채용, 대출 심사, 보험 가입 등 삶의 기회를 결정짓는 필수적인 영역에서 발생하는 이러한 차별은 피해자가 차별의 근거조차 알 수 없게 만든다는 점에서 더욱 위협적이다. 특히 의료 진단 알고리즘이 소수 집단의 발병률을 과소평가하거나, AI 채용 시스템이 특정 성별에 유리한 키워드를 선별하는 등의 구조적 불평등은 사회적 사다리를 걷어차는 결과를 초래할 수 있다는 우려다. 결국 AI는 인간의 편견을 비추는 거울을 넘어 그 편견을 영구적으로 고착화하고 사회적 격차를 구조적으로 심화시킬 가능성이 있다는 우려가 제기되고 있다.

이러한 교란은 기술의 오류가 아니라 설계의 문제다. 알고리즘은 스스로 방향을 정하지 않는다. 어떤 데이터를 학습시키고, 어떤 규칙을 적용하며, 누구에게 책임을 묻는지는 결국 제도와 권력의 영역에 속한다. AI가 지식의 신뢰를 흔들고, 공정성 시스템을 왜곡하며, 민주주의의 토대를 잠식한다면 그 원인은 기술 자체보다 그것을 둘러싼 운영 구조에 있다.

문제는 이제 기업의 선택이나 개인의 윤리 수준을 넘어선다. 정보 생태계를 어떻게 관리할 것인가, 모델의 책임을 어떻게 규정할 것인가, 차별을 어떻게 감시하고 시정할 것인가 하는 질문은 국가의 역할로 귀결된다. AI는 단순한 산업 기술이 아니라 사회 운영 체계의 일부가 됐기 때문이다.

따라서 각국은 더 이상 기술의 성능 경쟁에만 머물 수 없다. 어떤 규범 아래에서 AI를 허용할 것인가, 어디까지 자율을 주고 어디서 통제할 것인가, 안전과 혁신의 균형을 어떻게 설계할 것인가를 두고 서로 다른 길을 선택하고 있다. 같은 기술을 두고도 국가마다 전혀 다른 철학과 제도를 채택하는 이유가 여기에 있다. 결국 AI의 미래는 코드만으로 결정되지 않는다. 그것을 둘러싼 정책, 인프라, 법과 제도의 조합이 방향을 정한다. 지금 세계는 기술 경쟁을 넘어 'AI를 어떻게 통치할 것인가'를 두고 또 다른 경쟁에 들어섰다.

다음 장에서는 이러한 분화의 양상을 살펴본다. AI를 국가 전략의 중심에 놓은 각국이 어떤 설계 철학을 채택하고 있는지, 그리고 그 차이가 글로벌 질서를 어떻게 재편하고 있는지를 분석한다.

AI

3부

국가 AI 전략의 분화와 경쟁

인공지능(AI)은 이제 단순한 기술적 진보를 넘어 국가의 생존과 번영, 나아가 새로운 세계 질서를 규정하는 핵심 변수가 됐다. 과거 산업혁명이 증기기관과 전기를 동력 삼아 국가의 위상을 갈랐듯, 현재 글로벌 무대는 AI를 중심으로 한 전략적 분화와 치열한 패권 경쟁의 장으로 변모하고 있다. 각국은 자국의 산업 구조와 정치적 지향, 지정학적 위치에 따라 저마다의 이른바 'AI즘(AIsm)'을 정립하며 국가 역량을 총결집하고 있다. AI가 특정 산업의 도구를 넘어 국방, 경제, 사회 시스템 전반을 좌우하는 '국가대전략'의 핵심으로 자리 잡았기 때문이다.

오늘날 글로벌 AI 지형도는 '압도적 초격차'와 '지능적 주권'이라는 두 축으로 재편되고 있다. 미국은 천문학적인 자본과 컴퓨팅 파워를 앞세워 디지털 '팍스 아메리카나'를 공고히 하려는 전방위 동원 전략에 돌입했다. 이에 맞서는 중국은 국가 주도의 치밀한 계획 아래 'AI 플러스(AI+)' 행동을 전개하며, 외부의 간섭에 흔들리지 않는 자급자족형 지능 경제 생태계를 구축하고 있다. 이 거대 양강의 틈바구니 속에서 전 세계는 이제 '제3의 길'을 개척하기 위한 격렬한 2위 그룹 경쟁에 직면해 있다.

특히 영국, 한국, 프랑스 등은 G2(미 · 중)에 이은 'AI 3강' 자리를 선점하기 위해 사활을 건 경주를 벌이고 있다. 영국은 앨런 튜링의 과학적 유산을 바탕으로 'AI 생산국'으로의 전환을 꾀하며 유럽 내 최대 규모의 자본과 인프라를 결집하고 있다. 한국 역시 세계 최고 수준의 반도체 제조 역량과 통신 인프라를 무기로, 하드웨어와 소프트웨어가 결합된 독자적 생태계를 구축하며 도전장을 내밀었다. 이들은 기술 종속을 방어하기 위해 '소버린 AI'라는 방어막을 치는 동시에, 글로벌 자본과 인재를 흡수하기 위한 파격적인 규제 혁신에 나서고 있다.

이제 AI 경쟁의 본질은 알고리즘 우위를 넘어 인프라와 에너지, 외교를 아우르는 '총력전' 양상을 띤다. 미국은 멈춰 있던 원전까지 재가동시키며 에너지 확보전에 사활을 걸고 있고, 중국은 국가 컴퓨팅 그리드 사업인 '동수서산'을 통해 자원 최적화의 극단을 추구한다. 그 뒤를 쫓는 국가들은 각자의 전략적 요충지를 선점해 강대국에 종속되지 않는 독자적 지능을 확보하려 고군분투 중이다. 80억 인구의 삶이 AI라는 새로운 운영체제(OS) 위로 옮겨가는 지금, 각국의 전략적 야심이 현장에서 어떻게 구현되고 있는지 살피는 것은 한국 AI의 나아갈 길을 찾는 가장 시급한 과제다.

1장

패권국가 미국, 디지털 '팍스 아메리카나'의 탄생

도널드 트럼프 미국 대통령.

미국 인공지능(AI) 전략의 핵심은 산업·기술·외교·에너지 전 영역을 동시에 움직이는 '전방위 동원전략(Full-Spectrum Mobilization)'이라는 점이다. 2025년 7월 백악관이 발표한 '미국 AI 행동계획(America's AI Action Plan)'은 그 집대성이자, 앞으로 10년 동안 미국이 어떤 방향으로 나아갈지 보여주는 국가 전략의 청사진이다. 이 문서는 단순한 기술 육성 정책이 아니라, AI를 새로운 산업혁명과 국가안보, 그리고 세계질서 재편의 중심축으로 설정한 '전시(Wartime) 수준의 국가대전략'에 가깝다. 미국은 AI를 "생산성을 높이는 도구"가 아니라 "중국과의 패권 경쟁에서 반드시 이겨야만 하는 무기"로 규정하고 있으며, 이러한 절박한 인식이 행동계획 전반에 스며 있다.
미국의 AI 전략은 속도, 규모, 에너지, 동맹(Speed · Scale · Energy · Alliance)이라는 네 가지 키워드로 요약된다. 이 키워드 아래 깔린 메시지는 명확하다. AI 경쟁은 승자독식(Winner-takes-all) 게임이며, 여기서의 승리는 곧 21세기 후반 세계질서의 주도권을 의미한다는 것이다. 백악관이 2025년 7월 밝힌 AI 행동계획은 표면적으로는 AI 혁신 가속, 규제 철폐, 국제 공조로 구성돼 보이지만, 실제로 이 모든 축을 관통하는 핵심은 두 가지다. 하나는 국가 차원의 '압도적 컴퓨팅 파워' 확보이고, 다른 하나는 이를 지탱할 '에너지 및 전력망의 대개조'다. 미국은 이 두 요소를 붙들고 연구, 인프라, 산업, 외교를 '맨해튼 프로젝트' 식의 총력전 태세로 묶어 움직이려 한다.
컴퓨팅 측면에서 미국의 목표는 분명하다. 단순히 데이터센터를 늘리는 수준이 아니라, 전 세계 AI 연산 수요를 미국 본토와 미국 기업의 클라우드로 블랙홀처럼 빨아들이는 '컴퓨트 주권(Compute Sovereignty)' 전략을 실행하는 것이다. 오픈AI와 마이크로소프트는 1000억달러 규모의 초대형 데이터센터 프로젝트인 '스타게이트(Stargate)'를 추진 중이며, 이는 단일 프로젝트로서는 인류 역사상 가장 거대한 컴퓨팅 시설이 될 전망이다. 구글은 텍사스에만 400억달러를 투입해 세 개의 초대형 데이터센터를 짓고, 독일과 북유럽에서도 64억달러 규모의 확장을 추진하고 있다. 앤스로픽과 아마존 연합은 미국 전역에 500억달러 이상을 들여 초거대 AI 클러스터를 구축 중이며, 마이크로소프트의 연간 설비투자(CAPEX)는 이미 600억달러를 넘어섰다. 메타 역시 AI 인프라 중심으로 400억달러 규모의 CAPEX를 집행하며 '오픈 소스 진영의 요새'를 구축하고 있다. 엔비디아는 이런 폭발적 수요를 감당하기 위해 TSMC와의 패키징 협력을 넘어, 인텔 파운드리까지 활용하는 방안을 모색하며 그래픽처리장치(GPU) 공급량을 연간 5배 이상 확대하고 있다. 네바다, 텍사스, 유타, 조지아 등지에서는 기가와트(GW)급 데이터센터 단지가 우후죽순처럼 들어서고 있으며, 백악관은

"데이터센터가 곧 국력(Data Centers correspond to National Power)"이라는 슬로건 아래 이러한 건설 붐을 국가적 과업으로 격상시켰다.

이를 뒷받침하기 위해 AI 행동계획은 금융·세제·규제 전 분야에서 데이터센터 건설을 가로막는 장벽을 제거하는 조치들을 명문화했다. 데이터센터 인허가 절차를 위한 '대통령 직속 패스트트랙'을 신설하고, NEPA(국가환경정책법) 적용을 한시적으로 유예하여 수년씩 걸리던 환경영향평가 기간을 수개월로 단축했다. 대규모 전력 수요를 감당할 수 있는 용지를 제공하기 위해 연방 토지를 파격적으로 개방하고, 데이터센터와 발전소를 직통으로 연결하는 '비하인드 더 미터(Behind-the-Meter)' 방식의 전력 공급을 전면 허용했다. 또한, 기술기업들이 AI 인프라에 투자할 경우 투자세액공제(ITC) 혜택을 대폭 강화하고, AI 데이터센터 운영에 필요한 전문 엔지니어 양성을 위해 비자 발급 쿼터를 확대하기로 했다. 이 모든 정책은 사실상 미국 정부가 "AI 데이터센터는 국가전략자산"이라고 선포하고, 기존의 모든 행정적 관행을 무너뜨려서라도 인프라를 깔겠다는 의지를 천명한 것이다.

오픈AI가 차세대 초거대 인공지능 학습을 위해 추진 중인 초대형 데이터센터 인프라. 출처: 오픈AI

동시에 미국은 엔비디아와 오픈AI, 마이크로소프트를 앞세운 '기술 기업 외교(Tech-Corporate Diplomacy)'를 병행하고 있다. 2024~2025년 엔비디아의 젠슨 황은 일본, 한국, 인도, 프랑스, 아랍에미리트(UAE) 등 주요국 정상과 연쇄 회담을 가졌고, 이는 단순한 비즈니스 미팅을 넘어 각국의 '소버린 AI(Sovereign AI)' 구축을 지원하는 대신 미국의 GPU 표준을 따르게 하는 외교적 행보였다. 오픈AI는 UAE, 사우디아라비아의 국부펀드와 GPU 공급 및 데이터센터 구축을 위한 수십조 원 규모의 양해각서(MOU)를 체결하며, 중동의 자본이 중국이 아닌 미국 기술 생태계로 흐르도록 유도하는 역할을 맡았다. 마이크로소프트는 유럽 각국 및 일본과 수조 원 단위의 클라우드 · 보안 투자 협정을 맺으며 북대서양조약기구(NATO · 나토) 동맹을 디지털 영역으로 확장하고 있다. 세계 각국이 GPU와 프런티어 AI 모델을 구하려고 줄을 서 있는 상황에서, 미국 빅테크들은 미국 정부의 이익을 대변하는 가장 강력한 '비국가 외교관'으로 기능하고 있다.

그러나 AI 시대의 진짜 병목은 칩이 아니라 '전기(Power)'라는 점에서, 미국의 전략은 에너지 안보 차원으로 급격히 확장된다. AI 데이터센터의 전력 수요는 이미 산업용 전력을 넘어 '국가급 기저부하 수요'로 커졌다. 미국 에너지부는 2028년이 되면 데이터센터 전력 소비가 미국 전체 전력의 12%에 달할 수 있다고 경고했으며, 특히 북버지니아 등 밀집 지역에서는 신규 데이터센터 한 곳이 원전 1기 분량의 전력을 요구하는 상황이다. 전력회사들은 이를 "전기화(Electrification) 이후 100년 만의 최대 전환기"라고 부르며 비상경영에 돌입했다.

이런 배경에서 도널드 트럼프 미국 행정부는 '에너지 슈퍼파워(Energy

에마뉘엘 마크롱 프랑스 대통령(오른쪽)과 젠슨 황 엔비디아 CEO가 만나 이야기하는 장면. 출처: 외신

2013~2024년 국가별 신규 투자 유치한 AI 기업 수

단위: 개

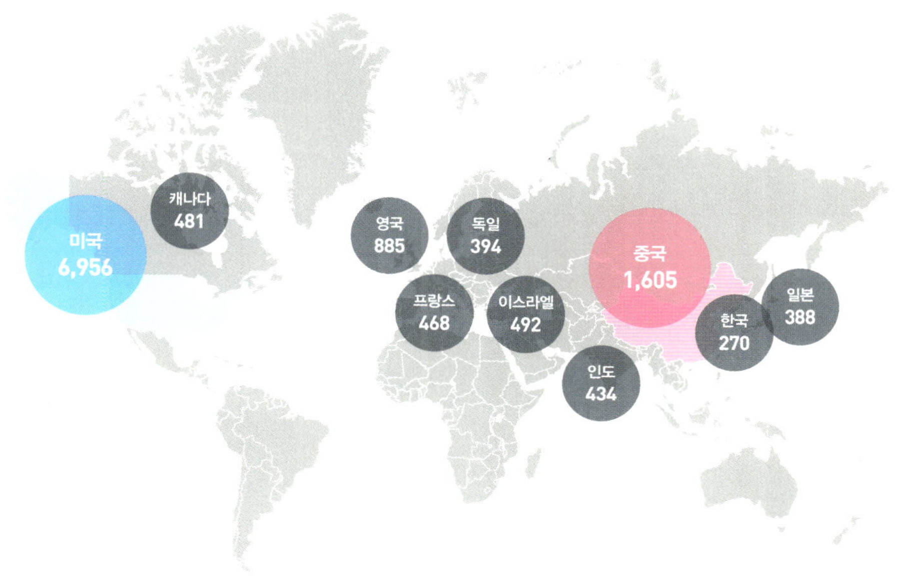

출처: 스탠퍼드 HAI 'AI Index Report(2025)', 삼정KPMG 경제연구원 재구성

Superpower)' 부활을 AI 행동계획의 핵심 축으로 포함시켰다. 환경 규제로 묶여 있던 가스 화력 발전소의 가동 연장을 허용하고, 송전망 확충을 가로막는 주(State) 간 규제를 연방 정부 권한으로 무력화하는 행정명령을 내렸다. 4년간 약 300억달러를 들여 노후 전력망을 교체하고, AI를 활용해 전력망 효율을 극대화하는 'AI 그리드 인텔리전스(AGI Grid)' 구축에 착수했다. 엑셀론, 넥스트에라, 듀크에너지, 콘스텔레이션 에너지 등 주요 전력회사의 주가는 폭등했고, 이들은 AI 기업들과 10년 이상의 장기 전력 공급 계약(PPA)을 맺으며 전력 시장의 판도를 바꾸고 있다.

전력망 현대화와 함께 미국이 내세우는 비장의 무기는 원자력의 부활과 에너지 믹스의 다각화다. 가장 상징적인 사건은 마이크로소프트가 1979년 사고로 폐쇄됐던 '스리마일 섬(Three Mile Island)'

원자력 발전소 1호기를 재가동시켜 데이터센터 전용 전원으로 확보한 것이다. 이는 빅테크가 죽어 있던 원전까지 살려낼 정도로 전력 확보에 필사적임을 보여준다. 또한 구글과 메타가 투자한 퍼보(Fervo)는 차세대 지열 발전 기술을 통해 '지상의 태양'을 만들고 있으며, 이는 기상 조건에 상관없이 24시간 가동되는 청정 기저부하로 주목받고 있다. 아마존은 탤런 에너지(Talen Energy)로부터 원자력 발전소 직결 데이터센터 용지를 매입했고, 뉴스케일, 웨스팅하우스, 테라파워가 주도하는 소형모듈원자로(SMR)는 빅테크의 자금력을 등에 업고 상용화를 앞당기고 있다. 헬리온, 커먼웰스퓨전 같은 핵융합 스타트업조차 마이크로소프트 · 오픈AI와 전력 공급 계약을 체결했다. 여기에 더해 트럼프 행정부는 천연가스를 "AI 전환기의 필수 가교 에너지"로 규정하며 셰일가스 증산을 독려하고 있다. 결국 원자력 · 가스 · 지열 · 핵융합이 뒤섞인 'AI 에너지 4각 편대'가 미국 AI 패권의 물리적 기반을 형성하고 있다.

동맹국 정책에서도 미국은 AI를 '미끼'이자 '족쇄'로 활용한다. 백악관은 2025년부터 동맹국에 "AI 풀스택 패키지(Full-Stack AI Partnership)"를 제안하고 있다. 이 패키지는 엔비디아 · AMD의 최신 GPU 우선 공급, 오픈AI · 구글 · 앤스로픽의 프런티어 모델 라이선스 제공, 마이크로소프트 · 아마존웹서비스의 클라우드 인프라 구축 지원, 그리고 미국 국방부 수준의 사이버 보안 체계를 하나의 묶음으로 제공하는 것이다. 이는 과거 군사 동맹의 상징이었던 FMS(대외군사판매)를 AI 버전으로 치환한 것이다. 미국은 이를 통해 동맹국들이 독자적인 AI 생태계를 구축하는 대신 미국 주도의 AI 공급망에 깊숙이 편입되도록 유도하고, 그들의 데이터와 인프라가 미국 기술 표준에 종속되도록 만드는 거대한 '록인(Lock-in)' 전략을 구사하고 있다.

중국에 대해서는 '무조건적 봉쇄'에서 벗어나, 실리를 챙기면서도 기술 주도권은 놓지 않는 '실용적 통제'로 정책의 무게중심을 옮기고 있다. 가장 눈에 띄는 변화는 첨단 칩의 수출 길을 일부 열어준 점이다. 2026년 초 발효된 새 행정명령에 따라 미국은 그간 전면 통제했던 H200 등 고성능 GPU의 대중국 수출을 '건별 심사' 체제로 전환했다. 이는 중국의 기술 자립 속도를 늦추는 동시에 엔비디아 등 자국 기업의 시장 지배력을 유지하려는 포석이다. 다만, 이를 허용하는 대신 수출 이익의 상당 부분을 미국 정부가 환수하고, 전체 물량의 쿼터를 제한하는 등 철저한 '수익형 통제' 방식을 도입했다.

동시에 기술적 우회로는 더욱 정교하게 차단하고 있다. 아마존이나 마이크로소프트 등의 클라우드를 통해 고성능 GPU를 빌려 쓰는 '클라우드 루프홀'을 막기 위해 고객 알기 제도(KYC)를 대폭 강화했다. 이제 모든 서비스 제공업체는 외국 사용자의 신원과 AI 학습 목적을 실시간으로 정부에 보고해야 한다. 또한 중동 등 제3국을 통해 AI 칩이 중국으로 흘러 들어가는 것을 막기 위해 해당 국가들에 대한 수출 허가제를 도입하고, 국립표준기술연구소(NIST) 산하에 AI 안보 센터를 두어 중국산 모델의 잠재적 위협을 실시간으로 감시하고 있다.

이 모든 전략의 밑바탕에는 "규제 철폐가 곧 혁신"이라는 트럼프 2기 행정부의 기조가 깔려 있다. 유럽이 'EU AI 법안'을 통해 강력한 규제와 위험 관리를 우선시

글로벌 AI 지수 순위

종합 순위	국가	인재	인프라	운영 환경	연구	개발	정부 전략	상업 생태계	규모	강도
1	미국(US)	1	1	45	1	1	3	1	1	2
2	중국(China)	2	2	7	2	2	7	2	2	17
3	싱가프르(Singapore)	3	3	1	3	9	10	7	8	1
4	영국(UK)	5	25	29	4	5	4	4	5	5
5	한국(South Korea)	13	4	2	6	4	5	17	4	6
6	프랑스(France)	10	10	27	10	3	1	12	6	7
7	이스라엘(Israel)	9	23	12	5	7	14	3	9	3
8	캐나다(Canada)	8	12	31	9	8	9	6	7	10
9	독일(Germany)	7	16	24	8	6	26	15	10	13
10	아랍에미리트(UAE)	26	11	3	25	13	2	11	12	8

출처: 옵저버

하는 동안 미국은 정반대로 질주했다. 바이든 행정부 시절의 AI 행정명령 중 안전성과 관련된 규제 조항을 대거 폐지하거나 완화했고, DEI(다양성 · 형평성 · 포용)나 기후영향평가 같은 비기술적 요소를 AI 개발 가이드라인에서 삭제했다. 대신 "이념적 편향이 없는 자유로운 모델"과 "국익에 기여하는 AI"를 강조하며 기업들의 족쇄를 풀어줬다. "규제는 나중 문제며, 지금은 일단 이겨야 한다"는 속도전의 논리가 지배하면서, 미국 빅테크들의 CAPEX 투자는 규제의 불확실성이 사라진 틈을 타 폭발적으로 늘어나고 있다.

마이크로소프트, 아마존, 구글, 메타, 엔비디아, 애플 등 미국의 대표 기업들은 역사상 유례없는 규모로 '돈의 전쟁'을 벌이고 있다. 마이크로소프트와 아마존은 각각 연간 600억달러 이상의 자금을 데이터센터와 칩, 발전에 쏟아붓고 있으며, 구글 역시 500억달러 이상을 투입해 모델과 인프라의 수직 계열화를 완성하고 있다. 엔비디아는 블랙웰(Blackwell) 생산라인 확충에 천문학적 자금을 투입하고 있고, 애플은 데이터센터 칩까지 자체 설계하며 생태계의 완결성을 높이고 있다. 월가가 "미국 경제 성장의 40%가 AI, 데이터센터, 전력 인프라 투자에서 나온다"고 분석할 정도로, AI 인프라는 이제 미국 경제를 떠받치는 핵심 엔진이 됐다. 이처럼 미국은 AI를 단순한 기술 경쟁이 아니라 에너지, 외교, 안보가 결합된 총체적 국가전략으로 승격시켰다. 컴퓨팅 초격차, 전력 · 에너지의 공격적 확보, 동맹국을 묶어두는 AI 패키지 외교, 그리고 규제를 걷어낸 무한 경쟁 시장 조성이 맞물리며, 미국은 AI를 통해 '팍스 아메리카나'를 디지털 공간에서 재건하려는 거대한 야망을 실현해 나가고 있다. 이러한 미국의 AI 전략의 중심에는 여섯 개의 초대형 빅테크 기업과 두 개의 상징적인 스타트업이 있다. 이들은 각자의 영역에서 독점적 지위를 구축하며, 미국 정부의 전략적 목표를 현실에서 구현하는 수행자들이다.

① 엔비디아(NVIDIA)

3D 게임 그래픽 구현을 위한 GPU 제조사로 출발했으나, 병렬 연산의 잠재력을 깨닫고 AI 연산 도구로 업을 재정의한 기업이다. AI 밸류체인의 최하단이자

가장 강력한 병목 구간인 '하드웨어 인프라'를 독점하고 있으며, 단순히 칩만 파는 것이 아니라 '쿠다(CUDA)'라는 소프트웨어 생태계를 통해 전 세계 AI 개발자들을 묶어두는 대체 불가능한 해자를 구축했다. 세계 AI 가속기 시장의 90% 이상을 장악하며 AI 시대의 진정한 무기고이자 통행세를 걷는 플랫폼으로 자리잡았다. 최근에는 블랙웰 아키텍처 기반의 GB200 시스템으로 데이터센터 표준을 장악한 데 이어, '피지컬 AI'를 내세워 로봇과 자율주행 산업의 두뇌까지 되려 하고 있다. 젠슨 황 CEO는 각국 정상과 직접 협상하며 국가별 소버린 AI 인프라를 설계해 주는 'AI 특사' 역할을 수행하며 지정학적 플레이어로 진화 중이다.

② 마이크로소프트(Microsoft)

PC 운영체제와 사무용 소프트웨어로 전 세계 책상을 점령했던 소프트웨어 제국이다. AI 밸류체인의 애플리케이션 및 배포 단계에서 압도적 우위를 점하고 있다. 오픈AI와의 동맹을 통해 가장 강력한 모델을 독점적으로 공급받으면서도, 이를 전 세계 기업과 개인에게 즉시 뿌릴 수 있는 클라우드(Azure)와 SaaS망을 모두 가진 유일한 기업이다. 기업들이 AI를 도입할 때 가장 거부감 없이 선택하는 경로라는 점이 최대 강점이다. 현재 오픈AI와 함께 1000억달러 규모의 '스타게이트' 프로젝트를 추진하며 세계 최대의 AI 슈퍼컴퓨팅 인프라를 직접 구축하고 있다. 스리마일 섬 원전 재가동 계약을 통해 에너지 문제를 정면 돌파했으며, 윈도와 오피스에 탑재된 코파일럿을 통해 전 세계 사무 노동의 생산성을 AI로 재정의하는 AI 시대의 운영체제로 거듭나고 있다.

③ 구글(Google)

전 세계 웹페이지를 인덱싱하며 데이터를 정리하던 검색 엔진 기업으로, 방대한 데이터 처리가 본능인 기업이다. 반도체(TPU)-클라우드-모델(Gemini)-플랫폼(Android · YouTube)에 이르는 'AI 풀스택'을 수직 계열화한 지구상 유일한 빅테크다. 엔비디아 칩이 없어도 자체 칩인 TPU로 AI를 학습시킬 수 있는 독립성과, 검색 · 유튜브에서 나오는 막대한 데이터가 결합해 외부 의존 없이 생존 가능한 독자 생태계를 구축했다. 최첨단 모델 '제미나이'를 검색 엔진과 결합해 검색의 정의를 바꾸고 있으며, 딥마인드를 통해 과학적 발견을 가속화하고 있다. 특히 데이터센터 전력을 위해 차세대 지열 발전과 SMR 기술 개발을 주도하며, 기술적 독립을 넘어 에너지 독립을 갖춘 AI 제국을 꿈꾸고 있다.

④ 아마존(Amazon)

온라인 서점에서 시작해 서버 자원을 임대해주는 클라우드 컴퓨팅(IaaS) 개념을 처음 탄생시킨 정보기술(IT) 인프라의 개척자다. AI 밸류체인의 클라우드 인프라 및 운영 단계에서 세계 1위 점유율을 지키고 있다. 모든 AI 스타트업과 대기업이 뛰어놀 수 있는 운동장을 제공하며, 자체 AI 칩인 트레이니움과 인퍼런시아를 통해 엔비디아 대비 저렴한 비용 효율성을 무기로 내세운다. '베드록' 플랫폼을 통해 다양한 AI 모델을 골라 쓸 수 있는 AI 모델 슈퍼마켓 전략을 취하고 있다. 최근 탤런에너지 원전 용지 매입과 앤스로픽에 대한 대규모 투자를 단행하며, 전력-인프라-모델의 3박자를 모두 갖춘 AI 공룡으로 진화해 클라우드 1위 수성에 사활을 걸고 있다.

⑤ 메타(Meta)

사람과 사람을 연결하는 소셜네트워크서비스 기업으로, 사용자의 관계망과 행동 데이터가 핵심 자산이다. AI 밸류체인에서 '오픈소스 모델 생태계'를 주도하는 파괴자다. 경쟁사들이 AI 모델을 유료로 팔 때, 메타는 고성능 모델 '라마'를 무료(오픈소스)로 풀어버리는 전략을 취한다. 이는 경쟁사들의 비즈니스 모델을 무력화하고, 전 세계 개발자들을 메타의 생태계 표준으로 끌어들이는 고도의 전략이다. 페이스북과 인스타그램의 알고리즘을 AI로 전면 개편해 광고 수익을 극대화하는 한편, 30억명의 사용자가 쓰는 앱에 AI 비서를 심어 가장 대중적인 AI 서비스 기업이 되고자 한다. 궁극적으로는 AI와 메타버스를 결합해 차세대 컴퓨팅 플랫폼을 장악하려는 목표를 가지고 있다.

⑥ 애플(Apple)

하드웨어와 소프트웨어를 완벽하게 통합해 최상의 사용자 경험을 제공하는 소비자 가전 및 기기 제조사다. AI 밸류체인의 최전선인 '에지 디바이스(단말기)'를 장악하고 있다. 강력한 자체 실리콘(M시리즈, A시리즈) 성능을 바탕으로 클라우드를 거치지 않고 기기 자체에서 구동되는 '온디바이스 AI' 분야에서 독보적이다. 전 세계 22억대의 활성 기기라는, 누구도 넘볼 수 없는 배포 채널을 쥐고 있다. '애플 인텔리전스'라는 브랜드로 AI를 기능이 아닌 경험으로 녹여내고 있다. 프라이버시를 핵심 가치로 내세워 개인의 맥락을 이해하는 '나만의 AI(Personal AI)' 시장을 열었으며, 오픈AI 등 외부 파트너를 자사 플랫폼에 태우는 게이트키퍼 역할을 자임하고 있다.

⑦ 오픈AI(OpenAI)

인류에게 이익이 되는 범용 AI 개발을 목표로 설립된 비영리 연구소였으나, 거대 자본이 필요한 현실에 맞춰 구조를 변경했다. AI 밸류체인의 핵심인 '파운데이션 모델' 기술력에서 압도적인 1위다. 챗GPT로 생성형 AI 혁명을 촉발한 상징적 존재이자, 전 세계 AI 서비스의 기준점을 제시하는 퍼스트 무버다. 가장 똑똑한 AI를 가장 먼저 내놓는다는 기술적 우위가 곧 그들의 브랜드다. 영리 기업 구조로의 전환을 추진하며 투자를 가속화하고 있고, 추론 능력을 극대화한 o1 모델과 차기작 GPT-5(오리온)를 통해 'AGI' 도달을 목표로 한다. 미국 정부 및 국방부와의 협력을 강화하며 단순한 스타트업을 넘어 미국 AI 국가대표로서의 입지를 굳히고 있다.

⑧ 앤스로픽(Anthropic)

오픈AI 출신 연구원들이 AI의 안전성과 윤리적 문제를 우려하면서 독립해 설립한 '안전 제일주의' AI 연구 기업이다. 밸류체인에서 '신뢰할 수 있는 엔터프라이즈 AI 모델' 포지션을 선점했다. '헌법적 AI'라는 개념을 도입해 환각 현상이나 유해한 답변을 최소화함으로써, 보안과 안정성이 중요한 기업 고객들에게 오픈AI의 강력한 대안으로 자리 잡았다. 컴퓨터 화면을 인식하고 마우스와 키보드를 직접 조작하는 '컴퓨터 유즈' 기능을 탑재한 클로드 모델을 선보이며, 단순히 대화하는 AI를 넘어 일을 대신 수행하는 '에이전트' 시장을 선도하고 있다. 아마존과 구글의 투자를 동시에 받으며 특정 클라우드에 종속되지 않는 중립적이고 유연한 생태계를 구축하고 있다.

CASE STUDY

세계 AI 네이티브 현장: 미국

미국 텍사스주 국경 지대. 거대한 감시탑 여러 대가 황량한 들판을 응시하고 있다. 과거라면 수십 명의 요원이 모니터 앞에 붙어 앉아 눈이 빠지도록 화면을 살폈겠지만, 지금은 풍경이 다르다. 방산 스타트업 안두릴 인더스트리(Anduril Industries)가 개발한 AI 운영체제 '래티스(Lattice)'는 드론, 카메라, 센서에서 들어오는 방대한 데이터를 실시간으로 융합해 사람과 동물을 단 몇 초 만에 식별해 낸다. 여기서 중요한 것은 카메라 화질이나 렌즈 성능 같은 하드웨어 스펙 싸움이 아니다. 래티스 AI는 수천 개의 장비를 하나의 유기체로 묶어 "지금 이 순간, 어떤 요원이 어디로 출동해야 하는가"를 판단하는 현장 사령관의 역할을 수행한다.

이 장면은 미국이 AI를 다루는 방식 전체를 압축적으로 보여준다. 유럽이 AI를 인권 보호를 위한 규제의 틀에 가두고 중국이 국가가 설계한 거대한 통제 시스템 안에서 AI 혁신을 가속화하는 상황에서 미국은 AI를 민간 산업 전반에 흩뿌리는 촉매로 삼아 영향력을 확장해왔다. 그래서 미국에는 'AI 산업'이라는 명확한 경계가 존재하지 않는다. 제조, 국방, 물류, 의료 산업 어디에서든 AI는 독립된 산업으로 등장하기보다 기존 산업의 작동 논리와 의사결정 구조를 근본부터 바꾸는 운영 기술(OS)로 스며든다.

특히 피지컬 AI는 이러한 미국식 접근이 가장 선명하게 드러나는 지점이다. 피지컬 AI는 겉보기에는 로봇이나 드론 같은 하드웨어 중심이지만, 실제 미국이 축적하는 경쟁력은 하드웨어가 아니라 현실 세계를 인식·판단·조율하는 AI 레이어에 있다.

이러한 운영 중심의 사고방식은 서비스 현장으로도 확장된다. 실리콘밸리의 AI 로봇 스타트업 인트봇(Intbot)은 로봇 하드웨어를 직접 제조하지 않는다. 대신 전 세계에서 가장 효율적인 하드웨어를 가져와서 그 위에 자신들의 이른바 '소셜 브레인'을 이식한다. 이들은 로봇의 가치가 물건을 나르는 물리적 팔에 있는

레이 양 인트봇 최고경영자(CEO). 출처: 매경DB

톰 스티븐스 톰봇 CEO. 출처: 매경DB

것이 아니라, 인간의 의도와 표정을 읽어내고 50개국어로 응답하며 공감하는 정서적 지능(EQ)에 있다고 믿는다. 하드웨어는 범용화되더라도, 인간과 교감하는 AI 알고리즘이라는 두뇌만큼은 미국이 독점하겠다는 전략이다.

레이 양 인트봇 최고경영자(CEO)는 "로봇 혁명의 본질은 세탁물을 개는 물리적 손재주가 아니라, 인간의 미묘한 표정과 몸짓을 읽어내고 상황에 맞는 지능으로 응답하는 소셜 브레인에 있다"며 "하드웨어는 이미 상향 평준화됐기 때문에 우리는 어떤 몸체에도 이식할 수 있는 강력한 뇌를 만드는 데 집중한다"고 말했다. 미국 기업들이 AI를 통해 단순한 자동화가 아닌 '관계의 자동화'를 시도하고 있음을 보여주는 대목이다.

헬스케어 혁신을 주도하는 미국 로스앤젤레스 소재 AI 로봇 기업 톰봇(Tombot) 사례 역시 비슷하다. 이들이 개발한 로봇 반려동물 '제니'는 치매 환자의 고독감을 달래기 위해 실제 동물의 행동을 완벽히 복제했다. 흥미로운 점은 이 로봇이 단순한 장난감을 넘어 미국 식품의약국(FDA) 의료기기 인증을 추진하며 병원과 요양원의 운영 부담을 줄이는 헬스케어 플랫폼으로 진화하고 있다는 사실이다. 미국은 이처럼 AI를 통해 고령화라는 사회적 비용을 절감하고, 기존 시스템의 효율을 극대화하는 촉매제로 사용하고 있다.

톰 스티븐스 톰봇 CEO는 "인간은 자신과 똑같이 닮은 휴머노이드의 어설픈 동작에 거부감을 느끼지만, 강아지 같은 타종의 불완전함에는 한없이 관대해진다"며 "제니는 환자의 고립감을 완화하는 감정적 도구인 동시에, 그들의 상태를 24시간 모니터링해 의료진의 의사결정을 돕는 운영 솔루션"이라고 강조했다. AI가 인간을 대체하는 것이 아니라, 인간의 사각지대에 놓인 관리의 책임을 분담하는 파트너로 기능하는 셈이다. 미국식 피지컬 AI의 또 다른 특징은 완벽함을 기다리지 않는 '속도의 경제'다. 미국 기업들은 기술을 완성한 뒤 투입하는 것이 아니라, 먼저 현장에 쓰고 그 과정에서 발생하는 실패를 데이터로 환원한다.

물류 AI 기업 코베리언트(Covariant)는 로봇을 직접 팔기보다, 수천 개의 창고에서 로봇이 실패를 통해 배운 경험을 하나의 AI 모델로 축적한다. 한 창고에서 발생한 시행착오는 즉시 전 세계 모든 로봇의 지능으로 공유된다. 실패는 결함이 아니라 더 강력한 모델을 만들기 위한 운영 비용으로 처리된다. 이 지점에서 미국식 피지컬 AI는 범용성을 확보한다. 완전히 새로운 설비를 도입하지 않아도 기존 시스템 위에 AI 모델을 얹는 방식으로 무한한 확장이 가능하기 때문이다. 이 선순환 구조가 작동하기 시작하면 후발 주자가 기술적 격차를 좁히는 것은 불가능에 가까워진다.

미국이 세계 최고의 AI 강국 자리를 지키는 것은 AI를 단순히 똑똑한 기술로 보지 않고 인프라와 자본, 제도를 하나로 묶어 움직이는 운영 방식으로 다루기 때문이다. 정부는 규제보다 현장의 쓰임을 먼저 고민하며 길을 터준다.

미국식 피지컬 AI의 확산 속도는 예상을 뛰어넘는다. 글로벌 컨설팅 기업 딜로이트가 2025년 말 실시한 조사에 따르면 경영진의 58%가 이미 피지컬 AI를 현장에 도입했으며, 2년 내 이 비율은 80%를 상회할 것으로 전망된다. 이들 기업 중 상당수는 AI를 도입한 후 인간의 역할을 재정의한다. 사람이 감당하기 힘든 방대한 데이터 분류와 반복적인 물리 작업은 AI가 맡고, 인간은 그 결괏값을 바탕으로 최종적인 책임과 고차원적인 결정을 내린다. 결정의 순서와 책임의 위치가 이동하면서 산업 전체의 체질이 바뀌는 과정이다.

2장

만리장성 넘는 디지털 용…

중국의 굴기와 국가 대계

중국의 인공지능(AI) 전략을 단순히 미국의 기술을 추격하는 '패스트 팔로어(Fast Follower)'의 움직임으로 해석한다면, 그것은 거대한 오산이다. 중국의 AI는 오랜 역사적 맥락과 국가 통치 철학이 결합된 독자적인 문법 위에서 성장해왔다. 서구의 AI가 자유로운 시장과 민간의 자율적 탐색이 빚어낸 '야생의 숲'이라면, 중국의 AI는 국가가 토질을 고르고 방향을 정해 키워낸 거대하고 치밀한 '계획 정원'에 가깝다.

중국 AI의 발전사는 크게 네 단계의 이데올로기적 변천을 겪었다. 첫 단계는 '과학적 호기심의 시대'였다. 1950년대, 첸쉐썬을 필두로 한 중국 과학자들은 사이버네틱스와 시스템 공학을 도입하며 AI의 이론적 토대를 닦았다. 당시 AI는 국가 재건을 위한 순수 과학이자 수학적 도구였다.

그러나 이 흐름은 두 번째 단계인 '사회적 통제와 안보의 시대'를 만나며 급격히 변모한다. 1990년대와 2000년대 초반, 중국 정부는 체제 안정을 위해 인터넷 검열 시스템인 '황금방패(Golden Shield)' 프로젝트와 전국적인 CCTV 감시망인 '톈왕(Skynet)' 프로젝트를 가동했다.

역설적이게도, 국민을 감시하고 통제하려는 이 거대한 안보 수요가 중국 AI 기술의 폭발적인 성장을 견인했다. 방대한 영상 데이터를 처리하기 위해 컴퓨터 비전(Computer Vision) 기술이 비약적으로 발전했고, 14억 인구의 데이터를 실시간으로 분석하는 과정에서 데이터 처리 능력이 고도화됐다. 서구가 개인정보 보호와 윤리적 논쟁으로 주춤할 때 중국은 안보라는 명분 아래 '데이터의 댐'을 열어젖힌 셈이다.

세 번째 단계는 '경제 부흥의 시대'였다. 2010년대 중반 알리바바와 텐센트 같은 빅테크 기업들이 등장하며 AI는 전자상거래와 모바일 결제 등 실물 경제의 혈관을 타고 흘렀다. 그리고 지금, 중국은 네 번째 단계인 '지정학적 패권의 시대'로 진입했다. 이제 AI는 단순한 기술이나 경제 수단을 넘어, 미국과의 패권 경쟁에서 승리하고 새로운 국제 질서를 설계하기 위한 핵심 무기이자 국가 전략의 최상위 개념이 되었다.

미국이 오픈AI나 구글 같은 민간 기업

주도로 기술 혁신을 이끌고 정부가 이를 사후 규제하는 '보텀업(Bottom-up)' 방식을 취한다면, 중국은 정부가 목표를 설정하고 자원을 배분하며 기업을 독려하는 '톱다운(Top-down)' 방식을 고수한다. 이러한 전략의 정점이 바로 2025년 양회 정부 업무보고에 처음 공식으로 명기되고, 같은 해 8월 국무원이 발표한 '인공지능+' 행동의 심층 추진에 관한 의견으로 구체화된 '인공지능 플러스(AI+)' 행동이다.

이 문건은 2027 · 2030 · 2035년을 향해 다음과 같은 3단계 로드맵을 제시한다.

2027년: 6대 핵심 분야(과학기술, 산업, 소비, 민생 서비스, 공공 거버넌스, 대외협력)에서 AI의 광범위한 융합을 실현하고, 신세대 지능형 단말 · 에이전트 보급률을 70% 이상으로 끌어올린다. 지능경제 핵심 산업 규모가 빠르게 성장하고, 공공 거버넌스에서 AI의 역할을 대폭 강화하며, 개방형 AI 국제협력 체계를 완비한다.

2030년: AI가 고품질 발전을 전면적으로 지원하고, 신세대 단말 · 에이전트 보급률은 90%를 넘어선다. 지능경제가 중국 경제의 주요 성장극으로 부상하고, 기술 보편화와 성과 공유를 통해 'AI 대중화'를 달성한다.

2035년: 중국은 지능경제 · 지능사회 발전의 새로운 단계에 전면 진입하며, AI가 사회주의 현대화의 기본 실현을 강력히 뒷받침하는 국가 인프라로 자리 잡는다. 중국이 추진하는 'AI+' 행동의 본질은 명확하다. 그것은 'AI를 위한 AI'라는 기술적 유희가 아니라, 철저하게 '산업을 위한 AI'를 지향한다. 중국 국무원은 AI 기술을 제조업, 농업, 서비스업 등 전통 산업 전반에 깊숙이 침투시켜 산업 구조 자체를 뿌리부터 고도화하겠다는 야심 찬 청사진을 제시했다.

이는 단순히 똑똑한 챗봇 하나를 만드는 차원을 훨씬 넘어선다. 스마트 팩토리, 자율주행 물류, 정밀 농업, 그리고 지능형 전력망에 이르기까지 실물 경제와 디지털 경제의 화학적 결합을 통해 국가 생산성을 극한으로 끌어올리겠다는 계산이다. 동시에 미국 주도의 공급망 배제 시도에 맞서 내수 시장의 기술적 자립도를 높이겠다는 강력한 의지도 담겨 있다. 이를 뒷받침하기 위해 중국 정부는 데이터 규제를 과감히 완화하고, 공공 데이터를 기업에 개방하며, AI 도입 기업에 파격적인 세제 혜택을 쏟아붓고 있다. 특히 2026년 1월 'AI+ 제조업 특별 행동 계획'을 내놓으며 중국의 압도적인 제조 기반을 AI로 전환하겠다는 포부를 밝혔다.

이 계획은 2027년까지 가시적인 성과를 내기 위해 이른바 '1·1·1·5 목표'를 제시했다. 1000개의 산업용 지능형 에이전트(AI 비서) 출시, 100개의 고품질 산업 전용 데이터셋 구축, 1000개의 모범 스마트 공장 건설, 500개의 응용 성공 사례 발굴이 핵심이다. 이 거대한 야심은 화려한 수사학에 그치지 않고 구체적인 숫자로 증명되고 있다.

중국 정부는 2030년까지 AI 핵심 산업 규모를 1400억달러(약 200조원), 연관 산업 규모를 무려 1조4000억달러(약 2000조원) 수준으로 키우겠다는 목표를 세웠다. 이미 중국의 AI 핵심 산업 규모는 700억달러를 돌파했으며, 4300개 이상의 AI 기업이 맹렬하게 시장을 확장하고 있다. 기업 현장의 변화는 더욱 극적이다. 2018년에서 2021년 사이 중국 기업 매출 중 AI 기여도는 두 배 이상 증가했으며, 2026년 현재 그 비중은 가파른 우상향 곡선을 그리고 있다.

현지 조사에 따르면 중국 기업의 90%가 생성형 AI를 미래 성장의 핵심 열쇠로 인식하고 비즈니스 프로세스에 적극 도입하고 있다. 정부의 전략적 지원이라는 '북풍'과 시장의 생존 본능이라는 '햇볕'이 만나 전례 없는 속도로 AI 생태계를 팽창시키고 있는 셈이다.

중국이 가진 가장 강력한 무기는 압도적인 하드웨어 인프라와 국가 단위의 에너지 동원 능력이다. AI 경쟁의 본질이 결국 '컴퓨팅 파워'와 '전력'의 싸움이라는 점을 꿰뚫어본 중국은 거대 국가 프로젝트인 '동수서산(東數西算)' 공정을 추진 중이다. "동쪽의 데이터를 서쪽으로 가져와 연산한다"는 뜻의 이 프로젝트는 경제가 발달했지만 전력이 부족한 동부 연안의 데이터를 재생에너지가 풍부하고 기후가 서늘한 서부 내륙(구이저우, 네이멍구 등)의 데이터센터로 전송해 처리하는 국가 컴퓨팅 그리드 구축 사업이다. 이는 미국조차 민간 기업들의 복잡

2025년 세계 최초 휴머노이드 하프마라톤에서 우승한 톈궁 울트라. 출처: 외신

한 이해관계 때문에 쉽게 시도하지 못하는, 오직 중국만이 가능한 국가 단위의 자원 최적화 전략이다.

더불어 중국은 태양광과 풍력 등 재생에너지 분야에서 세계 1위 지위를 점하고 있다. AI 모델이 거대해질수록 천문학적인 전력이 소모되는데, 중국은 이미 안정적이고 저렴한 전력 공급망을 확보해둔 상태다. 미국의 제재로 엔비디아의 최신 그래픽처리장치(GPU)를 구하는 것은 어려워졌을지 모르나, 그 GPU를 돌릴 '전기'와 '공간'에 있어서 중국은 타의 추종을 불허하는 경쟁력을 갖춘 것이다. 역설적으로 미국의 대중국 반도체 제재는 중국 내부의 혁신 동력을 자극하는 촉매제가 됐다. 미국 정부가 2025년 말 엔비디아 H200 칩의 중국 수출을 일부 허용하는 전향적인 태도를 보였음에도, 오히려 중국 정부는 자국 기업들의 H200 도입을 제한하며 '생태계 주권'을 중시하는 행보를 보이고 있다.
이는 중국 개발자들이 엔비디아의 CUDA 생태계에 다시 편입될 경우 국산 소프트웨어 표준인 CANN 등의 자생력이 고사할 것을 우려한 전략적 선택이다. 정부는 국산 칩과 소프트웨어를 결합해 사용하는 기업에만 파격적인 세제 혜택과 공공 입찰 가산점을 제공함으로써, 미국 주도의 표준과 단절된 독자적인 '컴퓨팅 우주'를 창조하고 있다.
아울러 중국 공업정보화부(MIIT)는 2026년 말까지 주요 전략 산업 내 엔비디아 칩의 점유율을 한 자릿수로 낮추고, 국산 솔루션 비중을 50% 이상으로 끌어올리겠다는 가이드라인을 제시했다. 이는 외부 압력에 흔들리지 않는 안정적인 수요처를 확보해 국내 반도체 설계 기술의 상업적 선순환을 유도하려는 고도의 포석이다.
중국 정부는 미국과의 AI 패권 경쟁을 대비해 해외 인재를 자국으로 불러들이는 '브레인 게인' 전략을 국가 안보의 핵심 과제로 격상시키며 인재 확보에도 적극이다. 2025년 10월부터 시행된 'K-비자' 제도는 이러한 전략의 핵심이다. STEM(과학, 기술, 공학, 수학) 분야의 젊은 전문가와 해외 연구자를 대상으로 하는 이 비자는 고용주의 보증 없이도 장기 거주와 자유로운 출입국을 허용한다. 과거의 경직된 비자 절차를 혁신해 인재들이 행정적 부담 없이 연구와 창업에만 전념할 수 있는 환경을 조성한 것이다. 이러한 정책적 노력은 실질적인 흐름의 변화로 나타나고 있다. 2001년 14.6%에 불과했던 중국 유학생 귀국률은 2019년 82.5%까지 급등했다. 2020년 이후에는 해외로 떠나는 인원보다 귀국하는 인재가 더 많아지는 역사적 역전 현상이 벌어졌다. 미국의 연구 환경에 대한 불확실성이 커진 '밀어내기' 효과까지 더해지며, 하버드 출신 수학자 류쥔, 블록체인 전문가 천징, AI 분야의 신성 푸톈판 등 세계 최고 수준의 석학들이 미국을 떠나 베이징과 선전으로 자리를 옮기고 있다. 이들은 단순히 기술을 가져오는 것을 넘어 국제적인 학술 신뢰도와 네트워크를 중국에 이식하고 있다.
정부는 비자 혜택을 넘어 이들이 활동할 경제적 토대도 강화했다.
2025년 기준 중국 내 AI 채용 수요는

전년 대비 543% 폭증했으며, 알고리즘 엔지니어의 평균 월급은 기술 업계 최고 수준인 8500달러를 상회한다. 바이트댄스 등 민간 대기업들 또한 급여 예산을 150% 증액하며 인재 유치에 사활을 걸고 있다. 화웨이, 알리바바, 텐센트 등은 국가 전략과 연계된 대규모 연구소를 설립해 유입된 인재들에게 세계 최고 수준의 설비와 데이터를 제공하는 플랫폼 역할을 충실히 수행하고 있다.

기초 교육 차원에서도 중국의 공세는 매섭다. 중국 교육부는 AI 소양을 국가 경쟁력의 핵심 생산 요소로 정의하고 2024년 '초·중등학교 AI 교육 강화 지침'을 통해 공교육 체계를 완전히 개편했다. 베이징시는 2025년 9월 학기부터 관내 모든 학교에서 학년당 최소 8시간 이상의 AI 의무 교육을 실시하는 프로젝트를 세계 최초로 시작했다. 교육 과정은 발달 단계에 맞춰 체계적으로 설계되었다.

· 초등학교(1~4학년): 게임화된 활동을 통해 AI에 대한 흥미와 호기심 유발.
· 중학교(5~9학년): 음성 인식 및 이미지 처리 원리 파악과 지능형 에이전트 설계 실습.
· 고등학교(10~11학년): 실제 산업 문제를 해결하는 프로젝트 중심 학습과 하드웨어 응용 제작.

이러한 혁신은 '국가 스마트 교육 플랫폼'을 통해 지역 격차 없이 추진된다. 중국 정부는 전국 32개 성의 학습 관리 시스템을 통합해 농촌 학생들도 대도시와 동일한 고품질 AI 강의를 들을 수 있도록 보장한다. 또한 '교사 AI 소양 향상 계획'을 통해 현직 교사들의 재교육을 의무화하고 사범대학 내 전공을 신설해 전문 교력을 확보하는 데 집중하고 있다.

고등 교육 분야에서도 대학 전공 구조를 국가 전략 산업 중심으로 과감하게 수술했다. 2023년부터 2025년까지 첨단 분

화웨이 어센트(Ascend) 910 AI 반도체. 출처: 화웨이

야 석박사 과정이 3400여 개 신설된 반면 시대에 뒤떨어진 전통 전공들은 대거 폐지됐다. 특히 139개교에 설치된 '현대 산업 대학'과 '미래 기술 대학'은 대학과 기업이 공동으로 학생을 선발하고 커리큘럼을 설계하는 '심층 통합 모델'을 지향한다. 칭화대와 베이징대 등은 중국과학원(CAS) 및 화웨이와 협력해 실제 산업 과제를 해결하는 엘리트 엔지니어 파이프라인을 구축했다. 급격한 산업 구조 변화에 대응하기 위해 AI 중심의 대규모 직업 교육 혁신도 단행되고 있다. 2025년부터 2027년까지 3000만명의 노동자를 대상으로 하는 기술 업그레이드 교육이 그 핵심이다. 이는 노동력 부족 문제를 해결하기 위한 국가적 '인구 조정 메커니즘'의 일환이다. 특히 '8단계 숙련공 시스템'을 통해 자격과 임금 체계를 연계해 기술직에 대한 사회적 처우를 획기적으로 개선했다. 직업 교육은 단순 노동자를 넘어 사무직 인력으로까지 확장된다. 목표는 단순한 도구 사용자를 넘어 AI 툴을 자사 목적에 맞게 수정하고 최적화할 수 있는 'AI 파워 유저'를 양성하는 것이다.

이것은 AI 에이전트가 업무의 상당 부분을 수행하는 미래 환경에서 인간이 전략적 의사결정과 거버넌스를 담당하도록 하는 인간 중심의 기술 전환 전략이다. 이제 중국의 AI 생태계는 거대한 자본을 가진 '빅테크'와 민첩한 '유니콘'들이 공존하며 글로벌 시장을 향해 맹렬하게 뻗어나가고 있다. 다음 소개할 기업들은 중국 AI 생태계를 실제로 움직이는 10개 핵심 기업이다.

① 바이두(Baidu)

2000년 베이징에서 출발한 바이두는 중국 AI의 '맏형'이다. 일찍이 'All-in AI'를 선언하며 검색 엔진 기업에서 AI 기업으로 체질을 완전히 바꿨다. 자사의 초거대 언어모델 어니봇(Ernie Bot · 文心一言)은 중국 내 시장 점유율 1위를 차지하며 중국어 처리에 있어 세계적 수준을 자랑한다.

또한 자율주행 플랫폼 '아폴로(Apollo)'를 통해 베이징, 우한 등에서 완전 무인 로보택시 상용화를 이끌고 있다. 검색, 클라우드, 모빌리티를 아우르는 바이두의 생태계는 중국 AI 전략이 산업 전반에 어떻게 뿌리내리는지를 보여주는 가장 대표적인 사례다.

② 화웨이(Huawei)

1987년 선전에서 출발한 화웨이는 'AI 기술 독립'의 요새다. 미국의 강력한 제재 속에서도 자체 AI 칩 '어센드(Ascend) 910B', AI 프레임워크 '마인드스포어(MindSpore)', 초거대 모델 '판구(Pangu)'를 수직 계열화해 엔비디아 없는 생존 기반을 마련했다. 화웨이는 단순한 기업을 넘어 기상 예측, 광산, 제약 등 국가 기간산업의 지능화를 책임지는 '자립형 컴퓨팅 생태계'의 수호자 역할을 수행하고 있다.

③ 캠브리콘(Cambricon)

화웨이가 종합 인프라 기업이라면, 캠브리콘은 '중국의 엔비디아'를 꿈꾸는 AI 반도체 전문 팹리스(설계) 기업이다. 중국과학원 출신의 형제가 설립한 이 회사는 미국의 반도체 봉쇄를 뚫기 위한 국가적 기대를 한 몸에 받고 있다.
주력 제품인 'MLU 시리즈'는 클라우드 데이터센터부터 에지 디바이스까지 폭넓게 적용되며, 엔비디아 GPU의 대체재로 급부상했다. 중국 정부의 전폭적인 지원 아래, 중국의 독자적인 AI 연산 능력을 확보하는 하드웨어의 핵심 축을 담당한다.

④ 알리바바 클라우드(Alibaba Cloud)

아시아 최대 클라우드 사업자인 알리바바는 AI의 '상업적 구현'을 선도한다. 초거대 멀티모달 모델 '퉁이쳰원(Tongyi Qianwen)'을 오픈소스로 공개해 기술력을 과시했으며, 이를 기반으로 중소기업도 AI를 쉽게 도입할 수 있는 'MaaS(Model as a Service)' 환경을 구축했다. 타오바오, 딩톡(DingTalk) 등 자사 플랫폼에 AI를 적용해 물류 최적화와 고객 응대 자동화를 실현함으로써 디지털 경제와 실물 경제를 잇는 가교 역할을 하고 있다.

⑤ 텐센트(Tencent)

국민 메신저 위챗(WeChat)을 보유한 텐센트는 곧 '데이터의 왕국'이다. 자체 개발한 '훈위안(Hunyuan)' 모델은 10억명이 넘는 사용자의 대화와 뉴스 데이터를 학습해 중국 사회의 맥락과 신조어를 가장 정교하게 이해한다. 텐센트는 이를 바탕으로 게임 NPC 지능화, 디지털 휴먼, AI 비서 등 엔터테인먼트와 소셜네트워크 경험을 혁신하고 있다. 또한 기업용 협업 툴 '텐센트 미팅'에 AI를 탑재해 기업 간 거래(B2B) 생산성 시장까지 장악력을 넓히고 있다.

⑥ 센스타임(SenseTime)

'보는 AI(Computer Vision)'의 제왕으로 출발한 센스타임은 중국 AI 역사의 산증인이다. 안면 인식 기술로 스마트 시티와 공공 안전 인프라(CCTV 분석 등) 구축에 기여하며 성장했고, 최근에는 생성형 AI 모델 '센스노바(SenseNova)'를 통해 언어 모델과 이미지 생성 분야로 확장에 성공했다. 감시와 통제라는 안보적 수요에서 시작해 금융, 의료 등 산업용 AI로 진화한 센스타임은 중국식 AI 발전 경로를 가장 잘 보여주는 기업이다.

⑦ 즈푸 AI(Zhipu AI)

칭화대 연구진이 설립한 즈푸 AI는 '중국의 오픈AI'로 불리며 기술적 우수성을 인정받는다.

이들의 '챗GLM(ChatGLM)' 시리즈는 적은 컴퓨팅 자원으로도 높은 성능을 내는 고효율 모델로, 개발자 커뮤니티의 전폭적인 지지를 받고 있다. 알리바바와 텐센트의 투자를 동시에 유치할 만큼 독보적인 위치를 점하고 있으며, 특히 보안이 중요한 공공기관과 금융권에 폐쇄형(On-premise) 거대언어모델(LLM)을 공급하며 데이터 안보와 기술 혁신을 동시에 달성하고 있다.

⑧ 문샷 AI(Moonshot AI)

2023년 설립된 문샷 AI는 소비자용 AI 시장의 다크호스다. 이들의 챗봇 '키미(Kimi)'는 한 번에 200만자(한자 기준)의 텍스트를 처리할 수 있는 압도적인 '장문 맥락' 능력으로 돌풍을 일으켰다. 수십 권의 전공 서적이나 복잡한 법률 문서를 한 번에 분석해내는 이 능력 덕분에 연구원, 변호사, 작가 등 전문직 사용자층을 빠르게 흡수했다. 이는 중국의 AI가 단순한 대화 상대를 넘어 전문 지식 노동의 도구로 진화했음을 보여준다.

⑨ 유니트리(Unitree)

유니트리는 중국 항저우에 본사를 둔 로봇 기업이다. 2016년 왕싱싱이 설립했다. 사족보행 로봇으로 출발해 휴머노이드로 영역을 넓히고 있다. 성장 전략은 이른바 '가성비'다. 해외 기업보다 비교적 낮은 가격대에 상용 로봇을 공급하며 시장을 파고들었다. 대표 제품은 로봇 개 'Go' 시리즈다. 연구 · 교육용은 물론 산업 현장 순찰, 위험 구역 점검 등으로 활용 범위를 넓혔다.

최근에는 휴머노이드 'G1' 'H2'를 공개하며 2족 보행 기술력을 과시했다. 점프와 달리기, 공중회전 등 고난도 동작 시연 영상이 확산되면서 대중적 인지도도 빠르게 높아졌다. 하드웨어를 자체 설계 · 제조하는 수직계열화 구조가 강점으로 꼽힌다. 모터, 감속기, 제어 알고리즘을 내재화해 가격과 성능을 동시에 잡겠다는 전략이다.

⑩ 딥시크(DeepSeek)

2023년 설립된 딥시크는 중국 항저우 기반의 AI 스타트업으로 대규모 연산 자원 투입보다 비용 효율성과 오픈소스 전략을 전면에 내세운 언어 모델 개발에 주력하고 있다. 딥시크가 공개한 R1 · V3 계열 모델은 주요 LLM 대비 상대적으로 낮은 비용으로 학습됐음에도 불구하고, 코딩 · 수학 · 추론 과제에서 경쟁 가능한 성능을 보이며 글로벌 AI 커뮤니티의 큰 주목을 받았다. 딥시크 사례는 중국 AI가 단순한 '연산 규모 경쟁'에서 벗어나, 개발 비용과 자원 효율을 무기로 삼는 또 다른 경쟁 축을 현실적으로 가동하기 시작했음을 보여준다.

CASE STUDY

세계 AI 네이티브 현장: 중국

중국 광둥성 선전의 휴머노이드 기업 유비테크. 입구와 마주한 전시장에 들어서자 키 176㎝ · 몸무게 70㎏, 이른바 인간 표준 체형의 워커 S2가 서 있었다. 2025년 7월 세계 최초로 자가 배터리 교체 기능을 탑재해 출시된 모델이다. 시연이 시작되자 워커 S2는 자신의 팔을 뒤로 젖힌 뒤 등을 향해 오므렸다. 그러고는 방전된 배터리팩을 뽑아 뒤로 돌아보고선 충전 랙에 꽂힌 완충된 팩으로 갈아 끼웠다. 일련의 동작에 걸린 시간은 3분. 화려하지는 않아도, 24시간 자율 노동의 가능성을 본 중국인 바이어들의 입에서는 연신 "우와" 하는 탄성이 터져나왔다.

유비테크는 2026년 백화점 · 영화관 · 박물관 등 상업 · 문화시설에서 활동하는 휴머노이드를 출시할 전망이다. 영화관을 예로 들면, 소비자가 개봉 작품이나 시간표에 대해 문의할 경우 관련 정보를 즉각 제공한다. 상영관 위치와 좌석 배치에 대한 길 안내도 맡는다. 팝콘 · 콜라 등 식음료를 좌석까지 전달하는 역할도 수행할 수 있다.

전 세계가 사람 없이 돌아가는 이른바 '다크 팩토리'에 주목하는 가운데, 로봇의 일터를 공장에서 생활 영역으로 먼저 확장하는 시도다. 상업시설은 외부 환경의 개입이 차단된 공장과 달리 돌발 변

중국 선전 유비테크 본사에서 워커 S2 휴머노이드가 박스 옮기기 작업을 시연 중이다. 출처: 김희수 기자

중국 선전 유비테크 본사에서 워커 S2 휴머노이드가 배터리 교체를 시연하고 있다. 출처: 김희수 기자

수가 많다. 아울러 고객의 동선과 행동을 실시간으로 인식하고 대응해야 해 더 진보된 피지컬 AI가 요구된다.

현장에서 만난 쉬하이이린 유비테크 AI연구 총괄은 "2026년은 인간과 로봇이 상호작용하는 사업을 전개하는 데 집중하고 있다"며 "2026년 말에는 휴머노이드가 대면·현장 서비스 업종에서 활용될 수 있기를 기대하고 있다"고 말했다. 그는 중국 피지컬 AI 연구의 본산으로 불리는 중국과학원 자동화연구소 교수 출신으로, 2025년 1월 유비테크에 합류했다. 휴머노이드가 스스로 보고 이해한 뒤 움직이도록 하는 시스템을 개발하고, 이를 현장 투입이 가능한 대량생산 단계까지 끌어올리는 역할을 맡고 있다.

유비테크 기술력의 비결은 풍부한 현장 데이터다. 2023년 출시한 워커 S를 시작으로 산업용 휴머노이드를 BYD·에어버스·텍사스인스트루먼트 등 글로벌 제조 기업의 중국 공장에 지속 판매하고 있다. 2024년 워커 S1, 2025년 워커 S2까지 총 납품 실적은 1000대를 넘어섰다.

실증 경험을 바탕으로 눈에 띄는 성능 개선을 이뤄내고 있다. 적재·하역·분류 작업에서 유비테크 휴머노이드의 생산성은 2023년 인간 노동자의 20% 수준에 불과했다. 2025년 초에는 30~45%로 올라섰고, 2026년 말에는 60~70%에 이를 예정이다. 이는 동일한 근무 시간을 전제로 한 수치다. 휴머노이드는 이론적으로 24시간 작업이 가능한 점을 고려하면 실제 작업량 기준으로는 이미 인간 노동자를 뛰어넘은 셈이다.

정확성 측면에서도 세계 최고 수준을 자랑한다. 쉬 총괄은 "2026년 3분기 내에 휴머노이드의 작업 성공률을 99.99%까지 끌어올릴 것"이라며 "작업 성공률은 유비테크의 핵심 성과지표"라고 밝혔다. 작업 1만건당 실패 1건을 의미하는 99.99%의 성공률은 제조 공정에서 자동화를 '실험'이 아닌 '운영'으로 전환할 수 있는 임계점으로 여겨진다.

유비테크는 2026년 생산능력 1만대 구축을 목표로 한다. 휴머노이드가 단순 보조 인력을 넘어 노동 대체가 가능할 정도로 개선되고 있는 점이 이유로 꼽힌다. 2025년 12월 기계 부품 제조사 저장펑룽전기 인수에 합의하며 생산 인프라 확장에 속도를 내고 있다.

공공기관과의 협력도 큰 도움이 되고 있다. 유비테크는 베이징시 산하의 휴머노이드 로봇 혁신센터와 협업해 톈궁(天工) 시리즈를 개발했다. 그중 산업용 휴머노이드인 톈궁싱저(天工行者)는 워커 S2에 이어 또 하나의 주력 모델로 자리 잡았다. 베이징시가 2027년까지 지능형 로봇 1만대 양산 체계를 구축하겠다고 밝히는 등 정책적 지원에 나선 점이 개발 속도를 끌어올렸다는 분석이 나온다.

특히 고성능 모델인 톈궁 울트라는 2025년 베이징에서 열린 세계 최초 휴머노이드 로봇 하프마라톤에서 2시간 40분42초의 기록으로 우승했다. 키 180㎝, 몸무게 52㎏의 톈궁 울트라는 본체 교체 없이 배터리만 세 차례 바꾸며 21㎞ 전 구간을 완주했다. 코스는 직선 주로뿐 아니라 좌우 회전 구간과 경사로도 마련됐다. 레이스 도중 로봇 본체를 교체할 경우 최종 기록에 10분을 추가하는 규정도 적용됐다. 참가한 총 21대 가운데 19대는 완주 제한 시간인 3시간30분 안에 결승선을 통과하지 못했다. 톈궁 울트라가 다른 참가 로봇들과 뚜렷한 기술력 격차를 보인 것이다.

3장

영국: 과학적 유산 위에 구축하는 미래 산업 전환

영국 브리스틀 지역에 설치된 슈퍼 컴퓨터 이삼바드AI.

영국 인공지능(AI) 전략의 출발점은 '컴퓨터 과학의 아버지' 앨런 튜링(Alan Turing)과 월드와이드웹(WWW)의 창시자 팀 버너스리(Tim Berners-Lee)가 남긴 위대한 유산이다. 알고리즘의 이론적 토대와 정보 네트워크의 기원을 동시에 품은 이 나라는 일찍부터 AI 기술 발전과 윤리의 교차점에서 세계적 논의를 주도해왔다. 이러한 전통 위에서 영국 정부가 새롭게 추진 중인 'AI 기회 행동계획(AI Opportunities Action Plan)'은 단순한 기술 도입을 넘어, 영국을 'AI 수입국'에서 'AI 생산국(Maker Nation)'으로 도약시키겠다는 강력한 비전을 담고 있다.

영국 정부는 AI를 경제 재도약과 공공

서비스 혁신의 핵심 동력으로 규정했다. 국가 전략의 핵심은 다음 세 가지 축으로 요약된다. 첫째, AI 연산자원(Compute)과 인프라에 대한 주권 확보다. 영국은 해외 의존도를 낮추기 위해 향후 10년간 공공이 사용할 수 있는 '주권형 AI 컴퓨트(Sovereign AI Compute)'를 확충하고 있다. 기존의 산발적인 투자를 넘어, 민간 데이터센터와 동맹국 간 연산 협력망을 병행 구축해 효율성을 높였다. 특히 국가가 직접 운영하는 AI 연구자원(AI Research Resource · AIRR)의 연산 용량을 2030년까지 최소 20배로 확대해, 연구기관과 스타트업이 영국 영토 안에서 거대언어모델(LLM)을 직접 학습하고 추론할 수 있는 기반을 만들겠다는 목표를 분명히 했다. 단순히 서버를 늘리는 수준이 아니라, 특정 분야(과학, 보건, 금융 등)에 특화된 미션형 클러스터를 전국에 조성해 연산 능력 자체가 국가 경쟁력이 되는 구조를 지향하고 있다.

이 인프라 전략의 연장선상에서 영국 정부가 내세운 개념이 바로 'AI 성장지대(AI Growth Zones · AIGZ)'다. 전력과 토지, 인허가 문제로 데이터센터 증설이 지연되는 상황에서 정부는 특정 지역을 AI 성장지대로 지정해 계획 규제를 간소화하고, 송전망 확충과 재생에너지 연계를 패키지로 지원하려 한다. 쇠락한 공업지대와 항만 도시, 스코틀랜드 연안과 같이 전력 여력이 있는 지역을 중심으로 AI 데이터센터, 연구캠퍼스, 스타트업 허브를 한데 모으려는 시도다. AI 성장지대는 단순한 산업단지가 아니라, "연산 – 데이터 – 인재 – 기업"이 동시에 모이는 테스트베드로 설계되고 있으며, 영국식 'AI 특구' 실험으로 볼 수 있다.

둘째, 데이터 자산의 과감한 개방과 활용이다. 영국은 국가 데이터 라이브러리(National Data Library)를 신설해 공공과 민간의 데이터를 통합 관리하고, AI 스타트업과 연구자가 이를 손쉽게 활용할 수 있는 길을 열었다. 경제 · 보건 · 기후 등 5대 우선 분야의 데이터가 전면적으로 공개되며, 개인정보 등 민감 데이터는 합성데이터(Synthetic Data) 기술로 대체해 프라이버시 보호와 기술 혁신의 균형을 꾀했다. 나아가 정부는 기존에 존재하는 데이터를 정리 · 공개하는 수준을 넘어 질병 예측, 교통·에너지 효율, 교육 성취도 분석 등 국가적으로 전략성이 높은 분야의 데이터는 아예 '수집 단계'부터 장기적인 AI 활용을 염두에 두고 설계하고 있다. 어떤 데이터를 어떻게 모을 것인지 자체를 국가 전략의 일부로 재정의하는 셈이다.

특히 이러한 데이터 개방 전략은 2026년 2월 발효된 '데이터 사용 및 접근법(DUAA)'을 통해 강력한 법적 동력을 얻었다. 영국은 이 법안을 통해 규제를 대폭 완화함으로써 수집된 데이터를 AI가 단독으로 판단하고 처리할 수 있는 법적 토대를 마련했다. 단순히 데이터를 모으는 것을 넘어, 금융·의료 등 핵심 서비스 현장에서 AI가 실질적인 결정을 내릴 수 있도록 법적 빗장을 과감히 풀어버린 것이다. 이는 영국을 세계에서 가장 규제가 적고 실용적인 'AI 비즈니스 테스트베드'로 만들겠다는 실전적 의지의 산물이다.

셋째, AI 인재의 양성·유치·유지다. 향후 5년간 수만 명의 실무형 AI 전문가를 양성하기 위해 대학과 산업계가 공동 설계한 산학협력 커리큘럼을 대폭 확대했다. 단지 컴퓨터공학과 정원을 늘리는 수준이 아니라, 제조·의료·법률·공공행정 등 다양한 전공과 결합한 복합 전공, 단기 부트캠프, 재직자 대상 전환 교육까지 포괄하는 입체적 전략이다. 또한 '튜링 AI 펠로십(Turing AI Fellowship)'과 같은 엘리트 지원 프로그램과 함께 세계적인 연구자와 창업가들이 영국에 쉽게 정착할 수 있도록 '글로벌 인재 비자' 제도의 문턱을 낮췄다.

여기에 영국 정부가 특히 강조하는 지점이 여성 등 다양성 확보를 통한 인재 저변 확대다.

현재 AI·데이터 분야 종사자에서 여성이 차지하는 비율이 4분의 1에도 못 미친다는 문제의식 아래, 정부는 박사과정과 주니어 연구그룹, 신규 교수직 등 AI 인력 파이프라인 전 단계에서 여성 연구자를 적극적으로 유치하겠다는 방침을 내세웠다. 이를 위해 여성과 소수자 대상 장학금, 중고교 단계의 AI·코딩 캠프, 해커톤과 경진대회를 통해 "AI는 특정 집단의 기술이 아니라 모두의 언어"라는 메시지를 전달하려 한다. 다양성을 확보하지 못한 AI 생태계는 결국 편향된 데이터와 알고리즘으로 이어진다는 인식이 정책에 반영된 것이다.

정책의 추진 방식은 매우 실용적이다. 정부는 AI 도입 과정을 '탐색-실험-확장(Scan > Pilot > Scale)'이라는 3단계로 구조화했다. 적용 가능한 분야를 탐색(Scan)하고, 신속한 시범사업(Pilot)으로 효과를 검증한 뒤, 성공 모델을 전국 행정 시스템으로 확장(Scale)하는 방식이다. 각 부처마다 AI 담당 리더를 두고, 교육 · 보건 · 복지 · 세정 · 사법 등 다양한 영역에서 '어떤 업무를 AI가 보조할 수 있는지'를 먼저 찾아내게 한 뒤, 작은 파일럿으로 경험을 쌓게 하고, 검증된 사례를 중앙정부 예산과 조달 시스템을 통해 전국으로 퍼뜨리는 구조다. 정부는 공공부문을 '최대 AI 고객'이자 '테스트베드'로 설정했으며, 조달 규제 개혁을 통해 혁신 스타트업의 공공 시장 진입을 독려하고 있다. 조달 절차를 다단계 경쟁형으로 바꾸고, 소규모 파일럿에는 신속하고 유연한 계약을 허용하는 것도 같은 맥락이다.

경제적 기대효과 역시 구체적이다. 영국 정부는 AI 도입이 2030년까지 약 4000억파운드에 이르는 추가 경제 성장을 견인할 것으로 전망한다. 핵심은 성장의 과실을 국내에 남기는 것이다. 단순히 AI 서비스를 수입해 쓰는 차원을 넘어, 프런티어 AI 연구와 응용 서비스 개발, 데이터센터 · 전력망 · 반도체 · 클라우드 인프라까지 포함한 'AI 가치사슬' 전체에서 영국 기업과 연구기관의 지분을 확보하려는 시도가 이어진다. 이를 위해 추진되는 구상이 'UK 소버린 AI'와 같은 주권형 AI 전담 조직이다. 계획 단계에서는 이름과 형태가 조금씩 바뀌고 있지만, 공통된 방향성은 분명하다. 영국 정부는 AI 산업정책의 두뇌 역할을 할 전담 조직을 통해 AI 도입을 가로막는 규제를 걷어내고, 인프라 확충과 인재 유치를 총괄하며, AI 산업의 부가가치가 지식재산권, 세수, 고용의 형태로 영국 내부에 귀속되도록 하려 한다.

국제 협력과 투자 유치 성과도 눈부시다. 2024년 하반기 영국에서 열린 국제 투자 정상회의(International Investment Summit)를 기점으로 블랙스톤, 마이크로소프트, 구글, 코어위브 등 글로벌 기술 기업들이 총 630억파운드(약 110조원) 규모의 대규모 투자를 발표했다. 블랙스톤은 유럽 최대 규모의 AI 데이터센터 건립에 100억파운드를 투자하기로 했으며, 마이크로소프트는 25억파운드를 투입해 차세대 AI 인프라를 구축 중이다. 코어위브 역시 영국 내 그래픽처리장치(GPU) 클라우드 인프라 확장을 위해 7억5000만파운드 투자를 확정했다. 앞서 미국 빅테크가 도널드 트럼프 대통령의 국빈 방문을 계기로 약 400억달러 규모의 AI · 데이터센터 투자를 발표한 흐름과 맞물리면서, 영국은 유럽 내에서 가장 강력한 GPU 공급망과 데이터센터 생태계를 동시에 확보하게 됐다. 영국 정부는 이러한 대규모 투자를 발판으로 자국을 '글로벌 AI 공급망의 중추'로 자리매김시키고 있다.

이러한 정책적 흐름 속에서 영국의 AI 기업 생태계는 연구(Research)와 응용(Application)의 균형을 맞추며 성장하고 있다. 기초과학과 모델 연구에 강점을 가진 기업과 이를 산업 현장에 녹여내는 스타트업이 한 도시 안에 공존한다는 점이 특징이다.

① 딥마인드(DeepMind)

2010년 런던에서 설립된 딥마인드는 명실상부한 AI 연구의 상징이다. '알파고(AlphaGo)'로 AI의 시대를 전 세계에 알렸고, 단백질 구조를 예측하는 '알파폴드(AlphaFold)'로 신약 개발과 생명과학 연구의 패러다임을 바꿨다. 2014년 구글(현 알파벳)에 인수된 이후에도 런던 본사를 고수하며, 영국이 "국가의 두뇌 센터"라 자부하는 AI 기초과학의 핵심 축을 담당하고 있다. 코드 생성, 수학 문제 해결, 과학 실험 설계 등 다양한 영역에서 범용 AI 연구를 이어가며, 영국 정부가 내세우는 "프런티어 AI 연구를 국내에서 수행한다"는 목표의 대표 사례로 꼽힌다.

② 웨이브(Wayve)

케임브리지대 연구팀에서 출발한 웨이브는 '임바디드 AI(Embodied AI)' 자율주행의 선두주자다. 고정밀 지도가 아니라 카메라 영상과 센서 데이터만으로 도심 주행을 학습하는 독보적 기술력을 인정받아 2024년 영국 AI 기업 역사상 최대 규모인 10억달러 이상의 투자를 유치했다.

소프트뱅크, 엔비디아, 마이크로소프트가 동시에 주목한 이 기업은 런던 도심과 영국 주요 도시에서 실제 도로 주행 테스트를 진행하고 있으며, 자율주행을 '데이터와 AI의 문제'로 재정의하고 있다. 웨이브의 성장은 AI 연구와 자동차 · 물류 산업이 어떻게 결합할 수 있는지를 보여주는 상징적 사례다.

③ 신세시아(Synthesia)

텍스트만 입력하면 사람처럼 자연스럽게 말하고 제스처를 취하는 AI 아바타 영상을 생성하는 기업이다. 포천 100대 기업 대부분이 사내 교육과 마케팅에 이들의 솔루션을 사용하며, 연간 매출 1억달러를 넘기고 유니콘 기업(기업가치 10억달러 이상)에 등극했다. 신세시아의 특징은 '조회 수를 위한 딥페이크'가 아니라, 기업 교육 · 내부 커뮤니케이션 · 다국어 트레이닝 등 생산성이 뚜렷한 영역에 집중한다는 점이다. 윤리 규정을 엄격히 적용해 정치 · 성적 콘텐츠를 제한하고, 배우 · 사용자의 동의 절차를 강화함으로써 '안전한 기업용 AI'의 표준을 만들고 있다. 이는 영국 정부가 강조하는 "책임 있는 AI(responsible AI)"의 민간 버전이라 할 만하다.

④ 콴텍사(Quantexa)

빅데이터와 AI를 결합해 금융 범죄를 막는 '의사결정 지능(Decision Intelligence)' 기업이다. 파편화된 데이터를 연결해 자금세탁이나 사기 패턴을 실시간으로 탐지하는 기술을 보유하고, 이를 '컨텍스추얼 인텔리전스(Contextual Intelligence)'라는 플랫폼으로 상품화했다. 세계 주요 은행과 보험사, 정부 기관들이 콴텍사의 시스템을 도입해 리스크 관리를 자동화하고 있으며, 팬데믹 이후 급증한 온라인 금융거래와 디지털 범죄에 대응하는 핵심 파트너로 자리 잡았다. 영국 정부가 'AI를 경제 전반의 생산성 향상 도구'로 보겠다는 구상과 맞물리는 대표적인 B2B 기업이다.

⑤ 일레븐랩스(ElevenLabs)

런던에서 창업된 음성 AI 유니콘으로, 텍스트를 가장 인간에 가까운 목소리로 변환하는 기술을 보유했다. 감정과 억양, 말투까지 정교하게 조절하는 이들의 기술은 할리우드 영화 더빙, 게임, 오디오북 시장을 휩쓸며 AI 콘텐츠 제작의 혁명을 이끌고 있다. 단순히 목소리를 흉내 내는 수준을 넘어, 다양한 언어와 방언을 자연스럽게 구현하면서도, 사용자의 동의와 저작권 문제를 고려한 안전장치를 병행하고 있다는 점에서 주목받는다. 일레븐랩스는 영국이 강점을 가진 방송 · 콘텐츠 산업과 AI 기술이 결합했을 때 어떤 새로운 시장이 열릴 수 있는지를 보여주는 사례다.

딥마인드가 기초를 다지고, 웨이브와 신세시아가 산업을 확장하며, 콴텍사와 일레븐랩스가 실질적 가치를 창출하는 이 생태계는 영국이 단순한 '테크 허브'를 넘어 'AI 메이커 국가'로 진화하고 있음을 증명한다. 튜링과 버너스리의 유산 위에서 영국은 이제 AI의 발상지이자 AI의 미래를 직접 설계하고 생산하는 나라로 나아가고 있다.

CASE STUDY

세계 AI 네이티브 현장: 영국

영국이 잠에서 깨어났다. AI라는 새로운 시대를 맞아 내로라하는 기업들이 잇달아 등장하고 있어서다. 영국 대표 인공지능(AI) 기업 '딥마인드'가 2014년 1월 미국 구글에 인수된 이후부터 AI 스타트업이 기지개를 켜고 있는 모양새다. '포스트 딥마인드'가 되겠다는 자신감으로 옥스퍼드 · 케임브리지 · 유니버시티칼리지런던(UCL)과 같은 명문대생들이 기술력을 기반으로 창업에 나서고 있다. 영국 AI 업계는 "딥마인드가 불러온 딥임팩트(Deep Impact · 큰 충격으로 인한 변화)"라고 입을 모았다. 이미 유니콘급(기업 가치 10억달러 이상) AI 스타트업만 20개가 훌쩍 넘을 정도다. 아직 2~3개에 불과한 한국 AI 생태계와는 대조적이다. 런던은 '유럽의 실리콘밸리'가 되겠다는 자신감으로 가득하다.

2026년 1월 찾은 런던 혁신 지구 패딩턴에 자리한 런던 AI 허브. 이른 아침부터 여러 AI 스타트업이 회의를 비롯한 업무로 분주했다. 공간 곳곳에 마련된 회의실은 영상 미팅을 하는 관계자들로 북새통이었다. 런던 AI 허브를 세운 후세인 카사이(Husayn Kassai)는 "이곳에서 차기 유니콘이 될 AI 스타트업들이 무럭무럭 크고 있다"며 웃었다.

후세인은 신원 인증 스타트업 '온피도'를 세운 뒤 6억5000만달러(약 9000억원)에 매각한 '창업의 전설'이다. 화려한 주택에서의 안락한 삶 대신 그는 그 돈으로 다시 AI 스타트업을 위한 '놀이터'를 지었다. 후세인은 "과거 거장이 견습생을 가르쳐 홀로 서게 했듯이, 런던에서 AI 스타트업을 창업하는 후배들을 돕기 위해 돌아왔다"고 했다. 온피도에서 후세인 외에도 12명의 전 동료들이 새로 회사를 창업했다고 한다. 창업의 순환.

런던 AI 허브에 상주하는 기업은 12개다. 그러나 그 '중력(gravity)'은 입주 기업의 숫자를 넘어선다. 영국 정부 AI 정책자들이 AI 정책 의견을 이곳에서 수렴할 정도로 주목받는 공간이어서다. AI 서비스 시연이나 워크숍 같은 굵직한 행사도 2주마다 열린다. 후세인은 "AI를 서비스하는 사람들이 흥미를 가질 수밖에 없는 '중력'이 런던 AI 허브에 있다"면서 "영국의 AI장관도, 규제 기관인 오프콤(Ofcom)도 이곳에 와서 정책 조언을 구한다"고 했다.

영국에서 10년 넘게 스타트업을 운영한 후세인은 요즘처럼 뜨거운 분위기를 느껴본 적이 없다고 했다. 딥마인드 효과다. 런던에 기반을 둔 딥마인드가 구글에 거액에 인수된 뒤부터 런던에 AI 창업 열풍이 불었다는 설명이다. 딥마인드는 인수 이후에도 미국으로 가지 않고, 영국 런던에서 자리를 지키고 있다.

우리나라 AI 산업이 챗GPT와 같은 거대언어모델(LLM) 위주로 돌아가는 것과 달리 영국에서는 자율주행 · 음성 · 아바타 · 재료공학 등 면면이 다양하다. 영국 학계가 보유한 세계 최고 수준의 기초과학 기술력이 AI 시대를 맞아서 창업으로 만개하고 있다는 분석이다.

AI 아바타 회사로 2026년 40억달러(약 5조8000억원)의 기업 가치를 인정받은 신세시아의 최고재무책임자(CFO) 대니얼 김은 "런던은 미국 실리콘밸리 다음가는 최고의 AI 창업 도시"라면서 "케임브리지, 옥스퍼드 등 최고 수준의 대학 출신 인재들을 미국보다 30% 낮은 임금으로 채용할 수 있는 것도 강점"이라고 부연했다. 그는 실리콘밸리 벤처캐피털에서 일하다가 런던에서 새로운 기회를 보고 신세시아에 합류했다. 미국과 영국 창업 환경을 모두 경험한 한국계 미국인

영국 웨이브의 일본 실증 차량. 출처: 웨이브

인 셈.

대니얼 김은 영국 정부의 영리한 지원도 런던의 강점이라고 설명했다. 그는 "엄격한 규칙 기반의 다른 유럽 국가와 비교하면 영국은 훨씬 진보적인 접근을 취한다"며 "끊임없이 AI 스타트업과 만나 대화하면서 그 피드백을 정책에 반영한다"고 했다.

영국의 유연한 규제로 탄생한 대표 기업 중 하나는 '웨이브'다. 차량 운행에 필요한 전 과정을 하나의 통합된 딥러닝 모델이 학습 · 실행하는 E2E(End To End) 구조. E2E 자율주행을 구현하는 회사는 테슬라와 웨이브 둘뿐이다. 뉴

질랜드 출신으로 케임브리지대에서 수학한 뒤 웨이브를 창업한 앨릭스 켄들은 "영국의 기업 친환경적인 요소가 맞물려 웨이브가 탄생할 수 있었다"고 했다. 그는 "특히 자율주행의 경우 영국 정부가 2024년 자율주행 차량법을 통과시켜 선제적으로 대응한 게 주효했다"면서 "정부 각료들은 이 기술이 영국 도로 안전을 개선하고 경제 성장에 도움이 될 것이라고 확신하고 있었다"고 말했다.

테슬라 E2E 자율주행이 오직 테슬라 차량에만 적용되는 것과 달리 웨이브의 자율주행 기술은 다른 차량에 이식될 수 있다. 웨이브가 일본 닛산과 함께 자율주행차 양산에도 협력하기로 한 배경이다. 우버와 공동으로 런던에서 자율주행차를 운영하겠다는 계획도 밝혔다. 전 세계 모빌리티 업계의 주목을 받은 웨이브의 최근 기업가치는 80억달러(약 11조원)에 달한다.

웨이브의 기술력은 자율주행차 시승에서 여실히 느낄 수 있었다. 런던은 차도 많고 사람도 많은, 교통 지옥으로 악명 높은 도시 중 하나. 그러나 웨이브 자율주행차는 운전 경력 10년쯤 되는 베테랑 운전사처럼 능숙하게 주행했다. 갑자기 차도로 사람들이 뛰어들자 부드럽게 멈춰 섰고, 앞에서 쓰레기 차량이 쓰레기통을 비울 때도 차분하게 기다렸다. 쓰레기차가 업무를 마치고 출발하자 부드럽게 나아갔다. 출근 시간인 오전 9시께 번잡한 도로에서도 자율주행차의 승차감은 흐트러지지 않았다. 켄들 창업자는 "지난 10년 동안 웨이브를 키우면서 우리는 독보적인 기술력을 갖췄다고 자신한다"며 "이 기술을 한국 시장에도 하루빨리 선보이고 싶다"고 했다.

런던에서 한 시간 인근 거리에 있는 케임브리지. 이곳을 대표하는 기업 커스

채드 에드워즈 커스프AI 최고경영자(CEO). 출처 커스프AI

프AI는 한국 기업들로부터 주목받을 만큼 뜨거운 스타트업이다. 과거 인간이 청동, 철, 구리 등 물질을 발견하고 이를 기반으로 문명을 세웠다면, 앞으로는 AI가 효율이 높거나, 환경에 좋은 물질을 찾아낼 거라는 점에 착안해 커스프AI를 세웠다. 노벨물리학상 수상자이자 AI 대부로 불리는 제프리 힌턴이 커스프AI의 고문이라는 점도 화제를 모았다. 커스프AI 공동 창업자인 채드 에드워즈는 "영국은 항상 과학의 최정상에 서 있었다"면서 "학문적 기초에서 이제 상업적 영역으로까지 나아가고 있는 것"이라고 부연했다. 그는 "딥마인드 창업자들이 회사를 떠난 뒤 새롭게 회사를 창업하는 선순환 효과가 생겼다"고 말했다.

커스프AI 역시 영국 정부의 효율적 지원이 주효했던 사례다. AI 연산을 활용해야 할 때 정부가 이 기업의 잠재력을 알아보고 영국 서부 브리스틀에 있는 슈퍼컴퓨터 이삼바드AI를 활용할 수 있게 했기 때문이다.

채드는 "우리는 이삼바드AI에 대한 접근 권한을 얻은 첫 번째 스타트업"이라면서 "영국 정부는 AI for Science(과학을 위한 인공지능)를 모토로 기업들과 스타트업을 지원했다"고 평가했다. 창업 20개월 만에 커스프AI가 투자받은 금액은 2억달러(약 2900억원). 투자자 리스트에 우리나라 현대자동차와 삼성도 이름을 올렸다. 채드는 "공동창업자인 맥스 웰링은 세계적인 머신러닝 권위자여서, 한국 기업들이 우리 회사의 경쟁력을 쉽게 확인할 수 있었을 것"이라면서 "제조 강국인 한국에서 커스프AI와 시너지를 낼 수 있는 여지가 많이 있을 것"이라고 했다. 영국이 잠에서 깨어났다. 상아탑에서 벗어나 AI 3강이라는 고지를 선점하기 위해서.

4장

프랑스의

'라 레퓌블리크 드 이아' 구상

프랑스 인공지능(AI) 전략의 뿌리는 '이성의 나라'라는 자부심에서 비롯된다. 과학과 철학, 예술이 공존하는 독특한 지적 토양 속에서 프랑스는 2017년 에마뉘엘 마크롱 대통령 취임 직후부터 AI를 단순한 '기술'이 아닌 '문명 프로젝트'로 정의했다. 그는 "AI는 인간을 대체하는 도구가 아니라 인간이 더 인간답게 살도록 돕는 기술"이라고 강조했다.

이러한 선언은 2018년 수학계의 노벨상인 필즈상 수상자 세드리크 빌라니 의원이 주도한 'AI 전략 보고서'로 구체화됐으며, 프랑스는 기술 패권 경쟁 속에서도 '인간의 존엄성'이라는 가치를 놓지 않겠다는 의지를 전 세계에 천명했다.

이러한 철학 아래 프랑스 정부는 AI를 경제 성장의 엔진이자 민주주의와 문화, 그리고 인류 보편의 가치에 기여하는 수단으로 삼는 국가 전략을 수립했다.

그 결과 오늘날 프랑스는 유럽에서 가장 역동적인 AI 생태계를 구축한 나라로 평가받는다. 2023년 스탠퍼드대가 발표한 '글로벌 AI 활력지수(Global AI Vibrancy Index)'에서 세계 3위, '글로벌 AI 인덱스'에서 5위를 기록하며 그 위상을 증명했다. 특히 파리는 구글, 메타 등 글로벌 빅테크들의 AI 연구소가 밀집한 '유럽의 AI 수도'로 거듭났으며, 미스트랄AI(Mistral AI)와 같은 유니콘 기업들이 등장하며 미국의 독주에 맞설 대항마로 급성장했다.

AI 연구자 규모는 미국과 중국에 이어 세계 3위 수준이며 현재 약 1000개의 AI 스타트업이 활발히 활동하고 있다. 프랑스는 이제 'AI를 수입하는 소비자'에 머무르지 않고 'AI를 설계하고 수출하는 생산자'로 확고히 자리 잡았다. 이러한 성과는 우연이 아니라 국가의 명운을 건 장기적인 자본 투입이 뒷받침됐기에 가능했다.

프랑스 정부는 '프랑스 2030(France 2030)' 계획의 일환으로 향후 5년간 수십조 원의 대규모 투자를 단행하고 있다. 총 540억유로 규모의 이 거대 프로젝트 중 상당 부분은 반도체 자급률 향상과 저탄소 AI 인프라 구축에 할당된다.

국내총생산(GDP)의 상당 부분을 AI와 디지털 전환에 할애하는 이 계획은 교육, 인프라, 연구, 산업, 문화를 망라하는 국가 차원의 거대한 실험이다. 정부는 AI 확산이 향후 10년간 수천억 유로의 GDP 증대 효과를 가져올 것으로 전망하며 AI를 "제5의 산업혁명"의 핵심 동력으로 규정했다. 특히 2024년 발표된 'AI 위원회' 보고서는 연간 50억유로의 추가 투자를 제안하며 AI를 통한 공공 서비스 혁신과 노동 생산성 제고를 국가적 최우선 과제로 삼았다.

무엇보다 프랑스의 접근이 돋보이는 점은 기술 중심이 아닌 '사회 중심'이라는 것이다. 대표적인 사례가 전국적으로 운영 중인 'AI 카페(AI Cafés)'다. 이 프로그램은 학교, 도서관, 시청 등 일상 공간에서 시민 누구나 AI를 체험하고 토론할 수 있는 열린 장을 제공한다. 이곳에서 시민들은 AI의 작동 원리를 배우는 것은 물론, 데이터 프라이버시와 일자리의 변화에 대해 자유롭게 의견을 나눈다. 2027년까지 200만명 이상의 시민에게 AI 교육을 제공해 AI를 특정 전문가의 전유물이 아닌 '모두의 언어'로 확산시키겠다는 목표다. 이러한 사회적 수용성이라는 토양 위에서 프랑스는 기술적 자립을 위한 물리적 근육을 키우는 데에도 박차를 가하고 있다. 프랑스는 유럽의 '컴퓨팅 파워 중심지(Compute Powerhouse)'로도 도약하고 있다. 2026년까지 3만개 이상의 최신 그래픽처리장치(GPU)를 확보해 총 2엑사플롭(Exaflop) 규모의 연산 능력을 갖춘다는 계획이다. 이는 유럽의 연구기관과 스타트업들이 프랑스 영토 안에서 데이터 주권을 지키며 거대언어모델(LLM)을 직접 훈련할 수 있는 기반이 된다. 이미 2026년 가동을 목표로 한 초대형 공공 슈퍼컴퓨터 '쥘 베른(Jules Verne)' 프로젝트가 진행되고 있으며, 민간 영역에서도 일리아드(Iliad) 등이 유럽 최대 규모의 AI 데이터센터를 구축하고 있다. 이는 단순히 연산 속도를 높이는 것을 넘어 유럽의 데이터를 미국의 클라우드에 의존하지 않고 스스로 처리하겠다는 강한 의지의 표현이다. 프랑스는 이를 통해 확고한 '계산 주권(souveraineté de calcul)'을 확보하겠다는 포부다.

데이터 전략 또한 독창적이다. 프랑스는 AI 모델이 특정 언어나 문화에 편향되는 것을 '지적 식민주의'로 간주하며 이를 타파하기 위해 자국의 자산을 적극적으

프랑스 미스트랄 AI 임직원. 출처: 미스트랄 AI

로 활용한다.

프랑스는 방대한 문화·언어 자산을 AI가 학습할 수 있도록 'AI 학습용 문화 데이터 개방 레지스트리'를 구축하고 있다. 국립영상청(INA)과 국립도서관(BnF)을 중심으로 영화, 방송, 문학 등 프랑스어권의 지적 자산을 체계적으로 정리해 학습용으로 개방한다. 이미 수백만 시간 분량의 영상과 수천만 권의 도서 데이터가 비영어권 AI 모델의 성능을 높이는 고품질 학습 데이터로 변모하고 있다. 이는 영어 중심의 데이터 편향을 극복하고, 프랑스어의 뉘앙스와 문화적 맥락을 완벽히 이해하는 모델을 만들어 '언어와 문화의 다양성'을 보존하려는 시도다.

인재 양성에도 과감한 투자가 이어진다. 매년 10만명의 AI 전문 인력을 양성하고 파리, 리옹, 니스 등 주요 거점에 세계적 수준의 'AI 클러스터(AI Clusters)'를 조성해 산학연 협력을 주도한다. 특히 '3IA(인공지능 다학제 연구소)’ 프로젝트를 통해 AI와 의료, 환경, 로봇 공학을 결합한 특화 연구를 진행하고 있다. 모든 공무원과 교사에 대해 AI 직무교육을 의무화하고, 해외 우수 인재에게는 ‘탤런트 패스포트(Talent Passport)’를 발급해 비자 장벽을 낮췄다. 동시에 공공 연구자의 급여 인상과 겸직 허용을 통해 두뇌 유출을 막고 글로벌 인재를 흡수하는 투트랙 전략을 펼치고 있다. 이러한 환경 덕분에 미국 실리콘밸리로 떠났던 프랑스 출신 엔지니어들이 고국으로 돌아와 창업하는 ‘역두뇌 유출’ 현상까지 나타나고 있다.

이처럼 사람과 기술, 문화와 산업을 엮는 프랑스의 최종 목표는 단순히 ‘AI 강국’이 아니다. 프랑스는 ‘AI 시대의 국제 규범 설계자’가 되려 한다. 프랑스는 2025년 2월 파리에서 열린 ‘AI 행동 정상회의(AI Action Summit)’를 주최하며 인류 공동의 이익을 위한 기술 표준 설정을 주도하고 있다. 이를 위해 ‘세계 AI 기구’ 창설을 제안하고, 공공성과 윤리성을 갖춘 AI를 지원하는 ‘국제 공익 AI 기금’ 조성, 그리고 글로벌 투자 수익의 일부를 개발도상국 인프라에 재투자하는 ‘1% AI 연대기금’ 등을 주도하고 있다. 이는 기술을 가진 자와 가지지 못한 자 사이의 간극을 줄여 전 지구적인 균형 발전을 꾀하려는 프랑스 특유의 박애주의적 외교 전략이기도 하다. 기술 경쟁을 넘어 기술 연대를 통해 세계적 신뢰를 구축하겠다는 구상이다.

이러한 거대한 비전 속에서 프랑스의 AI 산업은 공공과 민간, 하드웨어와 소프트웨어를 아우르는 입체적 생태계로 성장하고 있다. 이제 프랑스는 과거 산업화 시대의 영광을 뒤로하고 AI라는 새로운 도구를 통해 ‘이성의 나라’에서 ‘지능의 중심지’로의 대전환을 꿈꾸고 있다. 다음은 프랑스 AI 산업을 이끄는 5대 핵심 기업이다.

① 탈레스(Thales)

국방과 보안을 책임지는 신뢰의 AI 항공 · 우주 · 방산 분야의 글로벌 리더인 탈레스는 ‘신뢰할 수 있는 AI(Trusted AI)’를 핵심 가치로 내세운다. 이들은 ‘코르텍스(CortAIx)’라는 AI 가속화 프로그램을 통해 국방 및 보안 시스템 전반에 AI를 이식하고 있다. 특히 전장의 복잡한 데이터를 실시간으로 분석해 의사결정을 돕는 전술적 AI, 레이더 신호처리, 사이버 위협 탐지 및 대응 자동화 기술에서 독보적인 위치를 점하고 있다. 탈레스는 설명 가능한 AI(XAI) 기술을 통해 조종사와 군 지휘관이 AI의 판단 근거를 명확히 이해하고 통제할 수 있도록 함으로써 가장 민감한 안보 영역에서 '프런티어 디펜스 AI'의 표준을 정립하고 있다.

② 다쏘시스템 (Dassault Systemes)

3D 설계 및 엔지니어링 소프트웨어의 최강자인 다쏘시스템은 단순한 설계를 넘어 현실 세계를 가상에 완벽히 복제하는 '버추얼 트윈(Virtual Twin)' 기술에 AI를 결합했다. 이들의 '3D익스피리언스(3DEXPERIENCE)' 플랫폼은 AI 시뮬레이션을 통해 자동차 충돌 테스트부터 신약 개발을 위한 인체 장기 모델링, 스마트 시티 설계까지 산업 전 과정을 최적화한다. 미스트랄AI와 협력해 산업 보안 등급을 충족하는 'LLMaaS(서비스형 거대언어모델)'를 출시해 유럽 제조업계가 기밀 유출 걱정 없이 생성형 AI를 활용해 공정 효율을 극대화할 수 있는 길도 열었다.

③ 오랑주(Orange)

통신 네트워크를 넘어선 AI 인프라의 두뇌 프랑스 최대 통신사 오랑주는 AI를 통해 통신 서비스의 패러다임을 바꾸고 있다. 이들은 머신러닝을 활용해 네트워크 트래픽을 예측하고 장애를 사전에 방지하는 '자율 치유 네트워크(Self-healing Network)' 기술을 상용화했다. 또한 방대한 고객 데이터를 기반으로 한 AI 챗봇과 개인화 서비스를 통해 고객 경험을 혁신하고 있다. 특히 오랑주는 아프리카와 중동 지역의 다양한 방언을 이해하는 음성 인식 AI 모델을 개발해 디지털 소외 계층을 포용하는 등 통신사가 가진 데이터와 인프라를 활용해 사회적 가치와 기술적 혁신을 동시에 추구한다.

④ 일리아드(Iliad)와 스케일웨이(Scaleway)

유럽의 AI 주권을 지키는 클라우드 요새 프랑스 통신 거물 그자비에 니엘이 이끄는 일리아드 그룹과 클라우드 자회사 스케일웨이는 AI 생태계의 '하드웨어'를 책임진다. 이들은 파리에 유럽 최대 규모의 AI 전용 데이터센터(Nvidia H100 대규모 클러스터 등)를 구축해 유럽 스타트업들이 미국 클라우드에 의존하지 않고도 고성능 컴퓨팅 자원을 활용할 수 있게 했다. 또한 오픈소스 AI 연구소 '큐타이(Kyutai)'를 공동 설립해 3억유로 이상을 투자하며 비영리 목적의 AI 기초 연구를 지원한다. 이는 하드웨어 인프라와 원천 기술 연구를 동시에 장악해 진정한 의미의 '프랑스형 AI 클라우드 생태계'를 완성하려는 전략이다.

⑤ 미스트랄AI(Mistral AI)

오픈소스의 챔피언, 유럽 생성형 AI의 자존심 2023년 설립된 미스트랄AI는 불과 1년 만에 챗GPT의 강력한 대항마로 떠오르며 유럽 AI의 아이콘이 됐다. 구글과 메타 출신의 천재적 엔지니어들이 설립한 이 회사는 '믹스트랄(Mixtral)' 시리즈와 같은 고성능 오픈웨이트 모델을 공개하며 "폐쇄적인 빅테크에 맞선 투명한 AI"를 지향한다. 이들의 모델은 적은 파라미터 수로도 경쟁사 대비 뛰어난 성능과 효율성을 보여주며 온디바이스(On-device) AI 시장에서도 각광받고 있다. 미스트랄은 단순한 기술 기업을 넘어 "AI 기술의 민주화"와 "유럽의 기술 독립"을 상징하는 기업으로 자리 잡았다.

탈레스가 방패를 만들고, 다쏘시스템이 산업의 지도를 그리며, 오랑주가 신경망을 연결하고, 일리아드가 튼튼한 토대를 닦는 가운데, 미스트랄이 새로운 지능을 불어넣는다. 이 다섯 개의 축은 프랑스가 단순한 기술 국가를 넘어 'AI 공화국(La République de l'IA)'으로 진화하고 있음을 보여준다. 2017년의 출발선에서 지금까지, 프랑스는 기술과 인간, 산업과 예술, 국내와 세계를 잇는 거대한 AI 서사를 쓰고 있다. AI가 단순한 산업이 아니라 '이성의 공화국'이 다시 한번 세계 문명을 설계하는 도구가 되고 있는 것이다.

5장

AI for the Public Good: 작은 나라 싱가포르의 거대한 두뇌

싱가포르의 인공지능(AI) 여정은 2019년, 교육과 의료 그리고 안전 분야에서 시작된 실험적 적용으로부터 첫발을 뗴었다. 당시 정부가 발표한 '국가 인공지능 전략(National AI Strategy)'은 AI라는 거대한 파도를 사회 전반에 접목해 보려는 일종의 국가적 시험대였다. 이 과감한 시도는 싱가포르를 1100여 개의 AI 스타트업과 150개의 연구개발(R&D) 팀, 그리고 80명 이상의 전문 연구 교수를 보유한 '소형 강국'으로 성장시키는 밑거름이 됐다.

싱가포르는 2024년 초 예산안 발표를 통해 5년간 AI 생태계 강화에 10억싱가포르달러(약 1조원)를 추가 투입하기로 결정하며 투자의 고삐를 늦추지 않고 있다. 이는 단순히 기술 자금을 지원하는 것을 넘어 싱가포르를 글로벌 AI 컴퓨팅 자원의 핵심 거점으로 변모시키려는 의지가 담긴 행보였다.

이러한 성과는 구체적인 글로벌 지표로도 증명된다. 마이크로소프트(MS)가 발표한 보고서에 따르면, 싱가포르는 아랍에미리트(UAE)에 이어 세계에서 두 번째로 높은 'AI 확산도(AI Diffusion)'를 기록하며 AI 기술이 실제 산업 현장에 빠르게 스며든 국가 중 하나임을 입증했다. 또한 영국 옥스퍼드 인사이츠(Oxford Insights)가 발표하는 '정부 AI 준비지수(Government AI Readiness Index)'에서도 매년 미국, 중국과 함께 최상위권을 다투며 행정 및 공공 서비스 분야에서 압도적인 경쟁력을 세계 만방에 과시하고 있다. 싱가포르 정부는 여기서 더 나아가 현재 5000명 수준인 숙련된 AI 전문가 수를 2026년까지 1만 5000명으로 세 배 이상 늘리겠다는 야심 찬 목표를 설정하고, 전방위적인 글로벌 인재 영입과 내부 교육 시스템 개편에 박차를 가하고 있다.

그러나 글로벌 AI 경쟁의 판도는 예상보다 훨씬 빠르게, 그리고 초대형 국가 중심으로 재편되기 시작했다. 이에 싱가포르는 현재의 화려한 성적표에 안주하지 않고 생존 전략의 근본적인 재정립이 필요함을 직감했다. 이러한 위기의식과 미래 비전이 결합해 탄생한 것이 바로 '국가 인공지능 전략 2.0(NAIS 2.0)'이다.

NAIS 2.0이 지향하는 비전은 명료하

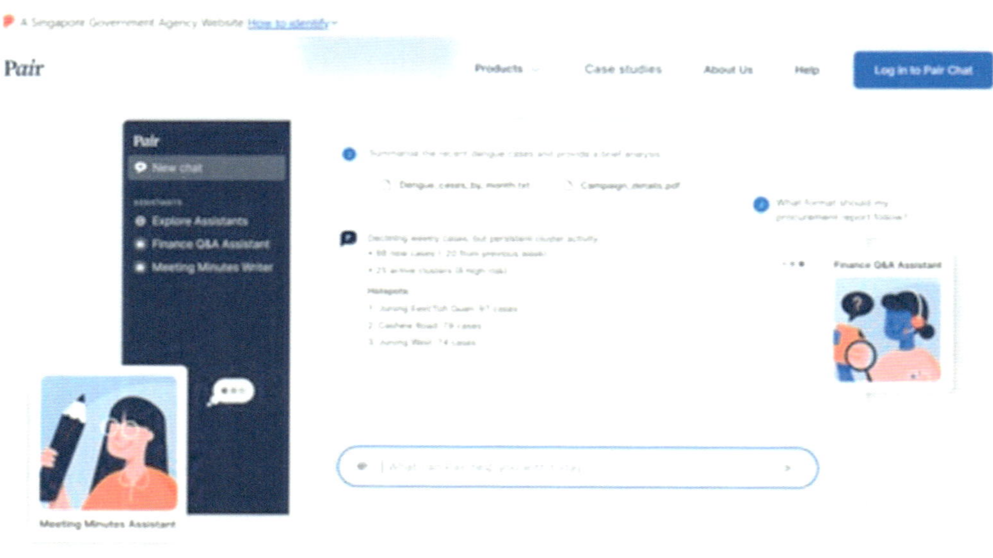

싱가포르 공무원 챗봇 AI 비서.

출처: 페어

다. "AI for the Public Good", 즉 싱가포르와 세계를 위한 AI다. 이 전략은 단순한 기술 육성 정책을 넘어 국가 생존을 위한 핵심 원칙으로 격상됐다. 싱가포르는 AI를 인간의 잠재력을 확장하는 도구로 규정하며 경제적 성장은 물론 사회적 신뢰와 윤리, 글로벌 협력까지 아우르는 전방위적 생태계로 바라보고 있다. 특히 2024년 10월 로런스 웡 총리가 선포한 '스마트 네이션 2.0(Smart Nation 2.0)' 비전은 AI를 통해 시민들의 삶의 질을 높이고, 디지털 격차를 해소하며, 온라인 안전을 강화하는 데 방점을 찍고 있다. 이는 AI가 단순한 경제 도구를 넘어 사회적 통합의 매개체가 돼야 한다는 싱가포르식 철학의 진화라 할 수 있다.

이 거대한 전략을 지탱하는 첫 번째 기둥은 산업 중심의 '센터 오브 엑설런스(CoE)' 구축이다. 제조, 금융, 물류, 바이오 등 싱가포르 경제의 허리 역할을 하는 핵심 부문에 AI 전문 허브를 설립해 각 산업이 외부의 힘이 아닌 자체적인 동력으로 혁신을 주도하도록 설계했다. 각 CoE는 문제의 정의부터 솔루션 설계, 상용화에 이르는 전 과정을 책임진다. 그 대표적인 예로 아메리칸익스프레스(American Express)는 싱가포르에 'AI 의사결정센터(Decision Science CoE)'를 설립해 AI 기반의 정교한 신용 분석과 사기 탐지, 맞춤형 마케팅을 수행하고 있다.

또한 구글 클라우드와 협력해 출범한 'AI 트레일블레이저(Trailblazers)' 프로그램은 불과 100일 만에 100개의 생성형 AI 실험을 완수하며 민간과 공공 영역 모두에 혁신의 속도감을 불어넣었다. 2024년 초에는 이 성공을 바탕으로 'AI 트레일블레이저 2.0'이 론칭됐으며, 구글의 최신 모델인 제미나이(Gemini)와 듀엣 AI(Duet AI)를 활용해 150개 이상의 추가 기관에 산업 맞춤형 솔루션을 공급하는 등 실질적인 기술 확산을 가속화하고 있다.

이처럼 싱가포르의 CoE는 단순한 연구 거점이 아니라 산업 체질을 AI 중심으로 재설계하는 거대한 실험실 역할을 하고 있다.

두 번째 축은 혁신의 속도를 결정짓는 스타트업 생태계의 강화다. 싱가포르는 AI 전용 액셀러레이터와 글로벌 벤처캐피털(VC)을 적극적으로 유치하며 자본과 기술이 만나는 접점을 넓히고 있다. 정부는 기술검증(PoC) 단계부터 자금과 클라우드 인프라, 인재 매칭을 원스톱으로 지원하며, AI 싱가포르(AISG)의 '100E 프로그램'을 통해 기업 맞춤형 연구를 촉진한다.

이 과정에서 탄생한 대표적 성과물인 'SEA-LION(Southeast Asian Languages in One Network)'은 동남아시아의 다양한 언어와 문화적 맥락을 이해하는 특화 거대언어모델(LLM)이다. 최근에는 더욱 정교해진 v4 모델과 함께 안전성을 강화한 'SEA-Guard'가 발표돼 지역 특화 AI의 이정표를 세웠다.

실제로 Q&M 덴탈 그룹은 이 프로그램을 통해 치과용 X-ray AI 분석 시스템을 개발해 150개 병원에 상용화하는 성과를 거뒀고, 텐센트 라이트스피드 스튜디오는 게임 내 다국어 음성합성 시스템을 공동 개발하기도 했다. 이러한 프로그램들은 스타트업과 대기업의 경계를 허물며 싱가포르를 명실상부한 'AI 상용화의 테스트베드'로 자리 잡게 했다.

세 번째로 싱가포르는 정부 스스로를 'AI의 선도 사용자'로 정의하며 공공 혁신을 주도하고 있다. 행정의 효율성을 높이고 국민의 참여를 이끌어내기 위해 공공 행정 전반에 AI를 과감히 도입했다. 시민 민원을 AI가 자동으로 분류하고 담당 부처로 전송하는 '원서비스(OneService) 챗봇'은 행정 절차를 획기적으로 단축했으며, 공무원 전용 LLM 도구인 '페어 챗(Pair Chat)'은 정책 아이디어 작성, 코딩 지원, 문서 요약 등을 통해 공공 부문의 생산성을 극대화하고 있다. 중앙정부 차원의 예산 지원과 부처 간 데이터 장벽을 허문 데이터 허브 통합은 'AI를 활용하는 시민정부'의 기틀을 완성하는 데 결정적인 역할을 했다.

네 번째 축은 '선택과 집중'을 원칙으로 한 AI 연구개발(R&D) 로드맵의 갱신이다. 싱가포르는 모든 것을 다 하려 하기보다 추론형 AI(Reasoning AI), 책임감 있는 AI(Responsible AI), 자원 효율적 AI(Resource-efficient AI) 등 핵심 주제에 역량을 집중하고 있다. 산업계의 현안을 공공 연구와 연결해 즉각적인 상용화를 꾀하는 한편, 국가 차원의 GPU 클러스터를 구축해 연구기관들이 고성능 컴퓨팅 자원에 쉽게 접근할 수 있도록 했다. 국제 협력 또한 활발하다. 한국 정보통신기획평가원(IITP)과 공동으로 AI 기반 탄소중립 건물 관리 시스템을 연구하는 등 국경을 넘는 협력 사업을 지속하고 있으며, 'SCAI(Singapore Conference on AI)'를 신설해 전 세계 석학들과 함께 AI를 통한 인류 번영의 길을 모색하고 있다.

마지막으로 싱가포르는 "AI는 결국 사람이 만든다"는 신념 아래 인재 정책을 국가 전략의 중심에 뒀다. 전 세계적 AI 석학과 산업 연구자를 초청해 산학연이 어우러지는 'AI 브레인 클러스터'를 형성하는 한편, 'AI 도제 프로그램(AIAP)'을 확대해 실무 중심의 인재를 양성하고 있다. 이들은 9개월간 실제 산업 프로젝트에 투입돼 현장 감각을 익힌다. 동시에 중소기업을 위한 AI 도입 가이드라인과 보조금을 마련하고, 산업별 인력 재교육을 통해 AI 도입으로 인한 일자리 변화에 선제적으로 대응하고 있다.

특히 2024년부터는 난양폴리테크닉대 등 고등교육기관의 커리큘럼에 구글 클라우드 등 빅테크 기업의 실무 트레이닝을 전면 도입해 학생들이 졸업과 동시에 현장 투입이 가능한 'AI 네이티브' 인재로 거듭날 수 있도록 교육 현장을 개조하고 있다. 금융과 보험업 등 생성형 AI의 영향력이 큰 분야에서는 직무 전환을 위한 재교육 프로그램이 활발히 가동되고 있다.

이러한 내부적인 노력과 더불어 싱가포르는 미·중 패권 경쟁이라는 격랑 속에서 '정치적 중립성과 법적 안정성'을 무기로 의도치 않은 수혜를 보고 있다. 2025년 7월 중국계 AI 스타트업인 마누스(Manus)가 본사를 싱가포르로 이전했고, 이후 이 회사는 같은 해 12월 메타(Meta)에 20억달러 규모로 인수되며 싱가포르를 거점으로 한 '탈중국 테크 성공 모델'의 정점을 찍었다.

엔비디아 그래픽처리장치(GPU)를 조립하는 PC 파트너 그룹 역시 2024년 홍콩을 떠나 싱가포르에 새 둥지를 틀었다. 이 기업은 미국의 수출 규제를 피하기 위해 싱가포르로 본사를 옮기고 생산라인을 인도네시아로 이전함으로써 최신 RTX 5090 등의 GPU 수급권을 확보하는 영리한 전략을 취했다. 바이트댄스(Bytedance)는 국제사업본부를 싱가포르에 두며 탈중국 이미지를 강화하고 있다.

일부 중국 기업들은 미국의 수출 규제를 우회하기 위해 동남아 데이터센터를 활용하고 있는데, 그 중심축 역할을 하는 곳이 바로 싱가포르다. 이처럼 싱가포르는 강대국들의 충돌을 완충하는 '중립적 기술 피난처(Neutral Tech Haven)'로서 그 입지를 굳히고 있다.

싱가포르의 AI 생태계가 단순히 정부의 계획서 위에만 존재하는 것이 아님을 증명하는 것은 바로 현장에서 뛰고 있는 기업들이다. 다음의 5개 기업은 각기 다른 영역에서 AI 기술을 상용화하며 글로벌 경쟁력을 입증하고 있다.

① 그랩 홀딩스(Grab Holdings)

그랩은 단순한 승차 공유 서비스를 넘어 동남아 최대의 '슈퍼앱'으로 진화했다. 이들의 핵심 경쟁력은 방대한 데이터를 처리하는 AI 기술에 있다. 그랩은 자체 개발한 AI 매핑 기술인 '그랩맵스(GrabMaps)'를 통해 좁은 골목길이 많은 동남아의 지형적 특성을 정밀하게 파악하고 이를 기반으로 수요 예측과 경로 최적화를 수행한다.

또한 자체 AI 연구소와 협력하며 생성형 AI인 '그랩GPT(GrabGPT)'를 도입해 앱 내 검색 기능과 고객 응대 시스템을 혁신하고 있다. 특히 주목할 만한 것은 '그랩디펜스(GrabDefence)'다. 이는 그랩이 수년간 축적해온 사기 거래 탐지 노하우를 AI 솔루션화한 것으로, 실시간으로 발생하는 수백만 건의 거래 중 부정 사용을 걸러내며 핀테크 보안 분야에서도 독보적인 입지를 구축했다.

② 시그룹(Sea Group)

쇼피(Shopee)와 가레나(Garena)의 모기업인 시그룹은 디지털 경제의 모든 접점에 AI를 이식했다. 쇼피는 매일 발생하는 수십억 건의 쇼핑 데이터를 딥러닝 알고리즘으로 분석해 초개인화된 상품 추천 엔진을 가동한다. 이는 단순한 추천을 넘어 사용자의 구매 의도를 예측하고, 물류센터의 재고 배치까지 자동화하는 수준에 이르렀다. 금융 자회사인 시머니(SeaMoney)는 전통적인 금융 기록이 없는 동남아 사용자들을 위해 AI 기반의 대안 신용평가 모델을 개발했다. 사용자의 앱 사용 패턴과 거래 이력을 AI가 분석해 신용점수를 산출함으로써 기존 금융권에서 소외됐던 계층에 대출과 결제 서비스를 제공하는 포용적 금융을 실현하고 있다.

③ 싱텔(Singtel)

싱가포르 국영 통신사 싱텔은 이제 '통신사(Telco)'가 아닌 '테크코(Techco)'로 불리기를 원한다. 싱텔은 엔비디아(Nvidia)와 전략적 파트너십을 맺고 동남아 지역에 차세대 친환경 AI 데이터센터 브랜드인 '넥세라(Nxera)'를 출범시켰다. 이는 단순한 데이터 저장을 넘어 기업들에 고성능 GPU 파워를 서비스 형태(GPU-as-a-Service)로 제공해 누구나 AI 모델을 개발하고 학습시킬 수 있는 환경을 마련한 것이다. 또한 싱텔의 5G 네트워크와 에지 컴퓨팅(Edge

Computing) 기술이 결합된 '파라곤(Paragon)' 플랫폼은 스마트 시티 관제, 자율주행 로봇 제어 등 지연 없는 실시간 AI 처리가 필요한 산업 현장의 핵심 인프라로 자리 잡았다.

④ 타이거(Taiger)

스페인에서 시작해 싱가포르에 본사를 둔 타이거는 '문서를 이해하는 AI' 분야의 숨은 강자다. 대부분의 기업 데이터가 정형화되지 않은 문서(PDF, 이메일, 계약서) 형태로 존재한다는 점에 착안해 이를 기계가 이해할 수 있는 정보로 변환하는 데 특화돼 있다. 타이거의 솔루션은 자연어 처리(NLP)와 기호학적 AI(Symbolic AI)를 결합한 하이브리드 방식을 사용해 인간의 언어적 맥락을 정확하게 추론한다.

이를 통해 은행의 복잡한 대출 심사 서류 처리나 법률 사무소의 계약서 검토 과정을 획기적으로 자동화했다. 공공기관의 민원 서류 자동 분류 시스템에도 도입돼 행정 처리 속도를 높이는 데 기여하고 있으며 아시아를 넘어 유럽과 중동 시장으로 확장 중이다.

⑤ 비센즈(ViSenze)

비센즈는 텍스트가 아닌 이미지로 세상과 소통하는 컴퓨터 비전 전문 기업이다. 이들의 핵심 기술은 사용자가 스마트폰으로 사진을 찍거나 화면을 캡처하면 즉시 해당 상품이나 유사한 스타일의 제품을 찾아주는 '비주얼 검색 엔진'이다. 이 기술은 단순한 이미지 매칭을 넘어 의류의 패턴, 재질, 스타일 등 미세한 속성까지 AI가 식별해내는 것이다. 삼성전자, 화웨이 등 글로벌 스마트폰 제조사들이 기본 갤러리 앱에 비센즈의 쇼핑 기능을 탑재했을 정도로 기술력을 인정받았다. 현재는 아마존, 라쿠텐, 잘란도 등 글로벌 이커머스 거인들에 '스마트 추천 솔루션'을 제공하며 소비자가 원하는 상품을 직관적으로 찾아주는 '쇼핑 내비게이터' 역할을 수행하고 있다.

CASE STUDY

세계 AI 네이티브 현장: 싱가포르

싱가포르 도심 캄퐁 바루(Kampong Bahru)의 아침은 습한 열기를 가르는 정적 속에 시작된다. 세련된 통창 너머로 비치는 젠프라임(Gen Prime) 클리

AI가 확산된 싱가포르를 제미나이로 생성한 가상 이미지. AI 생성

닉의 풍경은 우리가 흔히 아는 병원 모습과는 거리가 멀다. 은은한 조명과 고급스러운 라운지 체어, 정갈하게 꾸며진 디자인은 마치 실리콘밸리 유망한 테크 기업 본사나 6성급 호텔 라운지에 들어온 듯한 착각을 불러일으킨다. 하지만 이 차분하고 우아한 공간의 핵심은 인테리어가 아닌, 보이지 않는 곳에서 쉼 없이 돌아가는 AI 알고리즘에 있다.

이곳은 아시아에서 처음으로 난임 치료의 모든 과정에 자체 개발한 AI 기술을 적용해 운영 중인 클리닉이다. 난임 환자의 상태를 진단하는 단계부터 건강한 배아를 선별해 임신 성공률을 높이는 일까지 난임 치료의 전 과정을 AI가 돕고 있다. 수만 개의 배아 발달 영상을 초 단위로 분석하는 AI 알고리즘이 임신 가능성이 가장 높은 최상급 배아를 실시간으로 선별하고 인간의 눈으로는 포착하기 힘든 미세한 이상 징후까지 잡아내 시술의 정확도를 획기적으로 높이고 있다.

마거릿 왕 젠프라임 최고경영자(CEO)는 "AI는 의사의 직관에 데이터의 정밀함이라는 '슈퍼 파워'를 더하는 도구"라며 "과거 연구원이 육안과 경험에만 의존해 배아의 등급을 매기던 수동적인 방식은 이제 수만 개의 임상 데이터를 학습한 AI가 배아와 정자의 건강 상태를 소수점 단위로 분석하는 정밀 과학으로 진화했다"고 말했다.

젠프라임의 모기업 레아 퍼틸리티(Rhea Fertility)는 싱가포르를 허브로 방콕, 쿠알라룸푸르, 마닐라를 잇는 거대한 'AI 네트워크'를 구축하고 있다. 각국 클리닉에서 수집된 방대한 임상 데이터는 기술 플랫폼인 '레아 랩스'로 집결돼 다시 AI를 고도화하는 거름이 된다. 개별 병원이 고립된 섬이 아니라, 네트워크 전체가 하나의 거대한 학습 유기체로 작동하며 성공률을 끌어올리는 싱가포르식 AI 모델의 전형이다.

왕 CEO는 "싱가포르 AI 정책의 가장 큰 힘은 스타트업이 마주할 규제의 벽과 정부의 지원 방향을 명확히 제시해 미래를 예측 가능하게 만들어준다는 점에 있다"며 "정부가 기술 가이드라인을 선제적으로 닦아준 덕분에 우리는 불필요한 시행착오 대신 오직 기술 고도화와 서비스 확장이라는 본질에만 집중할 수 있었다"고 강조했다.

이러한 혁신이 가능했던 바탕에는 실패를 두려워하지 않는 싱가포르 특유의 국가 시스템이 자리 잡고 있다. 현지에서 만난 석학들은 싱가포르의 경쟁력을 '속도'와 '유연성' 그리고 '전폭적인 신뢰'라는 세 단어로 요약한다.

윤재홍 싱가포르 난양공대(NTU) 컴퓨팅·데이터사이언스학과 교수는 싱가포르 정부의 실행력에 대해 "애자일(Agile) 그 자체"라면서 "정부가 방향을 설정하면 사회적 합의가 일사천리로 이뤄지며 연구 현장에서는 프로젝트의 성패보다 '시도 자체'에 더 큰 가치를 둔다"고 평가했다.

실제로 싱가포르 정부는 연구자들이 단기 성과에 급급하지 않도록 정교한 지원 체계를 갖추고 있다. 상위권 대학 공대 교수들에게는 연구의 독립성을 보장하기 위해 초기 정착 기금과 자율성이 높은 기초 연구 예산을 폭넓게 지원하는 것이 일반적이다.

한국의 경직된 평가 방식과 달리, 결과의 성패 그 자체보다는 연구 과정에서의 혁신성과 시도 자체를 높게 평가함으로써 '실패할 자유'를 제도적으로 뒷받침하고 있다. 한국처럼 단기적인 핵심성과지표(KPI)에 매몰돼 예산 삭감을 무기로 연구자를 압박하는 것이 아니라, 오히려 실패의 기록을 데이터화해 다음 단계의 자양분으로 삼는 문화가 국가 행정 시스

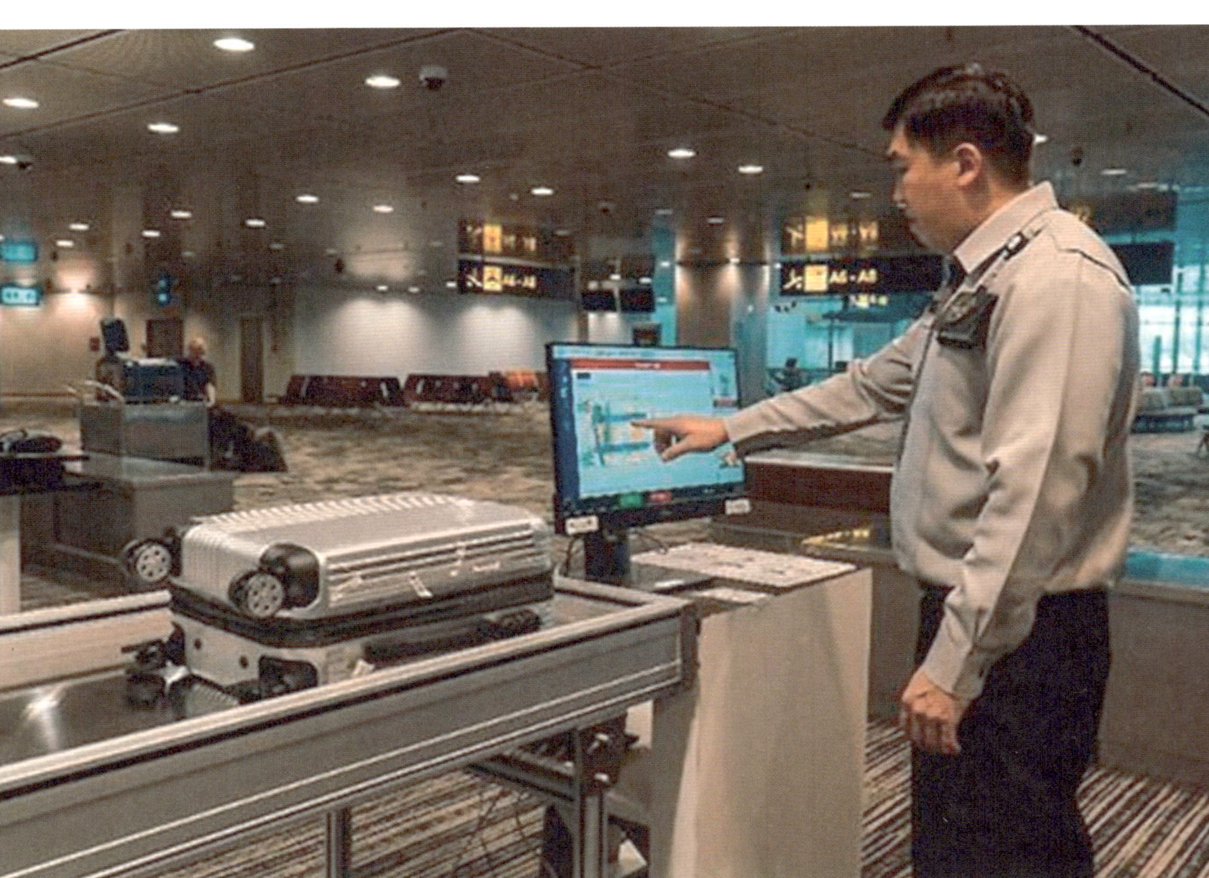

싱가포르 창이공항은 보안검사에 AI를 활용하고 있다. 출처: 창이공항

템 전반에 뿌리내려 있다.

윤 교수는 "정부가 연구자를 전적으로 믿어주되, 만약 부정이 발견되면 철저히 징계하는 '고신뢰-고책임' 시스템이 AI 강국 싱가포르를 움직이는 힘"이라고 덧붙였다. 경나경 싱가포르 국립대학(NUS) 교수는 "싱가포르는 기술이 인간에게 실질적인 해를 끼치는 범죄적 영역에는 엄격한 잣대를 대지만, 그 외의 혁신 영역에서는 연구자와 기업이 마음껏 뛰어놀 수 있는 광활한 자유를 보장한다"고 설명했다.

싱가포르의 AI 야심은 연구실을 넘어 시민의 생존 본능과도 맞닿아 있다. 인구 600만의 작은 도시국가가 글로벌 지형도에서 살아남기 위해 선택한 카드는 '전 국민의 AI 일상화'다.

싱가포르 최대 공항인 창이공항의 안면 인식 시스템부터 노인들을 위한 디지털 교육 토큰 제도까지, AI는 생활 양식의 일부가 됐다. 자원이 없는 나라가 기술 혁신의 속도를 놓치면 순식간에 도태될 것이라는 절박함이 '라이프롱 러닝(Lifelong Learning)'이라는 국가적 기조를 만든 것이다. 정부는 부모와 가까이 사는 자녀에게 세제 혜택을 주는 등 사회 구조적 문제까지도 실용적이고 데이터 중심적인 정책으로 해결하고 있다.

아울러 '국적을 가리지 않고 최고 수준의 인재를 빨아들이는 공격적 개방성'은 싱가포르를 세계 3위의 AI 강국으로 만든 결정적 열쇠다. 월 소득 3만싱가포르달러 이상의 고숙련 인재에게 발급하는 '원(ONE) 패스'는 비자 승인 절차를 파격적으로 줄여 전 세계 AI 석학들이 싱가포르를 '기회의 땅'으로 보게 만들었다.

여기에 '현장의 목소리를 즉각 제도로 구현하는 민첩한 정책 집행'이 방점을 찍는다. 기업이 AI를 도입할 때 겪는 규제 불확실성을 해소하기 위해 세계 최초로 'AI 윤리 및 거버넌스 프레임워크'를 배포하고, 실제 비즈니스 현장에서 발생하는 윤리적 딜레마를 정부가 함께 고민하는 구조를 만들었다.

AI

4부

AI 코리아의 과거와 현재

1장

글로벌 가치사슬 속 한국의 좌표

인공지능(AI)은 연산을 수행하는 반도체, 이를 뒷받침하는 전력 · 통신 인프라, 그 위에서 구동되는 알고리즘, 그리고 현장에 구현되는 서비스가 층층이 결합된 복합 시스템이다. 인간의 신체가 뇌와 신경망, 근육과 혈관의 유기적 연결을 통해 생명력을 얻듯, AI 산업 역시 하드웨어와 소프트웨어, 응용 생태계가 톱니바퀴처럼 맞물려 돌아갈 때 비로소 국가 차원의 경쟁력이 형성된다.

이러한 패러다임 변화 속에서 미국과 중국 등 주요국은 AI 전략을 단순한 기술 지원을 넘어선 '국가 명운을 건 거대 프로젝트'로 격상했다. 산업 구조를 근본적으로 재편하고 막대한 자본을 투입하는 것은 물론, 법 · 제도 정비와 인재 유치에 사활을 걸고 있다. 이제 AI는 특정 산업의 생산성을 높이는 도구를 넘어 국방과 경제, 사회 시스템 전반을 좌우하는 핵심 인프라이자 국가 위상의 척도가 됐기 때문이다.

한국의 AI 역량 또한 이러한 거대한 흐름과 다층적 구조 속에서 단단해졌다. 반도체와 제조업 중심의 탄탄한 산업 기반, 세계 최고 수준의 통신 인프라, 1990년대부터 이어진 국가 주도의 정보화 투자는 한국 AI의 성장을 견인해온 핵심 자산이다. 이러한 축적의 시간 덕분에 한국은 AI 기술을 빠르게 수용하고 산업 전반으로 확산시킬 수 있는 독보적인 토대를 갖출 수 있었다.

그러나 생성형 AI의 등장으로 초거대 모

델 경쟁이 격화되고 글로벌 빅테크 중심의 시장 재편이 가속화되면서 한국 AI는 새로운 전환점에 섰다. 과거의 산업적 강점이 미래의 경쟁력을 담보하지 않는 급박한 환경에서 우리는 어떤 자산에 집중하고 어떤 구조적 한계를 우선 보완할 것인가라는 엄중한 과제에 직면해 있다. 이제 한국 AI의 위상은 단순한 기술 격차나 연구 성과를 넘어 생태계 전반의 역량으로 평가받아야 한다.

현재 한국 AI를 둘러싼 환경은 강점과 한계, 가능성과 위험이 교차하는 복합적인 구조를 띠고 있다. 산업적 역량은 충분히 축적됐으나 자원과 제도, 시장 환경에서의 제약 또한 뚜렷하다. 이러한 기회와 위기 요인이 어떻게 상호작용하는지 면밀히 분석하는 것이야말로 대한민국 AI의 현주소를 진단하고 미래 전략을 세우는 출발점이 될 것이다.

강점(Strength): 하드웨어와 인프라에 축적된 경쟁력

한국 AI 경쟁력의 뿌리는 눈에 보이지 않는 소프트웨어 알고리즘 자체보다 AI를 물리적으로 구현하고 서비스로 연결하는 '하드웨어와 인프라의 완결성'에 있다. 미국이 강력한 AI '뇌'(소프트웨어)를 가졌다면, 한국은 그 뇌를 담을 그릇

출처: 매경DB

SK하이닉스가 개발한 HBM4 12단 샘플 출처: SK하이닉스

과 이를 실제로 움직일 튼튼한 '신체'(제조업)를 보유한 셈이다. 이는 단순한 비유를 넘어, 소프트웨어가 하드웨어의 한계를 결정짓는 '컴퓨팅 병목 시대'에 한국이 가진 제조 역량이 곧 AI의 성능을 정의하는 시대가 왔음을 의미한다.

한국의 AI는 반도체와 통신, 제조업이라는 실물 산업의 깊은 축적 위에서 출발했다는 점에 주목해야 한다.

가장 강력한 기반은 단연 반도체 산업이다. 생성형 AI 시대의 성능은 단순히 계산 속도가 빠른 것에 그치지 않고, 연산장치에 필요한 방대한 데이터를 얼마나 막힘없이 공급할 수 있느냐에 달려 있다. 기존 데모리 기술의 한계를 뛰어넘어 데이터 병목 현상을 해결하는 핵심 열쇠가 바로 '고대역폭메모리(HBM)'다.

이 분야에서 한국 기업들은 글로벌 시장 점유율의 약 80%를 차지하며 단순한 주도권을 넘어 시장 지배자의 위치를 공고히 하고 있다. SK하이닉스와 삼성전자는 AI 가속기에 필수적인 HBM을 안정적으로 공급할 수 있는 전 세계의 핵심 보급로다. 특히 엔비디아의 최첨단 AI 칩셋의 성능을 100% 끌어내기 위해서는 한국산 HBM의 공급이 필수불가결한 전제 조건이 됐다. 글로벌 빅테크 기업들이 차세대 AI 로드맵을 설계할 때 한국 메모리 기업과의 협력을 가장 먼저 고려하는 이유도 여기에 있다.

후발 주자들의 추격이 거세지만, 패키징과 열 관리 등 고난도 기술이 집약된 HBM의 특성상 한국의 기술적 해자는 단기간에 무너지지 않는다. 엔비디아나 AMD 등 글로벌 AI 패권 기업들이 한국의 메모리 기술 로드맵을 전제로 제품을 설계한다는 사실은, 한국 없이는 글로벌 AI 생태계가 원활히 작동할 수 없음을 의미한다.

이재명 대통령이 APEC 2025 정상회의에서 젠슨 황 엔비디아 최고경영자와 만나 국내 피지컬 AI 역량 고도화를 위한 양해각서(MOU) 체결을 기념하는 사진을 찍고 있다. 왼쪽부터 배경훈 과학기술정보통신부 장관, 젠슨 황 엔비디아 최고경영자, 이 대통령, 정의선 현대차그룹 회장

출처: 대통령실사진기자단

반도체 위탁생산인 '파운드리' 분야의 역량 역시 이러한 흐름을 든든하게 뒷받침한다. 3나노미터 이하의 최첨단 공정을 대규모로 양산할 수 있는 국가는 전 세계에서 한국과 대만뿐이며, 이는 고도의 공정 제어 능력과 대규모 설비 투자를 지속해온 산업 구조의 결실이다. 설계부터 위탁생산, 핵심 메모리 공급까지 이어지는 가치 사슬의 상당 부분을 자국 내에서 소화할 수 있다는 점은 한국 AI 산업만이 가진 전략적 무기다. 이러한 수직적 · 수평적 결합 구조는 글로벌 공급망 충격이나 지정학적 리스크 상황에서도 AI 인프라의 연속성을 지켜내는 강력한 방어막으로 작동한다.

이러한 하드웨어의 강점은 세계 최고 수준의 '초연결' 인프라로 확장된다. 전국 단위의 안정적인 전력망과 촘촘한 고속 통신망, 그리고 세계 최초로 상용화된 5G 네트워크는 AI 서비스가 연구실을 넘어 국민의 삶 속으로 깊숙이 스며들게 하는 혈관 역할을 한다. 5000만 국민이 실시간으로 생성하는 데이터가 데이터센터로 막힘없이 흐르는 구조는 한국이 가진 보이지 않는 자산이다. 특히 한국의 높은 인구 밀집도와 우수한 회선 품질은 데이터 수집 및 처리 비용을 낮춰 서비스 상용화에 유리한 조건을 형성한다. 이는 실시간 추론과 개인화 서비스 확산을 가능케 하는 결정적 조건이다. 또한 통신 품질의 지역 간 편차가 작다는 점은 전국 단위의 AI 실증과 확산을 가속화하는 핵심 기반이 된다. 수도권부터 도서 산간까지 균일하게 제공되는 광대역망은 자율주행이나 원격 의료 AI 등 지연 시간에 민감한 서비스를 전국화하는 데 전 세계에서 유례를 찾기 힘든 완벽한 테스트베드를 제공한다.

나아가 한국은 자체적인 초거대 AI 모델을 보유한 '소버린 AI(Sovereign AI)' 핵심국 중 하나다. 전 세계에서 독자적인 거대언어모델(LLM)을 보유한 나라가 극소수라는 점은 한국의 위상을 잘 보여준다.

네이버의 '하이퍼클로바X', LG의 '엑사원' 등은 글로벌 빅테크 모델이 놓치기 쉬운 한국어의 미묘한 뉘앙스와 고유의 문화적 · 행정적 맥락을 정확하게 이해한다. 이는 데이터 보안과 문화적 정체성이 중요한 공공, 금융, 의료 분야에서 외산 모델을 대체하는 핵심적인 역할을 수행한다.

이들 모델은 자본력 중심의 정면 대결 대신 우리 언어와 산업 현장에 특화된 '현장 적합성'을 무기로 삼아 금융, 의료, 제조 등 각계 현장에서 실질적인 가치를 창출하고 있다. 하드웨어와 네트워크, 그리고 이를 운용할 독자적 두뇌까지 갖춘 국가는 미국과 중국을 제외하면 한국이 유일하다

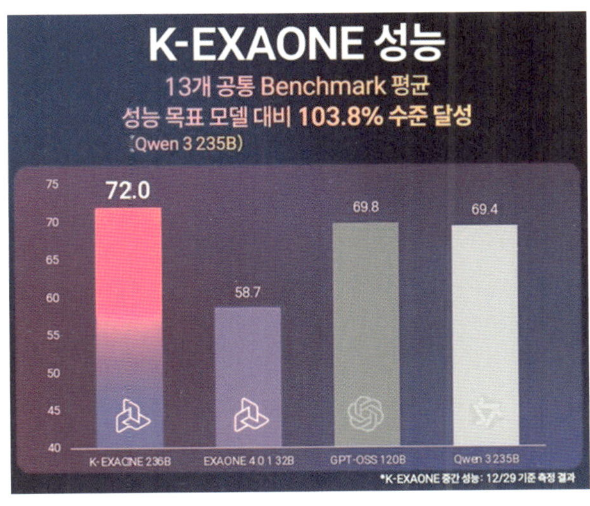

LG AI연구원의 K엑사원 성능 비교표.

는 점에서, 한국 AI의 전략적 가치는 그 어느 때보다 높다.

약점(Weakness):
연산 자원과 자본 규모의 한계

한국 AI의 강점이 탄탄한 산업적 축적에 있다면, 약점은 이를 뒷받침할 연산 자원과 모험 자본 그리고 데이터 활용을 가로막는 환경적 제약에 있다. 독보적 하드웨어 경쟁력을 갖추고도 이를 소프트웨어와 서비스의 혁신으로 온전히 연결하지 못하는 구조적 한계가 상존한다. 가장 먼저 드러나는 한계는 연산 자원의 열세다.

글로벌 AI 경쟁이 '얼마나 많은 그래픽처리장치(GPU)를 확보해 학습시키느냐'로 귀결되는 상황에서 한국의 컴퓨팅 자원은 빅테크 개별 기업의 보유량에도 미치지 못하는 실정이다. 메타(Meta)나 마이크로소프트(MS)가 단일 클러스터에 수십만 대의 최신 가속기를 집적하며 소위 '컴퓨팅의 거대 요새'를 구축하는 동안, 국내 기업들은 구매 비용의 급증과 길어지는 공급망 대기 시간(Lead Time)으로 인해 적기 투자의 골든타임을 놓치기 일쑤다. 2025년 말 한국이 엔비디아로부터 26만장 규모의 GPU 공급 약속을 이끌어내며 인프라 확대의 전기를 마련했으나, 전력과 냉각 설비 등 데이터센터 운영 경험의 격차는 여전히 과제로 남아 있다. 단순히 칩을 확보하는 것을 넘어 이를 안정적으로 구동할 전력망 확충과 초고효율 냉각 시스템의 국산화가 동반되지 않으면, 확보한 자원조차 100% 가동하기 어렵다는 분석이 지배적이다.

이러한 자원 부족은 연구개발(R&D) 단계에서 시도할 수 있는 실험 횟수를 제한하며, 결국 연구자들이 실패를 무릅쓰는 혁신보다 안전한 길을 택하게 만드는 물리적 족쇄가 될 수 있다. 가설을 검증하기 위한 단 한 번의 대규모 학습에 수십억 원이 소요되는 환경에서 국내 연구진은 파괴적인 시도 대신 기존 모델을 미세 조정하는 수준의 보수적 접근에 머무를 수밖에 없다.

둘러싸인 경직된 데이터 활용 환경 또한 뼈아픈 약점이다. 훌륭한 정보화 고속도로가 깔려 있음에도, 정작 그 위를 달릴 연료인 데이터의 흐름은 엄격한 규제에 막혀 있다. 가명 정보 활용의 길이 열렸으나 현장의 체감도는 여전히 낮으며, 특히 AI 학습에 필수적인 고부가가치 의료 · 금융 데이터는 복잡한 심의와 재식별 우려 탓에 접근이 제한적이다. 2025년 이후 데이터 저작권에 대한 보상 체계 논의가 시작됐으나, 권리자와 이용자 간의 합의점 도출이 지연되면서 국내 AI 모델들은 합법적인 고품질 한국어 말뭉치 확보에 만성적인 굶주림을 겪고 있다. 법무 검토와 행정 절차에 수개월을 허비하는 동안 규제가 유연한 해외 경쟁자들은 모델의 완성도를 높이며 앞서나간다. 미국이 '공정 이용(Fair Use)' 원칙을 폭넓게 해석하며 데이터를 흡수하고 중국이 국가 주도로 거대 데이터셋을 구축하는 사이, 한국은 '데이터 3법'의 보수적 해석과 부처 간 칸막이 규제라는 이중고에 시달리며 데이터 활용의 골든타임을 허비하고 있다.

속도가 생명인 AI 산업에서 과도한 행정 비용과 불확실성은 혁신의 발목을 잡는 무거운 모래주머니가 되고 있다.

마지막으로 모험 자본의 부족과 민간 투자 생태계의 한계가 지적된다. 한국의 AI 성장은 정부 주도의 R&D와 대기업 중심의 도입에 크게 의존해왔다. 공공 부문의 마중물 예산은 든든한 버팀목이 됐지만, 민간 자본이 주도하는 폭발적인 스케일업 투자 규모 면에서는 여전히 실리콘밸리의 10분의 1 수준에도 못 미치는 것이 냉정한 현실이다. 미국 실리콘밸리가 수조 원 단위의 과감한 투자를 통해 유니콘 기업을 길러내는 것과 달리, 국내 투자 환경은 당장 수익이 나는 비즈니스 모델을 선호하는 경향이 짙다. 거대 모델 개발에는 조 단위의 장기 투자가 필수적임에도 국내 벤처캐피털(VC) 시장은 회수 기간이 짧은 응용 서비스 위주의 소액 투자에 치중돼 있어 원천 기술을 가진 스타트업들이 글로벌 경쟁력을 갖추기 전에 고사할 위험이 높다. 이로 인해 유망한 기술력을 갖춘 스타트업조차 막대한 인프라 비용을 감당하지 못해 '죽음의 계곡'에서 좌절하곤 한다.

글로벌 시장에서 파급력을 가질 대형 플레이어가 충분히 배출되지 못하는 배경에는 이러한 투자 구조의 불균형이 자리 잡고 있다.

기회(Opportunity):
제조와 AI의 결합 '피지컬 AI'로의 도약

약점이 자원과 자본의 부족함이라면, 기회는 한국이 가진 독특한 산업적 특성을 살려 남들이 하지 못하는 새로운 시장을 선점하는 전략에 있다. 모든 영역에서 미국과 중국을 추격하기보다 한국이 이미 강점을 가진 산업 지형 위에서 AI를 결합하는 선택과 집중 전략이 현실적인 해법으로 떠오른다. 특히 소프트웨어 중심의 AI 경쟁이 한계에 부딪히고 현실 세계의 문제를 해결하는 능력이 중시되면서, 한국의 탄탄한 제조 기반은 그 자체로 거대한 AI 학습 데이터이자 실행 플랫폼이 되고 있다. 이러한 산업적 토양은 알고리즘 경쟁이 실생활의 부가가치 창출 경쟁으로 전환되는 시기에 한국에 강력한 반전의 기회를 제공한다.

첫 번째 기회는 '피지컬(Physical) AI' 분야에서 한국이 가진 잠재력이다. 지금까지의 AI가 화면 속에서 텍스트와 이미지를 만드는 '생성형 AI'였다면, 미래는 AI가 모니터 밖으로 나와 로봇, 기계, 자율주행차 등 하드웨어와 결합해 현실 세계와 직접 상호작용하는 피지컬 AI 시대다. 2026년 현재, 생성형 AI 모델이 물리 법칙을 이해하고 로봇의 움직임을 제어하는 '로보틱스 파운데이션 모델'로 진화함에 따라 이를 실무에 적용할 수 있는 숙련된 제조 공정을 보유했느냐가 국가 경쟁력의 핵심이 됐다. 글로벌 테크 기업들이 가상 세계의 데이터를 넘어 물리적 공간에서 발생하는 '멀티모달 데이터' 확보에 열을 올리는 것도 바로 이 때문이다. 글로벌 AI 산업에서도 로봇, 자율주행, 스마트 팩토리 등 물리적 세계를 다루는 영역이 차세대 성장 동력으로 지목되고 있다. 이 분야에서 첨단 제조업 강국인 한국은 세계 그 어느 나라보다 유리한 고지를 점할 것이라는 기대감이 높다. 국제로봇연맹(IFR)에 따르면 한국의 제조업 로봇 밀도는 노동자 1만명당 1012대로, 글로벌 평균을 훨씬 상회하는 압도적 세계 1위다. 이는 조선, 자동차, 배터리, 반도체 등 세계적 수준의 제조 현장에 AI를 즉각적으로 이식하고 실험할 수 있는 조건이 이미 갖춰져 있다는 뜻이다. 단순히 로봇이 많은 것을 넘어 각 공정이 디지털화돼 있어 AI 학습에 필요한 양질의 산업 데이터를 실시간으로 추출할 수 있다는 점이 핵심이다. 다수의 국가가 실증 단계의 테스트베드를 별도로 조성해야 하는 것과 달리, 한국은 실제 양산 현장 자체가 거대한 실험 공간으로 기능할 수 있다. 특히 울산의 자동차 공장이나 평택의 반도체 라인, 거제의 조선소는 피지컬 AI가 학습할 수 있는 세계 최대 규모의 '살아 있는 실험실'이다.

서용석 KAIST 문술미래전략대학원 교수는 "우리가 가진 하드웨어 제조 기술에 AI를 접목해 피지컬 AI 분야에서 초격차를 만드는 것이 한국의 승부처가 될 수 있다"며 "제조업의 지능화가 한국 AI의 필승 전략이 될수 있다"고 진단했다. 이 관점은 단순 자동화를 넘어 AI가 생산 공정의 판단 주체로 참여하는 단계까지 제조 패러다임을 끌어올리는 것을 의미한다. 실제로 글로벌 완성차 · 로봇 기업들은 공정 최적화, 품질 검사, 자율 로봇 협업 등 여러 영역에서 AI 도입을 빠르게 확대하고 있다.

이러한 제조 현장의 강점은 기술의 수직적 통합을 가능케 하는 인프라 환경과 결합해 한국을 독보적인 실증 국가로 만든다.

두 번째 기회는 'AI 전 주기 일관 체계(Full-stack) 테스트베드'로서의 가치다. 한국은 반도체 설계와 생산, 데이터센터, 통신망, 언어 모델, 서비스 애플리케이션, 그리고 사용자 피드백으로 이어지는 AI의 전 과정이 국경을 넘지 않고 한 국가 안에서 완결되는 희소한 나라다. 여기에 한국 소비자의 빠른 신기술 수용성과 즉각적인 피드백 문화가 더해지면 시너지가 날 수 있다. 베타 서비스 단계의 제품이라도 빠르게 확산되고 사용자 반응이 실시간으로 서비스 개선에 반영되는 환경은 AI 고도화에 결정적이다.

삼성전자의 첫 온디바이스 AI 스마트폰인 갤럭시 S24의 기록적인 국내 판매 속도나 전 세계에서 가장 높은 수준의 챗GPT 유료 이용률은 한국 시장이 새로운 AI 서비스를 가장 먼저 실험하고 고도화하기에 최적의 환경임을 보여준다. 특히 2025년 이후 본격화된 AI 비서 서비스와 모바일 통합 환경은 한국의 높은 스마트폰 보급률과 결합해 방대한 사용자 경험 데이터를 산출하고 있다. 이는 한국 소비자가 새로운 기술의 효용과 한계를 빠르게 가려내는 '조기 검증자' 역할을 수행하고 있음을 의미한다. 글로벌 기업들이 한국을 '가장 먼저 미래가 도착하는 실험실'로 활용하도록 유도할 수 있는 환경인 셈이다. 이 과정에서 축적된 다양한 서비스 운영 노하우와 데이터를 바탕으로 동남아시아, 중동 등 비영어권 국가에 '한국형 AI 솔루션'을 패키지로 수출하는 전략도 가능하다. 특히 언어·문화적 특수성이 강한 시장에서 한국형 AI 서비스 운영 경험은 직접적인 참고 모델이 될 수 있다. 한국 시장에서의 검증이 곧 글로벌 성공의 보증수표가 되게 만드는 것이다. 국가적 단위의 테스트베드 역할이 대외적인 기회라면, 내부적으로는 특정 산업에 특화된 깊이 있는 경쟁력을 확보하는 것이 또 다른 축이다.

세 번째 기회는 '산업 특화형(Vertical) AI' 시장 선점이다. 구글이나 오픈AI가 주도하는 범용 인공지능(AGI) 경쟁은 막대한 자본 싸움이다. 그 대신 한국은 특정 산업이나 특수 목적에 최적화된 전문 AI 시장을 공략할 수 있다. 한국은 의료(양질의 데이터와 의료진), 국방(자주국방 무기체계), 행정(전자정부 시스템), 법률 등 특정 영역에서 세계적인 경쟁력을 갖추고 있다. 특히 한국의 공공 의료 데이터와 건강보험 시스템은 전 국민의 진료 이력이 표준화돼 있어 의료 AI 개발에 최적의 토양을 제공한다. 이 분야의 전문 지식과 AI를 결합해 구체적이고 실질적인 문제를 해결하는 고성능 특화 모델을 만들어내는 것이다. 예를 들어 K방산의 성공에 AI 자율 교전 시스템이나 예측 정비 기술을 결합하면 무기 체계의 부가가치를 획기적으로 높일 수 있다.

천문학적 비용이 드는 범용 모델 경쟁을 우회하면서도 실질적인 부가가치를 창출하고 기업 간 거래(B2B) 시장을 장악할 수 있는 가장 현실적이고 효과적인 기회가 될 수 있다. 이는 한국 AI 산업이 '규모의 열세'를 '적합성의 우위'로 전환할 수 있는 전략적 선택지로 평가된다.

결국 한국은 제조 역량과 초연결 인프라, 그리고 특화된 산업 데이터를 융합해 글로벌 AI 생태계에서 대체 불가능한 핵심 요충지로 자리매김할 수 있는 기회 앞에 서 있다.

위협(Threat): 인재 유출과 종속, 구조적 위기

한국 AI 산업이 직면한 가장 치명적인 위협은 인재 부족과 그로 인한 '두뇌 유출' 현상이다. 현재의 인력난이 장기화되면 국내 AI 생태계 자체가 안팎으로 비어버리는 '산업 공동화'로 악화될 수 있다.

특히 현재 글로벌 빅테크 기업들이 하드웨어 공급망을 넘어 '최정예 연구 인력 싹쓸이' 경쟁에 나서면서, 한국의 우수한 인재들은 국내 기업이 감당하기 힘든 파격적인 연봉과 압도적인 연구 환경이라는 거부할 수 없는 제안에 노출돼 있다. 실제로 실리콘밸리 기업들이 제시하는 보상 체계는 국내 대기업의 급여 수준을 두 배 이상 상회하는 경우가 많으며, 이는 국내 기업들이 인재를 유지하기 위해 지불해야 하는 비용 구조를 한계치까지 밀어붙이고 있다.

한국의 이공계 교육 수준은 높으나, 석박사급 최상위 연구자와 핵심 실무 인력은 더 나은 처우와 풍부한 컴퓨팅 자원을 찾아 해외 빅테크 기업으로 끊임없이 이동하고 있다. 이는 단순히 개인의 이직을 넘어 국가 차원의 연구 역량이 고스란히 해외로 이전되는 구조적 문제다. 특히 최신 GPU 수만 대를 자유롭게 활용할 수 있는 연구 환경은 연구자들에게 연봉 이상의 가치를 지니는데, 국내 대학이나 기업 연구소 중 이러한 자원을 상시 제공할 수 있는 곳은 극소수에 불과하다.

더욱 심각한 것은 국내 교육 생태계 내부의 구조적 뒤틀림이다. 이공계 최상위권 인재들의 '의대 쏠림' 현상이 오랜 기간 지속 고착화되면서 AI와 반도체 분야로 유입돼야 할 핵심 동력이 원천적으로 차단되고 있으며, 이는 결국 국내 AI 산업의 허리 역할을 할 중간급 연구자층의 붕괴로 이어지고 있다. 매년 반복되는 의대 증원 이슈와 맞물려 우수한 인재들이 공학 대신 의학으로 진로를 수정하면서 장기적으로 기술 패권을 유지할 원천 연구 인력 풀 자체가 고갈되고 있는 실정이다.

미국 스탠퍼드대의 보고서에 따르면 한국의 AI 인재 순유입지수는 마이너스를 기록하며 경제협력개발기구(OECD) 최하위권에 머물러 있다. 이는 인도나 이

동원그룹 · 한국투자금융지주 창업자인 김재철 명예회장의 사재 출연으로 만들어진 'KAIST 김재철AI 대학원' 판교 연구동 투시도
출처: 동원그룹

스라엘과 유사한 양상으로, 국가적 투자로 힘들게 키워낸 S급 인재들이 정작 결실을 맺을 시기에는 미국과 유럽으로 떠나버리는 '인재 양성소' 역할에 그치고 있음을 방증한다.

힘들게 키워낸 인재의 결실이 국내 산업으로 돌아오지 않는 구조가 고착되면, 한국은 아무리 좋은 반도체와 통신망을 갖췄어도 이를 설계하고 혁신할 '두뇌'가 없는 기술 종속국으로 전락할 수 있다. 실리콘밸리뿐만 아니라 막대한 자본력을 앞세운 중동의 소버린 AI 펀드들까지 한국 인재 포섭에 열을 올리고 있다. 사우디아라비아와 아랍에미리트(UAE) 등은 국가적 차원의 AI 허브를 구축하기 위해 한국의 핵심 엔지니어들에게 파격적인 조건과 정착 지원을 제안하며 영입 경쟁의 새로운 주체로 등장했다. 국내 대기업들은 핵심 인력을 지키기 위해 방어적인 연봉 인상에 급급한 실정이다.

이는 산업 경쟁력 저하를 넘어 국가 연구 주권과 기술 자립성을 약화시킨다는 점에서 사안이 매우 엄중하다. 결국 한국이 독자적인 AI 모델을 개발하더라도 이를 유지 · 보수하고 다음 세대로 진화시킬 핵심 설계자들이 부재한다면, 우리는 글로벌 빅테크가 설계한 기술 로드맵의 하위 실행자로 전락하는 '디지털 식민지화'의 위협을 피할 수 없을 것이란 우려가 나온다. 이러한 인력 유출은 곧 기술 노하우의 유출과 직결되며 국내 스타트업들이 글로벌 기업으로 성장하기 위해 필요한 초기 기술 리더십 확보를 불가능하게 만든다.

두 번째 위협은 에너지 인프라의 한계, 즉 '전력 장벽'이다. AI 데이터센터는 막대한 전력을 소모하며 모델이 거대해질수록 전력 수요는 기하급수적으로 폭증한다. 그러나 현재 수도권을 중심으로 한 전력 공급 능력은 이미 포화 상태에 이르렀다.

데이터센터 한 곳의 전력 사용량이 중소도시 전체의 전력 수요와 맞먹는 수준으로 커지면서, 한전의 송배전망 확충 속도가 기업들의 수요를 따라잡지 못하는 병목 현상이 발생하고 있다. 송배전망 건설 지연과 지역 주민과의 갈등, 전력 수급 계획의 불확실성은 향후 AI 인프라 확장의 최대 걸림돌이다. 충분한 전력이 뒷받침되지 못해 기업들이 데이터센터를 짓지 못하거나 해외로 눈을 돌리는 시나리오는 한국 AI 산업의 지속가능성을 근본적으로 흔드는 현실적인 위협이다. 여기에 RE100 준수 요구가 강해지면서 탄소 배출이 적은 청정 에너지를 안정적으로 공급해야 하는 과제까지 더해져 에너지 문제는 단순히 비용 문제를 넘어 기업 경영의 생존 요건이 됐다. 에너지 인프라는 기술 경쟁 이전에 해결돼야 할 생존의 선결 조건이다.

세 번째 위협은 '플랫폼과 기술 종속'이다. 국내 기업들이 독자적인 AI 모델 구축에 고군분투하고 있으나, 이 경쟁에서 밀려나 독자 생태계 구축에 실패하면 장기적인 구조적 불리함에 놓이게 된다. 한국이 AI 기술을 주체적으로 통제하는 것이 아니라 글로벌 빅테크가 만든 기술의 통로(API)를 빌려 쓰는 'AI 소비국'에 그칠 위험이 크기 때문이다. 외산 모델에 대한 의존도가 높아질수록 국내 기업들은 매달 막대한 사용료를 지불해야 하는 'API 택스(API Tax)' 부담을 안게 되며, 이는 장기적으로 국내 소프트웨어 산업의 수익성을 저하시키는 요인이 된다.

API 택스란 외부 기업이 개발한 LLM

의 기능을 자사 서비스에 끌어다 쓰는 대가로 모델 공급사에 지불하는 기술 이용료를 의미한다. 이는 주로 사용자가 모델에 입력하거나 모델이 출력하는 텍스트 양인 '토큰(Token)' 단위로 과금되는데, 서비스를 운영하는 국내 응용 소프트웨어 기업 입장에서는 매출의 상당 부분이 원천 기술료로 고스란히 빠져나가는 구조를 형성하게 된다. 마치 플랫폼 입점 업체가 매출의 일정액을 수수료로 내는 것과 유사하지만, AI 분야에서는 이 비용이 매출 원가에서 차지하는 비중이 매우 높아 기업의 실질적인 이익률을 훼손한다는 점이 더욱 치명적이다. 이는 기술 방향과 가격 결정권을 외부에 넘겨주는 결과를 낳으며, 나아가 우리 기업과 국민의 데이터가 해외 플랫폼으로 흐르는 안보적 위협으로도 직결될 수 있다. 또한 특정 글로벌 기업이 모델 공급 중단이나 가격 정책 변경을 일방적으로 선언할 경우, 이에 의존하던 국내 산업 전체가 마비될 수 있는 구조적 취약성을 내포하고 있다.

독자 AI 파운데이션 모델 프로젝트 1차 발표회 포스터.
출처: 과학기술정통부

한국 AI 산업은 추상적인 구조나 지표만으로 설명되기 어렵다. 강점과 한계, 기회와 위협은 결국 기업들의 전략과 실행을 통해 구체적인 모습으로 드러난다. 반도체와 플랫폼, 서비스와 응용 영역에서 활동하는 기업들은 이러한 조건 속에서 각기 다른 선택을 해왔다. 어떤 기업은 인프라와 제조에 집중하고, 어떤 기업은 서비스와 플랫폼 확장에 방점을 찍으며, 또 다른 기업은 글로벌 협력에 의존하는 전략을 택하고 있다. 이러한 기업들의 각축전은 한국이 글로벌 AI 공급망에서 어떤 위치를 점할 것인지를 결정짓는 중요한 변곡점이 될 것이다. 이들의 행보는 한국 AI 산업이 어떤 방향으로 형성되고 있는지를 보여주는 중요한 단서가 된다. 이제 한국 AI를 이끌고 있는 주요 기업들의 행보를 살펴본다. 이들 기업은 반도체와 인프라, 플랫폼과 서비스, 차세대 AI 칩과 산업 응용을 대표하는 기업들이다.

① SK하이닉스

SK하이닉스는 세계 1위 HBM 반도체 기업이다. 챗GPT와 같은 거대 AI가 방대한 데이터를 빠르게 처리할 수 있는 배경에는 SK하이닉스의 HBM이 있다. SK하이닉스는 차세대 메모리 기술 개발과 생산 확대를 병행하며 AI 연산 인프라의 핵심 부품 공급자로서 역할을 강화하고 있다. 특히 HBM3, HBM3E, HBM4 등 고성능·고집적 제품을 가장 먼저 양산 단계에 올리며 주요 AI 가속기 업체들의 기술 로드맵을 선제적으로 뒷받침해왔다. 이는 단순한 공급 관계를 넘어 고객사의 차세대 칩 설계 과정에 깊이 관여하는 전략적 파트너로 자리 잡았음을 의미한다. 이 같은 흐름은 단기간의 성과라기보다 HBM 초기 단계부터 공정과 설계에 집중해온 장기적인 기술 축적의 결과다. 현재 SK하이닉스는 HBM 시장에서 선두권 점유율을 유지하며 AI 메모리 분야에서 글로벌 기준을 형성하는 기업으로 평가받고 있다.

② 삼성전자

삼성전자는 메모리와 시스템 반도체, 모바일 기기를 아우르는 종합 전자 기업으로, AI를 특정 제품이 아니라 전 사업 영역의 기본 작동 원리로 통합하려는 전략을 취하고 있다. 반도체 부문에서는 AI 연산에 필요한 HBM 메모리와 로직 칩을 공급하며 글로벌 인프라의 한 축을 담당하고 있다. 파운드리 분야에서 대만 TSMC와 격차는 존재하지만, 최첨단 공정을 실제 양산 단계에서 운영할 수 있는 소수 기업 중 하나라는 점에서 전략적 의미가 여전히 크다. 완제품 부문에서는 스마트폰과 가전을 통해 AI를 일상적 경험으로 확산시키는 역할을 맡고 있다. 특히 스마트폰, TV, 가전 등 대규모 글로벌 사용자 기반을 보유한 제품군에 AI 기능을 탑재함으로써 AI 기술이 특정 전문가나 기업 고객에 국한되지 않고 일반 소비자의 생활 속으로 스며들도록 하는 데 강점을 보인다.

③ 한미반도체

한미반도체는 반도체 장비 분야 강소기업으로 AI 반도체 시대에 숨은 연결 고리를 담당하고 있다. AI 칩은 보통 여러 개의 칩을 한 덩어리로 붙여 성능을 끌어올리는데, 한미반도체는 이 첨단 패키징 기술을 구현하는 장비를 만든다. 최근 이 회사는 GPU와 HBM 메모리를 하나로 묶는 '2.5D 빅다이 본더' 장비를 개발해 초대형 칩 패키지도 거뜬히 조립할 수 있게 했다. 이미 다수의 글로벌 기업에 해당 장비를 공급하며 AI 시대에 최적화된 패키징 해법의 선두 주자로 부상하고 있다. 한미반도체는 사내에 AI 연구본부를 신설해 반도체 장비에 AI 기반 자동화와 예측진단 기능을 탑재함으로써 경쟁력을 한층 높이고 있다.

④ 두산에너빌리티

두산에너빌리티는 발전 설비와 중공업 분야의 강자로, 제조 현장에 AI 바람을 일으키고 있다. 거대한 터빈이나 발전소를 만드는 작업에 AI 기반 품질 검사와 예지 정비 기술을 도입해 사람이 일일이 찾기 힘든 미세한 결함도 자동으로 잡아내고 사고를 미연에 방지하고 있다. 예를 들어 용접부를 3D 디지털 트윈으로 만들어 클릭 한 번으로 누가 언제 작업했는지 추적하고 품질을 확인하는 식이다. 두산은 이렇게 내부적으로 키운 AI 솔루션을 바탕으로 산업 AI 서비스 사업에도 뛰어들 청사진을 그리고 있다. 무거운 산업을 가볍게 만드는 디지털 혁신에 속도를 내고 있다.

⑤ 네이버

네이버는 한국 최대의 인터넷 플랫폼 기업으로, 자사 기술로 한국어 AI의 두뇌를 직접 키워낸 것이 가장 큰 강점이다. 초거대언어모델 '하이퍼클로바X'를 자체 개발해 서비스에 적용하고 있는데, 미국·중국 빅테크를 제외하면 이렇게 거대한 AI를 자체적으로 구축한 곳은 네이버뿐이라고 할 정도로 독자 노선을 걷고 있다.

네이버는 이 AI 두뇌를 수출하는 데도 나서고 있다. 2025년 사우디아라비아에서 현지 언어와 문화에 맞춘 '소버린 AI'를 구축하기 위해 국내 AI 팹리스 스타트업 리벨리온과 손잡고 중동 시장 공략에 나섰다. 현지 데이터센터를 세우고 아랍어 기반 초거대 AI를 만드는 이 프로젝트를 통해 한국형 AI 솔루션의 가능성을 보여주고 있다. 검색 · 번역부터 클라우드까지 다양한 서비스에 AI를 입혀온 네이버는 이제 세계 무대에서도 한국 AI의 존재감을 드러내고 있다.

⑥ LG

LG AI연구원은 LG그룹의 AI 두뇌 역할을 하는 연구 조직이다. 초거대 AI 개발과 실용화에 집중하고 있다. 2021년 발표한 멀티모달 AI '엑사원(EXAONE)'을 계속 발전시켜 3.5세대 모델까지 선보였고, 24억~320억개 파라미터에 이르는 여러 버전의 엑사원 3.5를 공개해 한국어와 영어를 자유롭게 다루는 생성형 AI 엔진으로 키웠다. 일부 경량 모델은 온디바이스 환경에서도 동작할 수 있도록 개량해 오픈소스로 배포함으로써 국내외 연구 생태계와의 협력을 도모하고 있다. 또한 LG AI연구원은 국내 첫 교육부 인가 사내 AI대학원을 설립해 재직자들이 석박사 학위를 취득하며 실전형 AI 전문성을 쌓을 수 있는 인재 양성 체계를 구축하고 있다. LG그룹의 전자, 화학, 헬스케어 등 계열사들은 이곳의 AI 기술을 활용해 제품 개발부터 신약 연구까지 혁신을 추구하고 있으며, LG AI연구원은 산업과 연구를 잇는 허브로 자리매김하고 있다.

⑦ 퓨리오사AI

퓨리오사AI는 신생 AI 반도체 설계 기업으로, 전력 효율이 뛰어난 AI 칩으로 주목받고 있다. 이 스타트업의 AI 가속기 칩 '레니게이드(RNGD)'는 LLM 추론 성능이 GPU 대비 W(와트)당 2.25배 높아 LG AI연구원이 채택할 정도로 기술력을 인정받고 있다. 2025년에는 1억2500만달러(약 1600억원) 규모의 투자를 유치하며 차세대 칩 양산을 가속화했고, 메타(Meta)가 인수를 검토한다는 소식까지 전해져 화제가 됐다. 퓨리오사AI는 AI 엔진의 심장을 새로 설계하겠다는 포부로 출발한 만큼, GPU 의존도를 낮출 수 있는 대안으로서 국내외에서 그 행보가 주목되고 있다.

⑧ 리벨리온

리벨리온은 토종 AI 반도체 팹리스 스타트업으로, 치열한 AI 칩 경쟁에서 몸집을 불리며 돌파구를 찾고 있다. 2024년 SK텔레콤 산하의 사피온을 전격 합병해 인력과 기술을 결집시켰고, 한국 스타트업 최초로 사우디아라비아의 아람코로부터 투자 유치에 성공하며 중동 시장 진출의 발판도 마련했다. 네이버클라우드와 함께 사우디의 자체 AI 인프라 구축 사업에 참여하는 등 글로벌 무대에서 K반도체의 존재감을 알리고 있고, 데이터센터용 AI 칩 '아톰(Atom)'을 앞세워 엔비디아 독점 생태계에 도전장을 내고 있다. 정부와 업계의 지원 속에 리벨리온은 국내 AI 반도체의 대표 주자로 성장하고 있다.

⑨ KT

KT는 통신사에서 디지털 플랫폼 기업으로 변신을 꾀하며 AI를 핵심 동력으로 삼고 있다. 조직을 AI 중심으로 재편해 'AI+ICT 컴퍼니'로 거듭나겠다는 목표를 세웠고 AI 사업 부문을 강화해 기업 고객 대상 AI 솔루션과 클라우드 서비스를 확대하고 있다. 가정용 미디어 서비스에도 AI를 접목해 새로 선보인 지니TV 셋톱박스4에는 온디바이스 AI 에이전트를 탑재했다. 이 장치는 TV의 음량·화질·밝기를 자동 조절해줄 뿐 아니라 거실의 AI 허브로서 음성 명령 한 번에 맞춤 정보를 검색한다. 이처럼 KT는 네트워크와 AI 기술을 융합해 통신망을 넘어 일상과 산업 현장에서 지능형 서비스를 제공하는 기업으로 도약하고 있다.

⑩ 카카오

카카오는 모바일 메신저와 포털 서비스를 아우르는 정보기술(IT) 기업으로, 생활 속 AI 대중화를 내세우고 있다. 방대한 이용자 데이터를 바탕으로 자체 AI 모델 '카나나(Kanana)' 패밀리를 개발해왔으며, 한국어 특화 언어모델부터 이미지·음성 생성 등 10종의 AI 모델을 선보였다. 카카오는 이러한 AI 기술을

젠슨 황 엔비디아 최고경영자(CEO)가 2025년 10월 서울 삼성역 인근 깐부치킨 매장에서 이재용 삼성전자 회장, 정의선 현대차그룹 회장과 치킨 회동을 했다.

카카오톡 등 서비스 전반에 접목해 일상을 더 편리하게 바꾸는 데 주력하고 있다. 실제로 맞춤 뉴스 브리핑이나 글쓰기 어시스트 같은 AI 기능이 도입돼 메신저가 개인 비서처럼 진화하고 있다. 경영진이 앞으로 10여 년을 AI 대중화의 시대로 만들겠다고 선언하는 등 그룹 전체가 AI 혁신에 집중 투자하고 있다

하드웨어 제국을 넘어 '시스템 AI 강국'으로

대한민국 AI 산업의 자화상은 하드웨어 제조 역량과 소프트웨어 생태계 구축이라는 과제가 얽혀 있는 구조다. 한국은 세계적인 메모리 반도체 생산 능력과 전력망 인프라를 갖춘 제조 강국이다. 이러한 위상은 글로벌 AI 산업에서 한국을

전략적 거점으로 바라보는 빅테크들의 시선에서도 확인된다. 2025년 엔비디아와 오픈AI의 최고경영자(CEO)가 잇따라 방한해 대규모 GPU 공급과 투자 협력을 논의한 것은 글로벌 AI 인프라 구축 과정에서 한국의 제조 역량이 필수적인 생존 보증 수표임을 증명한다.

하지만 하드웨어의 성과를 넘어 다음 단계를 설계해야 할 시점이다. 반도체 업황은 주기적으로 변동하지만, 한번 구축된 플랫폼과 생태계의 지배력은 장기적이기 때문이다. 인프라 공급에만 머문다면 글로벌 빅테크에 부품을 공급하는 구조적 한계에서 벗어나기 어렵다.

그 돌파구는 기술과 산업의 연결에 있다. 국산 AI 반도체(NPU)와 하이퍼클로바X 같은 국산 모델을 결합한 'K-AI 풀스택' 레퍼런스는 그 자체로 강력한 수출 경쟁력이 된다. 또한 제조, 조선, 배터리 등 한국이 보유한 세계적 산업 경쟁력에 '버티컬 AI'를 접목해야 한다. 이는 미국과 중국이 확보하기 어려운 실물 기반의 AI 데이터를 선점할 수 있는 기회다.

자동차, 철강, 정밀기계로 이어지는 제조 밸류체인에 이미 구축된 로봇과 자동화 설비는 생성형 AI가 물리 세계로 확장될 때 강력한 시험대이자 데이터 공급원이 된다. 디지털 데이터와 생산 설비, 제어 기술이 통합돼 있다는 점에서 한국은 소프트웨어 중심 국가들이 복제하기 어려운 '피지컬 AI'의 선점 지위를 갖추고 있다.

거대한 AI 파도 앞에서 대한민국은 중대한 기로에 서 있다. 부품 공급국에 머물 것인가, 아니면 통합된 시스템을 통해 새로운 시대를 주도할 것인가. 그 성패는 단절된 산업 생태계를 얼마나 신속하고 단단하게 결합하느냐에 달려 있다.

백서인 한양대 중국학과 교수는 "한국의 AI 경쟁력은 제조 · 통신 인프라 위에 부족한 '소프트 파워'를 어떻게 이식하느냐에 달려 있다"며 "반도체부터 서비스까지 한 나라에서 완결되는 AI 풀스택 테스트베드라는 한국만의 희소한 가치는 그 시스템을 운용할 인재과 전력, 규제 혁신 등이 뒷받침될 때 비로소 완성될 수 있다"고 말했다.

2장

AI 정책과 입법의 시간표

한국의 AI 정책:
IT 강국에서 AI 강국으로의 패러다임 전환

미·중 기술 패권 경쟁이 극에 달한 2026년 현재, 대한민국은 지난 수십 년간 쌓아온 'IT 강국'의 명성을 넘어 '인공지능(AI) 3대 강국(AI G3)'으로 도약해야 하는 절체절명의 과제 앞에 서 있다. 데이터가 새로운 원유가 되고, AI가 모든 산업과 제도의 엔진이 되는 4차 산업혁명의 파고 속에서 머뭇거림은 곧 도태를 의미한다. 이러한 위기의식은 단순한 구호를 넘어 이제 국가의 명운을 건 실존적 생존 전략으로 치환되고 있다. 특히 반도체 제조 역량과 초고속 통신망이라는 기존의 자산을 어떻게 AI라는 새로운 지능형 인프라와 결합할 것인지가 정책의 핵심 화두로 부상했다.

한국 정부의 AI 관련 논의는 2016년 '지능정보사회 중장기 종합대책'에서 이미 시작됐다. 그러나 AI를 국가의 최상위 어젠다로 올려놓고 'AI 강국'을 전면에 내세운 종합적 국가 마스터플랜은 2019년 문재인 정부의 'AI 국가전략'이 사실상 출발점이었다. 이후 윤석열 정부는 'AI G3'를 내걸고 인프라 구축과 민간 투자 촉진에 집중했고, 2025년 출범한 이재명 정부는 이를 계승·확장해 '디지털 대전환'과 'AI 기본사회'를 결합한 새로운 국가 모델을 제시하고 있다. 이처럼 정권 교체와 관계없이 AI 강국을 향한 일관된 정책 기조가 유지되고 있다는 점은 한국 AI 생태계의 예측 가능성을 높이는 중요한 동력이 되고 있다.

문재인 정부

문재인 정부(2017~2022년) 때는 한국 AI 국가전략이 태동하고 생태계의 기초가 마련된 시기였다. 2016년 알파고 쇼크 이후 전 세계가 AI에 주목했지만, 한국 정부의 대응은 초기에 다소 신중했다. 그 기조가 본격적으로 전환된 것은 2019년 12월이다. 문재인 정부는 'IT 강국을 넘어 AI 강국으로'라는 비전을 내걸고 범정부 차원의 'AI 국가전략'을 발표했다. 당시 발표된 전략은 기술 중심의 협소한 접근에서 벗어나 교육, 산업, 사회 전반을 아우르는 포괄적 접근을 택했다는 점에서 높은 평가를 받았다.

이 전략은 △세계 선도 AI 생태계 구축 △전 국민 AI 활용 기반 조성 △사람 중

삼성전자 평택 캠퍼스 전경 출처: 삼성전자

심의 신뢰받는 AI 구현이라는 3대 축 아래 9대 전략과 100대 과제를 제시했다. 그 가운데 특히 강조된 축이 바로 AI 반도체, AI 인재, 디지털 정부 등 세 갈래였다.

첫째, 정부는 한국이 강점을 가진 반도체를 AI 시대의 '기초 체력'으로 재정의했다. 메모리 강국에서 한 단계 더 나아가 AI 연산에 특화된 시스템 반도체와 신개념 반도체를 결합한 'AI 반도체 강국'을 만들겠다는 구상이었다. 정부는 2020~2029년 약 1조96억원을 투입하는 '차세대 지능형 반도체 기술개발 사업'을 가동해 서버 · 에지 · 모바일용 AI 칩과 관련 소프트웨어(SW) 생태계를 지원하기로 했다. 이후 2022년에는 메모리 내 연산(PIM) 반도체에 별도 연구개발(R&D) 예산을 붙이며 "메모리 최강국에서 AI 칩까지 이어지는 K반도체 벨트"를 만들겠다는 의지를 분명히 했다. 이러한 투자는 훗날 한국이 HBM 시장에서 독보적인 경쟁력을 확보하고, 사피온이나 퓨리오사AI 같은 토종 AI 반도체 스타트업들이 성장할 수 있는 든든한 자양분이 됐다.

둘째, 전 국민을 대상으로 한 AI 교육체계 구축이다. 문재인 정부는 SW · AI 교육을 정규 교육과정에 본격 편입해 2025년까지 모든 초중고에서 SW · AI 필수 교육이 이뤄지도록 로드맵을 제시했다. 교원 임용 및 연수 체계에도 SW · AI 관련 과목 이수를 확대하고, 대학과 연구기관에는 AI 특화 대학원 · 연구센터를 설립해 석박사급 고급 인재를 양성하는 데 힘을 쏟았다. 특히 2019년 5개교로 시작된 AI 대학원 지원 사업은 이후 AI 융합 혁신대학원 등으로 확대되며 고급 인재 부족 현상을 해소하는 핵심 창구가 됐다.

셋째, 공공 부문이 'AI 마중물'이 되도록 디지털 정부를 고도화했다. 이미 세계 최고 수준으로 평가받던 전자정부 시스템 위에 AI 기반 민원 분석, 복지 대상자 발굴, 교통 · 환경 예측 등 다양한 공공서비스를 얹는 실험이 진행됐다. 이는 국민이 체감하는 AI 서비스를 먼저 공공에서 경험하게 하고 그 과정에서 만들어진 데이터와 노하우가 민간으로 확산되는 선순환 구조를 노린 것이었다. 이 시기에 구축된 'AI 허브' 데이터세트는 민간 기업들이 AI 모델을 학습시키는 데 결정적인 기여를 하며 데이터 경제의 기틀을 마련했다.

문재인 정부는 이 전략을 통해 2030년까지 최대 455조원의 경제적 효과 달성과 삶의 질 지수 세계 10위권 진입을 목표로 제시하며 "AI 코리아"의 서막을 열었다. 무엇보다 중요한 성과는 한국이 뒤늦게나마 'AI를 국가 전략의 중심'에 놓는 데 성공했다는 점이다. 이 시기 마련된 인프라 · 예산 · 제도 프레임이 이후 정부들의 AI 정책을 떠받치는 기본 골격이 됐다.

윤석열 정부

윤석열 정부(2022~2025년)는 AI G3 도약을 위한 산업화와 인프라 대전환의 전기를 마련했다. 2022년 챗GPT의 등장으로 전 세계가 '생성형 AI' 혁명에 돌입하자 윤석열 정부는 보다 공격적인 AI 전략을 내놓기 시작했다. 2024년 5월에는 영국과 함께 AI 서울 정상회의(AI

Seoul Summit)를 공동 주최하며 '서울 선언'을 이끌어냈고, AI 안전 · 혁신 · 포용에 관한 국제 거버넌스 논의를 선도하는 국가로 자리매김했다. 이 회의를 통해 한국은 단순히 기술을 수입하는 나라가 아니라 글로벌 AI 규범을 제정하는 '룰 메이커'로서의 위상을 확보했다.

울산 SK AI 데이터센터 조감도. 출처: SK그룹

같은 해 9월, 대통령 직속 국가인공지능위원회(국가AI위원회)가 출범하고 제1차 회의에서 '국가 AI전략 정책방향'이 발표되면서 윤석열 정부의 AI 전략은 한층 구체적인 궤도에 올랐다. 이 전략의 비전은 분명했다. "AI 3대 강국(AI G3)으로 도약해 글로벌 AI 중추 국가가 된다." 윤석열 정부의 전략은 4대 플래그십 프로젝트로 정리된다.

우선 국가 AI 컴퓨팅 인프라 대폭 확충이 있다. 민관 합작투자 방식으로 최대 2조원 규모의 '국가 AI컴퓨팅센터'를 구축해 2030년까지 국내가 보유한 최신 GPU 규모를 현재의 15배 이상으로 확충하겠다는 계획을 내놓았다. 이 센터는 AI 전용 슈퍼컴퓨터와 데이터센터를 결합한 일종의 '국가 AI 발전소'로 설계됐으며 국산 신경망처리장치(NPU), PIM(Processing In Memory) 등 AI 반도체를 도입해 국내 하드웨어 · 소프트웨어 생태계를 함께 키우는 실증 허브로 기능하도록 설계됐다. 특히 광주광역시에 구축된 국가 AI 데이터센터는 국내외 기업들에 고성능 연산 자원을 제공하며 지역 균형 발전과 신산업 육성이라는 두 마리 토끼를 잡는 사례로 평가받았다.

둘째, 민간 AI 투자를 65조원어치 유도한다. 2024년부터 2027년까지 4년간 민간에서 총 65조원 규모의 AI 투자가 이뤄지도록 세제 혜택, 정책펀드, 저리 대출 등을 패키지로 제공하는 계획을 발표했다. AI를 조세특례제한법상 '국가전략기술'로 격상해 R&D와 인프라 투자에 대한 세액공제를 상향하는 등 "정부는 운동장을 깔고 민간이 뛰게 한다"는 철학이 뚜렷하게 드러났다. 이에 호응해 삼성, 네이버, SK, LG 등 국내 주요 대기업들은 수십조 원 단위의 AI 투자 계획을 연이어 발표하며 민관 협동 체제를 공고히 했다.

셋째, 국가 AX(AI 전환)를 전면화한다. 제조·금융·의료·물류 등 AI 도입 효과가 크지만 전환이 더딘 8대 산업을 중심으로, AI 도입률을 2030년까지 산업 전반 70%, 공공 95% 수준으로 끌어올리는 것을 목표로 했다. 2025년 2월 국가AI위원회 3차 회의에서는 '국가대표 AI팀'을 선발해 세계 최고 수준의 거대 언어모델(LLM)을 개발하는 월드 베스트 LLM 프로젝트와, 2026년 상반기까지 고성능 GPU 1만8000장을 확보하는 GPU 확충 방안이 의결됐다. 이 프로젝트는 소수 빅테크에 의존하지 않는 한국만의 소버린 AI 경쟁력을 확보하는 데 결정적인 역할을 했다.

넷째, AI 안전·안보 글로벌 리더십을 확보한다. 딥페이크, 가짜뉴스, 사이버 위협 등 고위험 AI에 대응하기 위해 AI 안전연구소(국가 전담기관) 설립을 추진하고, AI 서울 정상회의에서 채택된 '서울 선언'을 바탕으로 글로벌 AI 안전 규범 논의에서 선도적 역할을 자임했다.

윤석열 정부 시기의 AI 전략은 문재인 정부가 '기술·인재·공공 서비스' 중심으로 깔아놓은 뼈대를 '인프라와 민간 투자 중심의 대형 프로젝트'로 확대한 것으로 볼 수 있다. 국가가 직접 GPU와 데이터센터를 확보해 민간에 대여하고 국산 AI 반도체를 끼워넣어 산업을 키우는 모델은 이후 이재명 정부가 추진하는 'AI 고속도로' 정책의 선행 버전이기도 했다. 이러한 인프라 중심의 정책은 AI가 실제 산업 현장에서 실질적인 부가가치를 창출하도록 유도했다는 점에서 일부 성과를 거뒀다는 평가가 나온다.

이재명 정부

이재명 정부(2025년~)는 '디지털 대전환'과 'AI 기본사회'를 향한 AI 뉴딜을 꾀하고 있다. 이재명 정부는 전임 정부들의 AI 정책을 계승하면서도 그 방향성을 '국가 시스템의 근본적 개조'와 '분배 정의'라는 두 축으로 과감하게 확장했다.
이재명 대통령은 취임 직후 제1호 국정과제로 'AI 3대 강국 도약'과 '디지털 대전환'을 선포했다. 대통령직 인수위원회와 국정과제 해설서에서 제시된 비전은, AI를 단순한 기술 · 산업 정책이 아니라 새로운 사회계약과 복지 체계, 그리고 에너지 · 인프라 전반의 전환을 이끄는 '국가 대전환 엔진'으로 바라보는 것이었다. 이는 AI 기술의 혜택이 특정 기업에 집중되지 않고 공동체 전체로 흘러가게 하겠다는 강력한 의지의 표명이었다.
이재명 정부의 AI 전략은 크게 세 가지 키워드로 정리할 수 있다.
첫 번째 축은 인프라와 투자의 스케일이다. 이재명 정부는 후보 시절부터 제시했던 135조원 규모의 '디지털 대전환' 구상을 토대로, 이 중 약 100조원을 AI · 데이터 · 디지털 인프라 분야에 집중 투

AI가 비교적 대체하기 힘든 직군

구분	인간이 필수적인 이유	대표 직무 · 사례
복잡한 신체 기술	고난도, 정밀 수작업, 로봇 개발 속도 한계	외과 의사, 반도체 공정기술자, 고압 전기공사
데이터 빈곤, 장기 과업	비정형화 데이터 및 변수가 얽힌 장기적 통찰이 필요	대규모 인프라 프로젝트 PM
법적 책임 · 착임 소재	법률상 서명 · 책임 주체 필요	변호사, 감사인
높은 신뢰성 · 감리	AI 오류 · 환각 감시 · 검증	의료기기 심사관, 역사 · 학술 편집위원
인간적 접촉 · 감성	공감 · 신뢰 · 윤리적 판단 중시	보육교사, 심리 상담사, 예술가, 성직자
제도적 관성 · 이익 집단	규제 · 로비로 자동화 제한	(의협 · 변협 등) 전문 이익집단, 공공기관 직원

출처: 미래에셋증권 리서치센터

자하는 계획을 내놓았다. 윤석열 정부가 착수한 국가 AI컴퓨팅센터 구상을 승계해 2025년 1월에는 민관 합작 특수목적 법인(SPC) 형태의 국가 AI컴퓨팅센터 구축 실행계획이 확정됐고, 총 사업비는 민관 · 정책금융을 합쳐 2조원 이상으로 확대됐다. 2028년까지 첨단 GPU 1만 5000장 이상을 확보하고, 2030년까지는 증설을 통해 5만장 이상, 나아가 20만장 수준까지 확대한다는 목표가 제시됐다. 이러한 공격적인 GPU 수급 정책은 글로벌 공급망 위기 속에서도 국내 기업들이 연구개발을 멈추지 않도록 하는 안전핀 역할을 했다.

이를 뒷받침하기 위해 2025년 가을에는 과학기술정보통신부 장관을 부총리급으로 격상한 '과학기술부총리(부총리 겸 과기정통부 장관)' 체제가 17년 만에 부활했다. 새로운 과학기술부총리는 GPU · 데이터센터 · 송전망을 하나의 패키지로 설계하는 이른바 'AI · 에너지 고속도로' 프로젝트를 총괄하며 AI 인프라를 도로 · 철도에 버금가는 차세대 국가 사회간접자본(SOC)으로 규정했다.

이 과정에서 2025년 10월, 엔비디아와의 협력을 통해 최신 GPU 26만장 공급계약을 확보하고, 이 중 공공 부문에 약 5만장을 배정해 국가 AI컴퓨팅센터와 독자 파운데이션 모델 개발에 투입하기로 한 결정은 상징적이다. 한국이 더 이상 'GPU가 없어서 못하는 나라'가 아니라 글로벌 GPU 공급망에서 핵심 고객이자 파트너로 부상했다는 신호이기도 하다.

두 번째 축이자 이재명 정부 AI 전략의 가장 독보적인 차별점은 'AI 기본사회'라는 개념이다. 국정과제에서 'AI 3대 강국 도약'과 나란히 '국민의 안전과 보편적 삶의 질 제고를 위한 AI 기본사회 실현'이 핵심 축으로 배치돼 있다. AI 기본사회는 단순히 AI를 많이 쓰자는 구호가 아니다. AI · 로봇이 노동과 생산성을 대체하는 시대에 '기술의 과실을 국민 모두가 나눠 갖는 새로운 사회계약'을 국가가 책임지고 설계하겠다는 선언에 가깝다. 이 개념의 뿌리는 이재명 대통령이 성남시장 · 경기도지사 시절 추진했던 기본소득 실험과 '데이터 배당' 정책에 있다. 경기도는 이미 2020년, 지역화폐 이용 데이터를 활용해 발생한 수익을 주민에게 돌려주는 '데이터 배당'을 세계 최초로 시행하며 데이터 주권의 선순환 모델을 시험한 바 있다.

현 정부는 이 실험을 전국 단위로 확장하고 있다. 국민이 생산한 데이터를 AI 학습 · 서비스에 활용해 기업이 막대한 수익을 거둘 경우 그 이익의 일부를 '데이터 배당'이라는 형태로 국민에게 환원하는 제도를 법제화하고, 장기적으로는 AI 생산성 향상에서 나오는 초과 이익을 재원으로 한 'AI 기본소득'을 단계적으로 설계하고 있다. 이는 일자리 소멸에 대한 국민적 불안감을 해소하고 AI 시대의 새로운 분배 모델을 선제적으로 제시하려는 시도로, 전 세계 학계와 정책 입안자들의 주목을 받고 있다.

이러한 정책은 주요 20개국(G20), 아시아태평양경제협력체(APEC) 등 다자 정상회의에서 한국이 제안한 "모두를 위한 AI (AI For All)" 비전과 연결된다. AI로 인해 사라지는 일자리와 늘어나는 일자리가 동시에 존재하는 전환기에서 정부가 적극적으로 데이터 · 에너지 · AI 인프라를 깔고 그 과실을 국민과 공유하는 'AI 뉴딜형 복지국가' 실험이 시작된 것이다. 한국은 이를 통해 기술 발전과 사회적 통합이 충돌하지 않는 '디지털 포용 성장의 표준 모델'을 전 세계에 전파하고 있다.

세 번째 축은 제도와 거버넌스다. 이재명 정부는 AI를 "민간이 주도하되 국가는 인프라와 규칙, 안전망을 책임지는 공공 플랫폼"으로 규정했다. 인재 측면에서는 문재인 · 윤석열 정부 때부터 이어져온 100만 디지털 인재 양성 계획을 재정비해 초중고 SW · AI 교육 시간을 대폭 확대하는 한편, 대학의 비학위 · 단기 과정을 통해 재직자 · 비전공자까지 포괄하는 평생 AI 교육 생태계를 구축하고 있다. 지방소멸 위기를 완화하기 위해 권역별 거점대학과 연계한 지역 특화 AI 센터를 설립해 '서울에 가지 않아도 최첨단 AI를 배우고 창업할 수 있는 분권형 모델'을 지향한다. 특히 지역 거점대학 내에 최고 사양의 컴퓨팅 자원을 보급해 지역 인재 유출을 막는 'AI 인재 안착 제도'를 가동하고 있다.

이재명 정부는 2025년 12월 대통령 직속 국가인공지능전략위원회 출범 100일 기자간담회에서 '대한민국 인공지능 행동계획'을 공개했다.

행동계획은 '비전'이 아니라 '실행'에 초점을 맞춘다고 명시했다. 각 부처가 수행해야 할 과제를 번호로 제시하고, 다수 과제에는 시한을 함께 뒀다. 위원회는 부처 간 협력을 끌어내기 위한 방식으로 '특정 사안을 일정 시한 안에 협의하도록 요구하는' 이른바 '깔때기 전략'형 과제를 많이 배치했다고 설명했다.

계획의 큰 흐름은 세 갈래로 정리된다. 첫째, AI 혁신 생태계를 조성한다. 첨단 GPU와 국산 AI 반도체를 토대로 대규모·강소형 데이터센터를 균형 있게 확충한다. 민간 화이트해커를 활용한 선제적·상시 보안점검 체계를 도입해 보안 대응을 '사후 대처'에서 '사전 예방' 중심으로 전환한다. AI·데이터 거버넌스를 정립해 컴퓨팅·데이터·보안을 완비한 'AI 고속도로'를 구축하겠다는 구상도 포함됐다.

차세대 기술 선점을 위해서는 2030년 '피지컬 AI 1위 달성'을 목표로 핵심 기술과 데이터 확보를 제시한다. 동시에 AI가 과학적 발견을 가속화하는 선순환 체계를 갖추겠다고 밝혔다. 인재 측면에서는 초중고 연속형 AI 필수 교육체계를 구축하고, 여러 부처에 흩어진 AI 인재 양성 사업을 상호 연계·효율화하는 방안을 마련해 AI 핵심인재 확보'를 추진한다.

규제·제도 정비도 명시됐다. AI 학습에 필요한 원본 개인정보와 저작물 활용이 권리 침해나 법적 불확실성 없이 '안전하고 자유롭게' 이뤄질 수 있도록 관련 법제를 정비해나간다는 내용이다. 정부는 2025년 하반기 저작권법 개정안을 통해 AI 학습용 데이터 이용에 대한 보상 기준과 면책 범위를 명확히 함으로써 업계의 법적 불안을 상당 부분 해소하겠다는 목표다.

둘째, 범국가 AI 기반 대전환을 추진한다. 2030년 제조 경쟁력 세계 최상위권 진입을 목표로 전략 수립을 추진하며 강점 분야의 AX를 가속화한다. 이를 바탕으로 AI 전주기 역량을 강화해 'AI 풀스택 수출'을 확대하겠다고 했다. 문화 분야에서는 AI 기반 K문화콘텐츠 창작·제작 생태계를 활성화해 'AI 기반 문화강국'을 달성한다는 방향을 담았다. 국방 분야는 '국방 AI데이터센터 구축 등을 통해 국방 AX를 가속화하고, '장병과 AI가 서로 협업하는 AI 기반 국방강국' 구현을 제시했다. 2025년 말, 한국군 최전방 경계 시스템에 AI 자동 식별 기술이 전면 도입돼 감시 사각지대를 획기적으로 줄이는 성과를 거뒀다.

공공 전환 과제도 구체적으로 적시됐다. 'AI-네이티브 정부 업무관리 플랫폼'으로 칸막이 행정을 해소하고 판결문 데이터 같은 유용한 데이터의 개방 방안을 마련한다. 민간 플랫폼과 연계한 AI 기반 통합 민원 플랫폼으로 대국민 서비스를 혁신한다는 내용도 포함됐다. 아울러 민간 역량을 활용해 공공 시스템을 효율적이고 복원력 있게 재설계하고 이를 운영할 통합적 · 전문적 거버넌스 구축 방안을 마련하겠다고 밝혔다.

지역 전략은 'K-AI 특화 시범도시'를 단계적으로 조성하고 AI 활용을 매개로 '5극 3특 지역별 성장엔진'의 혁신을 촉발한다는 방향으로 제시됐다.

셋째, 글로벌 AI 기본사회 기여를 목표로 한다. 노동, 복지, 교육, 기본의료 등을 포함한 'AI 기본사회 추진계획'을 수립하고 2025년 11월 APEC AI 이니셔티브를 출발점으로 AI 기본사회를 전략적으로 세계에 확산하겠다고 밝혔다. AI 경제 · 안전 생태계를 선도하는 국가로 발돋움하기 위한 계획 수립도 포함됐다.

이재명 정부는 2026년 2월 국무회의에서 '대한민국 인공지능 행동계획' 수립 추진 현황을 보고했다. 위원회 출범 이후 3개월간 100여 차례의 분과 · 태스크포스(TF) 회의와 20일간의 대국민 의견 수렴을 거쳐 다듬은 결과다. 이번 보고에서는 99개 실행 과제와 326개 정책 권고를 확정했다.

보완된 주요 과제로는, 저작권 단체와 시민사회 의견을 반영해 거래 시장 유무에 따른 차등적 저작물 활용 방안을 마련했다. 음악 · 도서처럼 이미 시장에서 거래되는 저작물은 거래를 적극 지원한다. 반면 온라인 게시물처럼 별도 판매 시장이 없는 데이터는 AI가 우선 학습에 활용하되 사후 보상 체계를 도입한다. 창작자 권리 보호와 기술 발전을 병행하겠다는 구상이다.

이와 함께 2026년 3분기까지 사회복지 관련 법을 개정해 '탈신청주의'를 제도화한다. AI를 활용해 신청이 없어도 국민이 복지 혜택을 받을 수 있도록 하겠다는 것이다. 행정 접근성 격차를 줄이고 사각지대를 최소화할 전망이다.

국방 분야에서는 AI 기술 발전 주기(3~6개월)에 맞춘 획득 체계를 도입한다. 기존 무기 체계가 획득까지 10년 이상 걸리던 것과 달리, AI 소프트웨어와 알고리즘은 수개월 단위로 시험 · 도입 · 개선이 가능하도록 제도를 설계한다.

이재명 정부는 보고에서 총 20건의 법률 개정 과제와 부처별 이행 시한을 구체적으로 명시했다. 단순한 방향 제시에 그치지 않고 분기 단위 일정과 책임 주체를 함께 설정해 집행력을 제도적으로 담보하겠다는 취지다.

'안보 우선'
미국 대비 한국의 규제형 입법

2025년 중국의 딥시크(DeepSeek) 사태 이후 미국의 인공지능(AI) 입법 지형은 완전히 달라졌다. 중국산 모델이 해외 사용자 데이터를 중국 서버로 전송했다는 의혹이 제기되면서 AI는 더 이상 기술 혁신의 영역이 아니라 직접적인 국가안보 사안으로 떠올랐다. 미국 정계에서는 AI 모델을 '기술적 소프트웨어'가 아닌 '전략적 무기'로 취급해야 한다는 초당적 합의가 형성됐다.

미국은 2021~2024년 조 바이든 행정부 시기까지 AI를 규제 대상으로 인식했다. 대표 사례가 2023년 10월 발표된 행정명령 14110호(안전하고 신뢰할 수 있는 AI)다. 이 명령은 초거대 AI 모델을 고위험으로 간주하고 개발사에 사전 안전성 평가와 연방정부 보고 의무를 부과했다. 2022년 백악관 과학기술정책실(OSTP)은 'AI 권리장전'을 발표해 안전성, 알고리즘 차별 금지, 데이터 프라이버시, 설명 요구권, 인간 개입권 등 5대 원칙을 연방기관의 AI 가이드라인으로 제시했다. 당시의 미국 정책은 시민의 권익 보호와 알고리즘의 공정성에 초점이 맞춰져 있었다.

그러나 딥시크 사태 이후 흐름은 급변했다. 2025년 출범한 도널드 트럼프 2기 행정부는 바이든 시대의 장치를 정면으로 해체하기 시작했다. 대표적 변화가 행정명령 14110호 폐기 지시와 이를 대체한 행정명령 14179호(미국의 AI 리더십을 가로막는 장벽 제거) 발표다. 여

2026년 2월 25일 오전 서울스퀘어에서 국가인공지능전략위원회 제2차 전체회의가 개회 되고 있다. 출처: 과기정통부

기에는 고연산량 초거대 모델의 사전 보고 의무 철폐, 연방 차원의 안전성 규범 재검토, AI 개발을 지연시키는 환경 · 노동 규정 완화 등이 포함됐다. 이는 적대국보다 한발 앞서 강력한 모델을 확보하는 것이 최고의 안보라는 '기술적 우위 전략'으로의 회귀를 의미한다.

2025년 6월 미국 의회는 중국, 러시아, 이란 등 적대국의 AI 모델을 연방 · 국가 인프라에서 배제하는 '적대적 AI 차단법'을 발의했다. 미국의 입법 체계가 2025년을 기점으로 안전 규제 중심에서 국가 안보 · 속도 중심 체계로 전환된 셈이다. 미국은 이제 기술적 결함보다 기술의 '국적'과 '공급망의 신뢰도'를 더 중요한 규제 잣대로 활용하고 있다.

이와 비교하면 한국의 '인공지능 발전과 신뢰 기반 조성 등에 관한 기본법'(인공지능기본법)과 하위법령안은 여전히 바이든 시대의 미국을 모델로 삼고 있다.

한국 법안의 핵심 뼈대는 고영향 AI 지정(제2조 제4호), 고연산량 초거대 AI 모델의 안전성 확보 의무(제32조), 위험 관리·문서화·긴급중단 체계(제34조), 생성형 콘텐츠 표시 의무(제31조) 등이다. 이 구조는 바이든 행정부의 행정명령 14110호와 거의 동일한 설계다. 미국이 2023~2024년에 만들었던 안전 규제 프레임을 한국이 2025년에 성실하게 옮겨온 형태라는 평가가 나온다.

특히 고영향 AI의 범위가 매우 넓다. 제2조 제4호는 에너지, 먹는 물 생산, 의료, 원자력, 생체인식 기반 범죄수사, 채용·대출 평가, 교통 운영, 공공서비스 결정, 학생 평가 등 국민 생활 전반을 포괄한다. 여기에 대통령령으로 확장 가능하다는 조항까지 있다. 사업자는 제33조에 따라 '우리 모델이 고영향인지'를 스스로 검토해야 하며 불확실하면 정부에 확인을 요청해야 한다. 이 구조는 안전성 확보에 유리하지만, 기업 입장에선 제품 설계 단계에서부터 규제 리스크를 떠안게 된다. 대규모 모델을 개발할 여력이 부족한 스타트업들에는 이러한 사전 검토 의무 자체가 시장 진입 장벽으로 작용할 수 있다는 우려가 크다.

안전성 확보 의무도 구체적이다. 제32조는 학습에 사용된 누적 연산량이 대통령령 기준 이상이면 △수명주기 전체 위험 평가 △위험 완화 △모니터링 체계 구축 △정부 제출 의무를 규정하고 있다. 이 대통령령 기준이 현재 10의 26승 플롭스(FLOPS)로 알려져 있는데, 이는 바이든 행정명령 14110호에서 제시된 바로 그 수치다. 미국이 이미 폐기한 기준을 한국이 그대로 유지하는 것이다. 심지어 미국은 연산량이라는 기술적 수치로 규제 대상을 확정하는 방식이 AI 모델의 최적화 속도를 따라잡지 못한다는 판단하에 이를 철회했으나, 한국은 여전히 이 고정된 수치에 매몰돼 있다는 지적이 나온다.

제34조는 고영향 AI 제공자가 △위험관리 방안 수립 △설명 가능성 확보 △문서화 및 보관 △긴급 중단 등 사람의 관리·감독 체계를 갖추도록 규정한다. 제31조는 생성형 콘텐츠 표시를 의무화했다. 이로써 기업의 행정·기술적 부담은 미국보다 훨씬 커졌다. 특히 워터마킹 등 생성형 콘텐츠 표시 기술의 표준화가

완벽하지 않은 상태에서 법적 의무만 부여할 경우 기술적 오류로 인한 기업의 법적 책임이 가중될 수 있다.

이런 기준이 미국에서는 이미 효력을 상실했다는 점도 문제다. 트럼프 행정부가 14110호를 폐기하면서 미국은 연산량 기준 규제의 실효성을 재검토하며 기존 의무의 적용 범위를 조정하고 있다. 연방정부가 민간 개발사에 요구할 수 있는 규범적 장치가 크게 축소되면서 미국 AI 기업은 규제 없이 속도를 높일 수 있는 구조로 전환됐다. 반면 한국은 같은 기준을 유지하고 있어 글로벌 기업과 국내 기업 사이에 규제 비대칭이 발생할 가능성이 커졌다. 이는 한국 모델이 글로벌 시장에서 속도 경쟁을 벌일 때 발목을 잡는 역차별 요소가 될 수 있다.

또 하나의 차이는 데이터 안보 영역이다. 미국은 2024년 4월 제정된 '외국 적대세력으로부터 미국인의 데이터 보호법(PADFA)'을 통해 자국민의 민감정보가 외국에 넘어가는 것을 원천 차단했다. 트럼프 2기 들어서는 중국산 모델을 공공부문에서 이용할 수 없도록 하는 법안까지 등장했다. 이들은 공통적으로 AI의 위험이 기술적 결함보다 외국의 정보 침투에 있다는 판단에 기초한다. 미국은 AI를 매개로 한 정보 탈취를 '기술적 오류'가 아닌 '적대적 행위'로 규정하고 강력히 대처하고 있다.

반면 한국 법에는 국가 데이터가 해외 서버로 이전되는 것을 통제하는 조항이 사실상 없다. 제4조 제2항이 '국방 · 국가안보 목적 AI는 예외'라고만 규정할 뿐 민간의 전략 데이터나 공공 데이터 해외 이전을 통제하는 안전장치는 존재하지 않는다. 개인정보보호법이 데이터 이전을 규제하지만, 국가전략 데이터와 산업 데이터 유출을 막기에는 충분하지 않다는 지적이 나온다.

물론 한국 법안의 장점도 분명하다. 고영향 AI 분류 체계가 매우 구체적이라 사업자가 스스로 위험을 판단하는 데 도움이 된다. 제33조의 '사전 확인 제도'는 사업자가 고영향 여부를 정부에 미리 확인받을 수 있게 해 예측 가능성을 높인다. 제24조의 실증 기반 조성, 제23조의 집적단지 조성, 제18조의 창업 활성화 등 산업 진흥 조항도 체계적으로 포함돼 있다. 샌드박스 · 임시허가도 적용

제미나이로 생성한 AI 이미지 AI 생성

가능해 신기술 실증을 지원한다.

미국과 입법 방향이 갈린 지금, 한국 법안은 과거 미국식 규제 모델을 충실히 수용하고 있다는 약점이 뚜렷하다. 미국은 안전 규제를 걷어내고 안보 중심으로 이동했지만, 한국은 안전 규제를 강화한 채 안보 조항은 확보하지 못했다. 그 결과 한국 기업은 의무에 묶이고, 정작 딥시크 사태가 보여준 국가안보 리스크에는 취약한 구조가 만들어졌다.

AI가 기술 주도권을 좌우하는 현재, 한국의 입법 방향도 현실에 맞춰 조정해야 한다는 지적이 나온다. 적대국 모델 차단, 데이터 국외 이전 통제 같은 안보 조항 신설, 국내 기업의 규제 부담을 조절하는 상호주의적 적용 등이 필요하다.

미국이 규제를 완화했다고 한국이 그 방향을 따라야 한다는 의미가 아니라 한국만 규제를 과도하게 유지하는 상황을 피해야 한다는 것이다.

미국이 입법 방향을 전면 수정한 지금, 한국 인공지능기본법은 이전 시대 미국의 설계도에서 벗어나 AI 3강으로 도약하기 위한 새로운 균형점을 찾아야 할 때다. 진정한 AI 강국은 강력한 기술뿐만 아니라 그 기술을 보호하고 올바르게 통제할 수 있는 독자적인 법률적 주권 위에서 완성되기 때문이다.

예방규제 강조한 EU 대비 문턱 낮춘 한국

2025년은 전 세계 AI 규제 역사에서 분기점으로 기록될 해다. 2025년 8월 유럽연합(EU)의 '인공지능법'이 본격적으로 발효되면서 글로벌 시장에 새로운 규제 표준이 등장했다. 한국 역시 2025년 '인공지능기본법'을 제정해 2026년부터 시행에 들어갔다. 두 법안은 모두 AI의 잠재적 위험을 통제하고 신뢰성을 확보한다는 점에서 목표를 공유하지만, 이를 달성하기 위한 철학과 접근 방식에서는 확연한 차이를 보인다.

EU의 법은 기본권 보호와 제품 안전을 최우선에 둔 예방적 규제고, 한국의 법은 발전과 신뢰의 균형을 지향하는 진흥법적 성격의 기본법이다. 한국의 AI 관련 법은 규제 철폐 수준인 미국보다는 높지만, EU보다는 낮은 문턱으로 이뤄져 있다. 이른바 '미들웨이(Middle-way)' 전략을 통해 혁신과 안전이라는 두 마리 토끼를 잡겠다는 한국식 절충안이라 할 수 있다.

EU는 AI를 사회적 · 기술적 위험 요소로 인식하며 광범위한 금지 조항과 사전 인증 체계를 마련했다. 안전성을 증명해야만 시장 진입이 가능하도록 설계한 것이다. AI의 기술적 성능보다 기본권 침해 가능성이 규제의 중심 기준이다. 위험은 허용 불가, 고위험, 제한적, 최소 등 네 단계로 구분되며 기업은 시장에 진입하기 위해 고위험 AI에 대한 복잡한 적합성 평가를 통과해야 한다. 특히 EU는 규제 위반 시 부과되는 막대한 과징금을 통해 전 세계 기업들이 스스로 EU의 표준을 따르게 만드는 '브뤼셀 효과'를 극대화하고 있다.

반면 한국의 인공지능기본법은 AI를 육성해야 할 기술이자 관리해야 할 기술로 동시에 규정한다. 법의 목적 조항은 국민 삶의 질 향상과 국가경쟁력 강화를 신뢰 기반 조성과 함께 추진한다고 명시하며, 산업 육성 조항과 규제 조항이 병렬적으로 배치돼 있다. 한국은 사전 인증보다는 기업의 자율적 조치와 사후적 시정 명령을 중심으로 관리하는, 선허용 후규제 원칙을 적용했다. EU의 고위험 개념을 그대로 가져오지 않고 고영향 AI라는 독자적 개념을 사용한 것도 특징이다. 위험성뿐 아니라 사회적 파급력까지 고려하는 한국식 분류 체계다. 이는 규제가 혁신의 발목을 잡는 '데스 밸리'를 만들지 않겠다는 정부의 의지가 반영된 결과물이다.

이러한 철학적 차이는 금지된 AI를 다루는 방식에서 극명하게 드러난다. EU는 기본권 침해 가능성이 큰 AI 관행을 명확하게 나열해 원천적으로 금지한다. 무차별적 생체정보 수집, 실시간 공공장소 안면인식, 사회적 평점, 감정 인식 등 8개 분야가 이에 해당한다. 한국은 반대로 법률에 금지된 AI를 명시하지 않았다. AI에서는 가능한 한 네거티브 규제를 유지하려는 의도가 반영된 것이다. 따라서 EU에서 원천 금지되는 분야가 한국에서는 고영향 AI로 분류돼 안전성 확보 조치만 이행하면 사용할 수도 있다. 범죄 수사를 위한 생체인식정보 분석이 대표적이다. 이는 국내 개발 기업에는 시장 진입 기회가 되는 한편, 글로벌 진출 시 EU 규제 장벽을 넘어야 한다는 부담도 함께 가져온다.

초거대 AI 규제에서도 한국과 EU의 입법은 뚜렷하게 갈라진다. EU는 10의 25승 플롭스 이상을 사용해 학습한 범용 AI(GPAI)를 '시스템적 위험 모델'로 간주하고 평가·사고 보고 등 강력한 의무를 부과한다. GPT-4 같은 최첨단 모델이 모두 포함되는 기준이다. 한국은 이 기준을 10배 올린 10의 26승 플롭스로 설정했다.

현재 국내 기업들이 개발한 모델의 대부분은 10의 25승 플롭스대에 머물러 있어 한국의 기준이라면 규제 대상에 포함되지 않는다. 이는 국내 기업에 과도한 규제 부담을 지우지 않고 성장할 시간을 주려는 산업 보호적 판단으로 해석된다. 의무 역시 위험관리 방안 마련과 결과 보고가 중심이어서 EU의 강도 높은 기술 문서 제출과 사고 보고 의무보다는 부담이 작다.

산업 진흥 조항은 한국 법안만의 강점이다. AI 집적단지 조성, 데이터센터 인프라 지원, 세제 및 금융 지원, AI 바우처, 중소기업 기술 도입 가속화, 협회 설립 등 구체적 육성책이 법률 본문에 담겨 있다. EU가 규제 샌드박스를 통해 최소한의 지원만 제공하는 것과 대조적이다. 이는 한국이 AI를 국가전략산업으로 육성하겠다는 확고한 의지의 반영으로 분석된다.

거버넌스 체계에서도 차이가 있다. 한국은 대통령 직속 국가인공지능위원회를 설치해 장관급 위상으로 정책을 총괄하도록 했고, 인공지능안전연구소를 연구·지원 중심의 허브로 구성했다. 반면 EU AI 오피스는 규제 집행 기관으로서 위반 조사와 과징금 부과 권한을 가진다.

제재 수준의 차이는 더욱 극적이다. EU는 금지된 AI를 사용할 경우 최대 3500만유로(약 600억원) 또는 매출의 7%라는 징벌적 과징금을 부과한다. 고위험 AI 의무 위반 역시 최대 1500만유로(약 260억원)에 달한다. 한국의 과태료는 대부분 3000만원 이하로 제한된다. 시정명령 중심의 구조로 글로벌 기업에 대해서는 억제력이 약하다는 지적이 뒤따르지만, 혁신 저해를 우려하는 산업계의 요구를 반영한 결과이기도 하다.

이처럼 한국의 인공지능기본법은 EU 규제 프레임을 참고하되 산업 성장과 혁신을 저해하지 않도록 재설계한 모델로 평가된다. 규제 강도는 EU보다 중간 수준이며, '고영향 AI' 중심으로 선택적 규제를 적용하고 금지 조항은 두지 않았다. 연산량 기준을 높게 설정해 국내 기업을 보호하면서도, 투명성과 안전성은 확보하려는 절충적 접근이다.

하지만 이러한 유연성이 EU 시장 진출을 전제로 할 때는 장점이자 위험이 될 수 있다. 국내에서 합법이라고 해서 EU에서도 허용되는 것은 아니다. 한국 기업들은 국내에서는 빠르게 혁신을 추진하되, 글로벌 출시 모델에 대해서는 EU 수준의 안전 기준을 선제적으로 반영하는 이중 전략이 요구된다.

5부

액션플랜: AI 네이티브 코리아의 길

AI 네이티브 국가를 향한 청사진

ACTION I : Diffusion	ACTION II : Exception	ACTION III : Foundation	ACTION X : AI Nation
전 국민 AI 일상화	**혁신의 자유지대**	**지속 가능한 토대**	**거버넌스 혁신**
• 전국민 AI 네이티브 카드 • 사각지대 해소 '인공지능사' • AX 보상 시스템	• 피지컬 AI 규제프리존 • 고용의 자유 지대 • K-유니콘 우선 패키지	• GPU 성과구독제 • AI-에너지-지역 상생 클러스터 • 전과목 교육 AX	• AI 국무위원 및 이사회 • 코리아 AGI 구축

AI 생성

매일경제신문 국민보고대회 태스크포스(TF) 팀은 기술을 직접 개발하는 엔지니어나 연구하는 교수가 아니다. 현장을 발로 뛰며 사회 전반의 갈등과 변화를 기록해온 기자들로 구성돼 있다. 기술적 정교함이 부족할 수 있다는 시선에도 우리가 설계한 액션플랜이 유효한 것은 기술의 내부 사양보다는 기술이 사회와 충돌하며 만들어내는 외연에 주목했기 때문이다. 기자는 기술의 성능을 평가하기보다 기술이 인간의 삶을 어떻게 바꾸고 누가 소외되는지, 그리고 그 변화를 대중이 어떻게 받아들일지에 대한 사회적 수용성을 먼저 고민한다.

정책 설계에서 내러티브가 중요한 이유는 정책이 법과 제도의 나열을 넘어 국민의 일상을 관통하는 하나의 유기적인 이야기로 연결돼야 하기 때문이다. 대중의 공감을 얻지 못한 정책은 추진 동력을 잃기 쉽다. 기자들이 제시한 10대 액션플랜은 기술을 사회적 서사로 치환해 설명하려는 시도다.

예를 들어 '전 국민 AI 네이티브 카드'는 기술 도입의 진입장벽을 낮춰 누구나 혁신의 주인공이 될 수 있다는 도입부의 이야기를 만든다. '피지컬 AI 상시 규제프리존'은 실험의 자유를 통해 현실의 장벽을 돌파하는 전환점을 제시하며, 'AI-에너지-지역 상생 클러스터'는 데이터센터와 지역 산업을 연결해 기술이 어떻게 지역 소멸 문제를 해결하고 상생의 토양을 만드는지 그 구체적인 배경을 묘사한다. 최종적인 'AI 국무위원' 배석은 AI가 단순한 도구를 넘어 국가 의사결정의 핵심 파트너로 격상되는 서사의 완성을 의미한다.

이 10가지 과제는 기술적 완벽함보다는 정책 간의 유기적인 연결과 흐름을 만드는 데 주력한다.

AI 네이티브 코리아라는 목표는 단순히 기술 도입률을 높이는 지표의 싸움이 아니다. 그것은 국민 개개인이 변화를 두려워하지 않고 혁신이라는 거대한 흐름에 동참하게 만드는 설득력 있는 서사를 제안하는 과정이다. 기자들의 시선으로 담아낸 이 설계도는 깊이 있는 전문 지식보다 공동체 전체가 공감할 수 있는 미래 청사진을 제시하는 데 그 목적이 있다. 이제부터 AI 확산(Diffusicn), 특례(Exception), 기반(Foundation), 그리고 국가운영(Nation)이라는 4개 카테고리, 총 10개의 액션플랜을 하나씩 설명한다.

확산1. 전 국민 AI 네이티브 카드

인류의 역사는 도구의 발전과 궤를 같이해 왔다. 증기기관이 발명됐을 때 인간은 자신의 근력을 기계에 양보했고, 컴퓨터가 등장했을 때 우리는 복잡한 계산의 짐을 회로에 넘겨줬다. 하지만 지금 우리가 마주하고 있는 인공지능(AI)이라는 파도는 이전의 그것들과는 본질적으로 궤를 달리한다. AI는 단순히 우리의 노동을 대신하는 기계가 아니라 인간 고유의 영역이라 믿어왔던 '사고의 방식' 자체를 보완하고 확장하기 때문이다. 인류가 불을 발견하고 문자를 발명하며 진화했듯, 이제 우리는 'AI와 공생하는 인류'로의 진화를 목전에 두고 있다.

본고를 통해 매일경제신문은 대한민국이 인공지능 강국을 넘어 'AI 네이티브 국가'로 거듭나기 위한 파격적이고도 실질적인 로드맵을 정부와 기업에 제안하고자 한다. 핵심은 기술의 수혜가 일부에 편중되지 않고 전 국민의 기본 역량으로 자리 잡게 하는 데 있다.

지갑 속의 디지털 권리, AI 네이티브 카드

기술의 진보는 찬란하지만, 그 혜택의 그늘은 생각보다 깊다. 한 달에 수만 원의 구독료를 지불하며 최첨단 AI 비서를 거느린 이들과 기술의 존재조차 모른 채 뒤처지는 이들 사이의 간극은 단순한 경제적 격차를 넘어 '인지적 격차'로 고착화될 우려가 있다. 인공지능이 국가 경쟁력의 핵으로 떠오른 시대에, 기술에 대한 접근성은 더 이상 개인의 선택이 아닌 국가가 보장해야 할 '기본권'의 영역으로 검토될 필요가 있다. 대한민국이 세계 최고의 AI 강국으로 도약하기 위한 첫걸음으로 'AI 네이티브 카드'라는 국가적 결단을 제안하는 이유가 여기에 있다. AI 네이티브 카드는 국민 누구나 자신의 스마트폰 속에 지니게 될 강력한 디지털 무기가 될 수 있다. 정부가 국민 개개인에게 매월 3만원 상당의 AI 서비스 이용권을 부여하되, 이를 과거의 선심성 현금 복지가 아닌 '바우처 기반의 투자'로 설계할 것을 권고한다. 이 정책의 핵심은 '현금 충전 제로'와 '사후 정산' 시스템에 있다.

사용자가 카드를 발급받으면 스마트폰의 디지털 지갑에는 실제 현금이 아닌 'AI 전용 승인권'이 생성된다. 국민은 정부가 공인한 AI 전용 앱스토어에서 자신이 필요로 하는 도구를 선택해 구독할 수 있다. 글로벌 리딩 모델인 챗GPT나 제미나이는 물론, 한국어에 특화된 모델까지 자유롭게 장바구니에 담는 풍경을 그려볼 수 있다. 여기서 매일경제가 주목하는 것은 '규모의 경제'를 통한 예산의 마법이다. 국민은 3만원짜리 서비스를 누리지만, 국가의 실제 지출은 그 3분의 1인 1만원 수준으로 낮추는 전략이다. 정부가 '전 국민'이라는 압도적인 가입자 규모를 무기로 빅테크 기업들과 대량 구매 협상을 진행한다면 가능한 시나리오다. 기업은 마케팅 비용 없이 수천만 명의 유료 사용자를 확보하고, 정부는 도매가로 서비스를 공급받는 윈윈(Win-Win) 구조를 제안한다. 쓰지 않은 바우처는 국고로 회수되기에 예산 집행의 투명성과 효율성 또한 담보될 수 있을 것이다.

요람에서 무덤까지:
AI와 함께하는 삶의 새로운 풍경

이 카드가 도입된다면 국민의 일상은 요

전 국민 AI 문해력을 위한 'AI 네이티브 카드'

AI를 국민 기본권으로: 구독, 결제, 페이백을 통합 지원

	지원 대상 및 활용 앱 (Target & Apps)
사용자 - 생애주기별	**아동/청소년**: EBS AI, ChatGPT (학습 보조) **대학생**: Gemini, Notion AI (리포트 구조화) **직장인**: MS Copilot, Gamma, 네이버 클로바X (업무 자동화) **중장년**: 삼성 헬스, 카카오 i (건강/행정 정보)
사업자 - 업종별	**자영업**: Miso AI, Toss Payments (예약/매출 분석) **사무직**: Slack AI, Fireflies.ai (회의 기록) **제조/물류**: Cognex, Upstage (불량 검출) **스타트업**: Zapier, Channel Talk (고객 응대)

AI 생성

람에서 무덤까지 혁명적인 변화를 맞이할 것으로 기대된다. 교실 안의 아동과 청소년들에게 AI 카드는 '박학다식한 개인 튜터'가 될 수 있다. EBS AI 학습 시스템과 연동된 AI가 학생의 수준을 실시간으로 파악해 취약점을 보충하고, 챗GPT가 논리적인 사고를 전개하는 법을 가르치는 모습은 더 이상 상상이 아니다. 교육의 본질이 암기에서 'AI를 도구로 활용한 창조'로 변모하는 기반을 마련해줘야 한다. 대학생과 연구자들에게 이 카드는 밤샘 작업의 고통을 덜어주는 '수석 연구원' 역할을 할 수 있다. 방대한 논문을 요약하고 연구노트를 구조화하는 데 드는 시간을 획기적으로 줄여줄 것이다. 직장인들의 풍경 역시 변화가 예상된다. MS 코파일럿이 메일 답장 초안을 쓰는 동안, 우리 직장인들은 더 본질적이고 창의적인 결단에 에너지를 집중할 수 있을 것이다.

디지털 소외 계층인 노년층에게도 AI는 다정한 비서가 되어줄 수 있다. 삼성 헬스와 연동된 AI가 건강을 체크하고, 카카오 i가 복잡한 행정 업무를 음성으로 처리해 주는 시스템을 구축해야 한다. 기술이 사람을 소외시키는 것이 아니라,

오히려 가장 취약한 곳을 보듬는 '따뜻한 기술 복지'의 실현을 제안한다.

경제의 실핏줄을 살리다: 사업자 카드가 만드는 산업 혁명

사업자용 AI 카드는 소상공인과 중소기업에 '혁신의 연료'를 주입하는 도구가 되어야 한다. 외식업 자영업자가 AI를 통해 예약 응대와 매출 분석을 자동화하고, 사장님이 홀 서빙이나 메뉴 개발에 집중하는 동안 AI가 정교한 경영 관리자 역할을 수행하는 모델을 제안한다. 이는 골목상권의 자생력을 높이는 실질적인 방안이 될 수 있다.

사무 서비스와 전문직들에게는 회의 기록과 협업을 자동화하는 AI 도구가 업무의 표준이 될 수 있도록 지원해야 한다. 제조와 물류 현장에서도 업스테이지나 코그넥스와 같은 AI 솔루션이 도면 처리와 불량 검출을 자동화하여 생산성을 높일 수 있도록 카드 사용처를 확대해야 한다. 스타트업들이 적은 인원으로도 글로벌 공룡들과 경쟁할 수 있는 '근력'을 키워주는 것, 이것이 매일경제가 제안하는 산업 전반의 AI 전환(AX) 엔진이다.

데이터 기반 정책의 미래: K-AX 인덱스 구축

AI 네이티브 카드가 남길 가장 소중한 자산은 '데이터'일 것이다. 전 국민이 이 카드를 사용하며 남기는 궤적은 대한민국이 보유하게 될 독보적인 국가 자산이 될 수 있다. 어떤 연령대가 어떤 기능을 선호하는지, 특정 업종에서 어떤 AI가 생산성을 높이는지가 실시간으로 파악된다면 정책의 정밀도는 비약적으로 상승할 것이다. 정부는 이 데이터를 바탕으로 'K-AX 인덱스'를 구축할 것을 제안한다. 더 이상 막연한 추측이나 관행에 의지해 예산을 집행해서는 안 된다. 데이터에 기반해 AI 도입이 더딘 분야를 찾아내 집중 지원하고, 성과가 미미한 사업은 과감히 정리하는 '과학적 행정'으로의 전환이 필요하다. 이는 대한민국을 세계에서 가장 똑똑하게 움직이는 정부로 만드는 초석이 될 것이다.

4단계 로드맵과 과감한 지출 구조조정 제안

매일경제는 이 계획을 2027년부터 2030

년까지 4단계에 걸쳐 치밀하게 현실화할 것을 제안한다. 1단계로 학생과 스타트업 1000만 명을 대상으로 시작해 시스템을 검증하고, 점진적으로 대상을 확대해 2030년에는 전 국민 4300만 명이 AI를 기본 도구로 사용하는 'AI 네이티브 국가'를 완성하는 로드맵이다.

연간 5조1600억원이라는 예산은 단일 사업으로는 대규모이나, 국가 전체 예산 규모를 고려할 때 '미래 역량 강화'를 위한 투자로서 충분히 검토 가능한 수준이다. 특히 이 재원을 마련하기 위해 낡은 지출 관행을 깨는 결단이 필요하다. 70조원이 넘는 지방교육재정교부금 중 일부를 AI 교육 예산으로 전환하고, 실효성 논란이 있는 '학생용 태블릿 PC 무상지급'과 같은 하드웨어 중심 사업을 중단할 것을 제안한다.

껍데기인 기기 보급에 수조 원을 쓰기보다 그 기기를 활용해 부가가치를 만드는 '지능'과 '역량'에 투자하는 것이 시대적 흐름에 부합한다. 소상공인 대상의 중복 보조금 역시 AI 카드로 일원화해 지출 효율성을 극대화해야 한다.

이는 단순한 예산 삭감이 아니라, 대한민국 미래 경쟁력을 위한 '예산의 전략적 재배치'다.

미래의 문턱에서 던지는 질문

인류의 역사는 도구에 적응한 자와 그렇지 못한 자의 운명을 갈라왔다. 증기기관 시대에 에너지 주권을 쥐었던 나라들이 세계 질서를 재편했듯, AI 시대에는 인공지능 활용 능력을 갖춘 국민이 국력을 결정할 것이다.

AI 네이티브 카드는 단순한 기술 캠페인이 아니다. 모든 시민이 AI라는 파도 위에서 자유롭게 항해할 수 있도록 국가가 구명조끼와 돛을 달아주는 일이다. 대한민국은 이제 선택해야 한다. 기술의 발전을 구경하는 관찰자로 남을 것인가, 아니면 전 국민을 AI 전사로 길러내 세계의 중심에 설 것인가.

도구의 주인으로 살 것인가, 노예로 살 것인가. 그 대답은 우리 지갑 속에 담길 'AI 네이티브 카드'에 달려 있다. 정부와 기업의 과감한 동참을 제안한다. 미래는 준비하는 자가 아니라, 새로운 도구를 먼저 손에 쥐는 국가의 것이기 때문이다.

확산2. 사각지대 해소해줄 '인공지능사'

기술이 세상을 바꾸는 속도는 상상을 뛰어넘는다. 하지만 그 빛이 밝을수록 그림자는 더욱 깊고 짙게 드리워진다. 인류는 지금껏 경험해보지 못한 새로운 형태의 불평등, 이른바 '인공지능(AI) 단층(AI Fault Line)' 앞에 서 있다. 과거의 디지털 격차가 단순히 컴퓨터를 켤 줄 아느냐, 인터넷에 접속할 수 있느냐의 문제였다면, 지금의 격차는 삶의 존엄을 지키고 생존의 질을 결정짓는 거대한 문턱이 됐다.

정부가 최첨단 AI 도구의 구독료를 지원하고 고성능 태블릿을 전 국민에게 나누어준들, 그것이 진정한 해결책이 될 수 있을까? 당장 오늘 하루 생업을 이어가기 바쁜 재래시장 상인에게, 혹은 눈이 침침해 스마트폰의 작은 아이콘조차 구분하기 힘든 독거노인에게 AI는 그저 '남의 나라 이야기'이자 소음일 뿐이다. 기술의 효용이 아무리 커진다고 해도 그 기술을 자신의 구체적인 삶과 연결(Link)하지 못하는 이들에게 AI는 편리한 도구가 아니라 자신들을 세상으로부터 더 격리시키는 거대한 성벽이다.

진정한 의미의 기술 확산은 숫자로 증명

사각지대를 없애는 휴먼 브리지: '인공지능사'

인공지능사: AI를 설치, 연결, 관리하는 현장 전문 인력

Type A: 중소·소상공인 지원형

- **목표:** 1곳 1 인공지능사. 매출 증대 및 비용 절감 체감.
- **활동:** 수요 예측 재고 관리, 공장 불량 탐지 시각 인식 설치.

Type B: 돌봄 지원형

- **대상:** 독거노인(210만명), 장애인, 고위험 임산부.
- **활동:** 이동 지원(자율주행 셔틀 동승), 가사 보조(로봇 설치), 보이스피싱 차단.

AI 생성

되는 보급률이나 통계 수치에 있지 않다. 그것은 단 한 사람도 기술의 진보에서 낙오되지 않게 기술의 '라스트 마일(Last Mile)'을 인간의 손으로 직접 연결하는 과정에 있다. 우리는 여기서 새로운 시대의 파수꾼을 제안한다. 차가운 코드에 인간의 온기를 불어넣어 기술과 현장을 잇는 사람들, 바로 '인공지능사(AI Technician)'다.

골목 식당 사장님과 AI라는 비서

대한민국의 실핏줄인 430만 자영업자의 삶은 지금 유례없는 고단함 속에 있다. 치솟는 인건비와 구인난, 거대 플랫폼의 수수료 공세 속에서 그들은 매일같이 '생존'이라는 단어와 사투를 벌인다. AI가 그들의 짐을 덜어줄 수 있다는 장밋빛 전망은 무성하지만, 정작 기름때 묻은 주방 현장에서 AI를 능숙하게 다뤄 비즈니스에 녹여낼 수 있는 이는 전무하다시피 하다.

이때 '중소·소상공인 지원형 인공지능사'가 등판한다. 이들은 단순히 기기를 설치하고 떠나는 서비스 기사가 아니다. 사장님의 고충을 경청하고 가게의 특성에 맞춰 AI라는 처방전을 내리는 '디지털 주치의'이자 '경영 파트너'다. 인공지능사가 골목 식당에 들어가 제일 먼저 하는 일은 기술을 설명하는 것이 아니라 사장님과 나란히 앉아 믹스커피 한잔을 나누며 매출 장부를 살피는 것이다.

혹은 점심시간마다 배달 주문이 몰려 발을 동동 구르는 치킨집 사장님에게 인공지능사는 '지능형 수요 예측 시스템'을 심어준다. 단순히 툴만 깔아주는 것이 아니라 지난 3년간의 동네 매출 데이터와 기상청의 미세한 예보, 주변 지역의 아파트 행사 일정을 AI가 연동해 분석하도록 세팅한다.

"사장님, 내일은 오후부터 비가 오고 근처 초등학교 운동회가 취소됐으니, 신선육 재료를 평소보다 20% 줄이시고 대신 사이드 메뉴 이벤트를 배달 앱 상단에 노출하세요." 사장님은 이제 막연한 '감'이 아닌 데이터에 근거해 식재료를 준비하고, 버려지는 비용을 획기적으로 줄인다. 인공지능사는 이 과정이 사장님의 손에 완전히 익어 '디지털 직관'이 생길 때까지 곁에서 끈질기게 돕는다. 기술이 '어려운 숙제'에서 '든든한 동료'로 변하는 순간이다.

노후화된 공장에 심폐소생술을 하는 청년들

지방의 산단에 위치한 작은 뿌리 기업들도 상황은 비슷하다. 30년 넘게 숙련된 기술자의 손끝 감각에만 의존해온 현장은 이제 사람을 구하지 못해 공장이 멈춰설 위기다. 여기서 인공지능사는 노후화된 설비에 생명력을 불어넣는 '현장의 눈'이 된다.

그들은 공정 라인마다 저렴한 웹캠과 에지 컴퓨팅 기기를 설치한다. 그리고 수만 장의 불량품 사진을 AI에 학습시켜 인간의 눈보다 정확한 검수 시스템을 구축한다. 0.1㎜의 미세한 균열이나 육안으로 식별 불가능한 스크래치를 AI가 순식간에 포착해낸다. 불량률이 낮아지니 수익성이 개선되고, 수익이 올라가니 공장에는 다시 활기가 돈다.

더욱 결정적인 역할은 '안전'에서 빛을 발한다. 인공지능사는 작업자가 보호구를 착용하지 않았거나 위험 구역에 진입했을 때, 혹은 예상치 못한 사고로 쓰러졌을 때 즉각 경보를 울리는 '세이프티 AI'를 구축한다. 인공지능사가 다녀간 공장은 이제 단순히 물건을 찍어내는 곳이 아니라 노동자의 생명을 보호하고 지키는 지능형 공간으로 거듭난다.

기술에 마음을 입히는 '따뜻한 돌봄'

AI의 확산이 가장 절실하면서도 가장 가슴 아픈 곳은 복지의 사각지대다. 홀로 사시는 어르신, 거동이 불편한 장애인들에게 AI는 단순한 가전제품을 넘어 생명줄이 돼야 한다. 하지만 그들에게 AI 비서는 그저 "말귀 못 알아듣는 시끄러운 기계"로 전락하기 일쑤다. '돌봄 지원형 인공지능사'는 이 차가운 기계에 따뜻한 표정과 친절한 목소리를 입힌다.

지방의 산간 마을, 병원 한번 가려면 큰맘 먹고 버스를 서너 번 갈아타야 하는 어르신들을 위해 인공지능사는 '자율주행 셔틀'을 연결한다. 단순히 이동 수단을 배차하는 것을 넘어, 인공지능사는 어르신과 함께 차량에 탑승해 스마트 키오스크 접수부터 약 처방까지의 전 과정을 동행한다. 이동 중에는 차량 내 센서로 어르신의 혈압과 맥박을 체크하고 이를 실시간으로 담당 주치의와 공유해 '이동형 진료실'을 구현한다.

또한, 갈수록 악랄해지는 보이스피싱으로부터 어르신들을 지키는 것도 이들의 몫이다. 가정 내 기기에 '피싱 방어 AI'를 심어두고, 의심스러운 발신 번호나 문자가 오면 AI가 1차로 차단하게 만든다. 이상 징후가 발견되면 즉각 인공지능사와 가족에게 알람이 가도록 설정한다. 인공지능사는 정기적으로 댁을 방문해 기기를 점검하며 어르신의 말동무가 되어드리고, AI가 수집한 어르신의 활동 데이터(전력 사용량, 움직임 패턴 등)를 분석해 고독사나 건강 이상을 조기에 발견한다. 기계는 돌보고, 사람은 사랑을 나누는 지능형 복지의 실현이다.

청년, 시대의 문제를 해결하며 'AX 전문가'로 성장한다

인공지능사라는 직무는 우리 사회의 고질적인 청년 일자리 문제에 대한 근본적인 해답이기도 하다. 디지털 기기와 AI 툴을 다루는 데 능숙한 '디지털 네이티브' 청년들이 현장에서 소상공인과 고령층을 도우며 실전 경험을 쌓는다. 이들은 책상 앞에서 코딩하는 것이 아니라 현장에서 부딪히며 각 업종의 생생한 비즈니스 로직과 인간적 고충을 체득한다. 이 과정을 거친 청년들은 훗날 단순한 구직자가 아닌, 대한민국의 산업 지형을 바꿀 'AI 전환(AX) 전문가'로 성장한다. 현장의 데이터와 인간에 대한 깊은 이해를 겸비한 이들이야말로 대한민국이 글로벌 AI 경쟁에서 승리하는 데 가장 강력한 인적 자산이 될 것이다.

또한 기존의 사회복지사, 간호사, 경영지도사들도 인공지능사 교육과정을 통해 자신의 전문성을 업그레이드할 수 있다. 이는 전 국가적 인적 자원의 질적 도약을 의미한다. 기술은 사람을 대체하는 것이 아니라 사람의 숙련도를 증폭시키는 도구여야 하기 때문이다.

데이터가 그리는 정밀한 정책의 나침반

인공지능사들이 전국의 골목과 공장, 가정에서 발로 뛰며 수집한 현장의 로그 데이터는 국가 정책의 거대한 나침반이 된다. 지금까지의 행정이 '아마 그럴 것'이라는 표본 조사와 추측에 근거했다면, 이제는 실시간 데이터가 말해주는 진실에 근거하게 된다.

전국의 어느 지역 소상공인이 어떤 AI 툴을 가장 필요로 하는지, 어느 업종에서 기술 도입이 실패하고 있는지가 국가 대시보드에 실시간으로 나타난다. 정부는 이를 통해 예산 낭비를 막고, 정말로 도움이 필요한 곳에 자원을 집중 투입하는 '정밀 타격형 행정'을 펼칠 수 있다.

결국 인공지능사는 사람과 기술 사이의 끊어진 다리를 잇는 존재다. 기술이 아무리 화려하게 꽃을 피운다 해도, 그 꽃향기가 사회의 가장 낮은 곳, 가장 어두운 구석까지 닿지 않는다면 그 기술은 절반의 실패다. 인공지능사는 그 향기를 실어 나르는 따뜻한 바람이다. 대한민국은 이들을 통해 전 세계에서 가장 따뜻하고, 가장 지능적이며, 가장 인간적인 AI 선진국으로 거듭날 것이다. 그것이 우리가 꿈꾸는 AI Diffusion(확산)의 진정한 완성이자 AI 네이티브 코리아의 핵심 동력이다.

확산3. 국가 AX 가속을 위한 보상 시스템

인류 역사상 새로운 기술이 사회의 표준으로 자리 잡을 때마다 우리는 늘 같은 질문을 던졌다. "이것이 정말 내 삶을 낫게 해줄 것인가?" 18세기 증기기관이 말(馬)의 자리를 위협했을 때도, 1990년대 인터넷이 모뎀 소리를 내며 안방에 들어왔을 때도 대중은 열광보다 의구심을 먼저 보냈다. 새로운 툴을 익히기 위해 쏟아야 하는 귀한 시간, 기존의 익숙하고 편안한 방식을 버려야 하는 신체적 · 정신적 불편함, 그리고 "배워봤자 결국 내 일자리만 위태로워지는 것 아닌가" 하는 근원적인 존재론적 공포. 이 모든 심리적 · 경제적 장벽이 결합된 것이 바로 '도입 초기 비용(Onboarding Cost)'이다. 대부분의 혁신적인 국가 정책이 바로 이 지점에서 좌초된다. 아무리 뛰어난 도구를 손에 쥐여줘도, 사용자가 '배움의 고통'을 기꺼이 감내해야 할 압도적인 이유를 찾지 못하면 기술은 박물관의 유물로 전락한다. 우리는 상용화의 문턱을 가뿐히 넘기 위해 단순한 계몽과 독려를 넘어선 가장 강력하고 본능적인 유인책을 제안한다. 바로 AI를 배우고 사용하는 행위 자체가 즉각적이고 가시적인 경제적 이익으로 연결되는 'AX(AI Transformation) 보상 시스템'이다.

이 시스템은 기술에 대한 공허한 찬사를

국가 AX 가속 보상 시스템: 사용이 곧 혜택으로
Level 1: 입문
기초 교육 이수
-> 기본 바우처 지급
Level 2: 활용
활용 사례 제출
-> 구독료 10% 페이백
Level 3: 숙련
경진대회 입상
-> 세액 공제 혜택
Level 4: 리더
국가 우수 사례
-> 현금 포인트 & 프로젝트 우선권
Business Rewards
기업 성과 연동형 보상 (Payback)
매출 +10% 또는 비용 -5% 달성 시
= 정부가 구독료 50-100% 지원
AI 생성

보내는 데 그치지 않는다. AI로 자신의 삶을 개선하고 유의미한 성과를 낸 이들에게 국가가 실질적인 수익을 환원함으로써 대한민국 전체를 하나의 거대한 '스스로 학습하는 유기체'로 탈바꿈시키려는 담대한 설계도다.

개인을 위한 AX 챌린지

우리는 모든 국민이 전문 개발자가 될 필요는 없다고 믿는다. 하지만 모든 국민이 AI를 자신의 무기로 삼아 일상의 생산성을 200% 이상 끌어올릴 수는 있어야 한다. 이를 위해 국가 정책에 '게임의 문법'을 전격 도입한다. 지방자치단체가 주관하는 '우리 동네 AX 챌린지'는 시민들이 일상 속에서 AI를 실험하고, 그 기록을 국가적 데이터 자산으로 축적하는 활기찬 무대가 된다.

레벨 1. 입문: "시작이 반이다"

지자체에서 운영하는 기초 AI 리터러시 교육을 이수하고 챌린지에 참여 신청만 해도 'AI 네이티브 카드'에 기초 바우처가 즉시 충전된다. 예를 들어 '생성형 AI로 우리 가족 연하장 만들기'나 'AI 음성 비서로 가계부 정리하기' 같은 아주 작은 성공 경험을 장려한다. 이는 단순한 시혜적 보조금이 아니다. 새로운 시대에 발을 내디딘 시민에 대한 국가의 '첫 번째 응원'이자 입장권이다.

레벨 2. 활용:
"혁신은 사소한 일상에서 시작된다"

자신의 고유한 업무 프로세스를 AI로 개선하거나 식단 관리, 자녀 교육 등에 AI를 활용한 구체적인 '나만의 비법(Prompt)'을 플랫폼에 공유하면 혜택은 더욱 구체화된다. 즐겨 쓰는 유료 AI 서비스 구독료의 일정 비율을 페이백해주거나 고화질 이미지 · 영상 생성에 필요한 클라우드 컴퓨팅 자원을 우선 배정받는다. "내가 기술을 쓰는 만큼 지갑이 가벼워지는 것이 아니라, 오히려 혜택이 쌓인다"는 확신을 주는 단계다.

레벨 3. 숙련: "지역의 난제를 해결하는 리더"

지역 경진대회에서 우수 활용 사례로 선정된 이들은 이제 지역의 'AX 앰배서더'로 임명된다. 이들에게는 고성능 기업용 솔루션 체험권과 함께 가장 파격적인 혜택인 '디지털 역량 강화 세액공제'가 주어진다. 교육비와 관련 장비 구매 비용을 소득에서 공제해주는 이 구조는 특히 교육열이 높은 중장년층과 자기계발에 진심인 직장인에게 AI 학습에 몰입해야 할 강력한 현실적 동기를 부여한다.

레벨 4. 선도: "국가적 자산이 된 개인"

전국 단위 우수 사례로 선정된 'AX 마스터'들은 국가 AI 프로젝트의 상임 자문단으로 참여한다. 특히 자신의 활용 사례나 데이터가 타인에게 전파돼 실질적인 사회적 가치를 창출할 때마다 현금성 포인트를 배당받는 'AX 연금' 제도를 운영한다. 이는 개인이 축적한 지식과 지능적 노하우가 국가적 부를 창출하고 그 결실을 개인이 연금처럼 누리는 새로운 형태의 사회 계약(Social Contract)이다.

사업자를 위한 성과 환원:
"수익으로 증명하는 AX"

자영업자와 중소기업인에게 가장 강력한 언어는 오직 '수익'이다. AI 도입이 단순히 "트렌드니까 따라가는 것"이 아니라 "내 통장 잔고를 실제로 늘려주는 필승 전략"임을 증명해야 한다. 여기서 현장을 누비는 인공지능사의 역할이 결정적이다.

AX 성과 리포트와 페이백 메커니즘

인공지능사는 해당 사업장에 AI 솔루션을 도입한 후, 3개월 단위로 'AX 성과 리포트'를 발행한다. 이 리포트는 보상의 근거가 되는 엄밀한 검증 데이터다.

매출 증대 지표: AI 마케팅 툴 도입 후, 고객 타기팅 정교화를 통해 매출이 전년 동기 대비 얼마나 성장했는가?
비용 절감 지표: AI 예약 시스템과 지능형 재고 관리 툴 도입으로 고정비와 식자재 폐기율을 몇 %나 줄였는가?
이 지표가 목표치를 달성하면 국가는 즉각 '성과 연동형 페이백'을 실행한다. 사업자가 지불한 AI 서비스 구독료의 최대 100%를 국가가 솔루션 공급자에게 직접 대납해 사업자의 실제 기술 사용료 지출을 '제로(Zero)'에 가깝게 만든다. "성과를 내면 최첨단 기술을 공짜로 쓸 수 있다"는 메시지는 그 어떤 홍보 문구보다 강력하게 소상공인들을 움직일 것이다.

금융 혜택의 패러다임 전환: "AI 역량이 곧 신용이다"

더 나아가, AX 성과가 입증된 기업에는 정책 자금 대출 금리 우대와 보증 한도 파격 확대를 제공한다. 전통적인 부동산 담보 가치보다 'AI를 활용해 효율적으로 수익을 창출하는 디지털 역량'을 더 높은 미래 가치로 평가하는 것이다. 이는 금융 시장 전체에 "AI를 잘 쓰는 기업이 상환 능력이 가장 뛰어난 안전한 기업"이라는 강력한 신호를 보내, 민간 자본이 자연스럽게 AX 선도 기업으로 흘러가게 만드는 거대한 물길을 튼다.

청년 인공지능사: "현장의 해결사에서 미래의 컨설턴트로"

이 거대한 보상 시스템의 실핏줄 역할을 하는 '청년 인공지능사'들에게는 단순한 활동 수당 이상의 커리어 보상이 주어져야 한다. 이들이 대한민국 산업의 체질을 바꾸는 최전선의 '필드 컨설턴트'이기 때문이다.

성공 보수 인센티브: 기본 활동비 외에도, 자신이 전담한 소상공인의 매출이

실제로 개선되거나 AX 레벨이 상승할 경우 별도의 '성공 보수'를 지급한다. 현장의 성공이 곧 청년의 소득으로 이어지는 구조는 이들이 더욱 창의적이고 헌신적으로 기술을 전파하게 만든다.

국가 인증 AX 실무 경력: 수백 곳의 현장을 누비며 AI를 실제 비즈니스에 적용해본 경험은 그 어떤 자격증보다 강력한 무기다. 정부는 이들에게 대기업 및 공공기관 채용 시 가점을 주는 'AI 실무 인증서'를 발행하며, 이들이 훗날 독립적인 'AX 컨설턴트'로 창업할 수 있도록 창업 펀드 우선권을 부여한다.

학업과의 선순환: 대학생 인공지능사에게는 현장 실습 학점을 대폭 부여하고, 대학원 진학 시 'AX 특별 장학금' 우선권을 준다. 현장에서 발견한 실제적인 문제점이 다시 학문적 연구로 이어지는 선순환의 가교를 놓는 것이다.

공포를 이기는 즐거운 상상력

과거 산업화 시대의 보상이 '몸으로 정직하게 일한 만큼의 임금'이었다면, AI 시대의 보상은 '기술을 얼마나 지혜롭고 주체적으로 활용했는가에 대한 성과 공유'여야 한다.

AX 보상 시스템은 기술 소외 계층에게는 격차 해소의 사다리를, 도전하는 혁신가에게는 더 높은 곳으로 향하는 도약의 발판을 제공할 것이다. 우리는 이제 질문을 근본적으로 바꿔야 한다. "AI가 내 일자리를 뺏으면 어떡하지?"라는 막연하고 소극적인 공포에서 벗어나 "내가 AI로 어떤 성과를 내서 국가로부터 어떤 파격적인 보상을 받을 것인가?"를 즐겁게 상상하고 경쟁하는 사회가 돼야 한다.

전 국민 AI 네이티브 카드, 현장을 뛰는 인공지능사, 그리고 이를 뒷받침하는 강력한 보상 시스템. 이 세 바퀴가 톱니바퀴처럼 맞물려 돌아갈 때, 대한민국은 전 세계에서 가장 역동적이고 풍요로운 'AX 선도 국가'라는 목적지에 그 누구보다 먼저 도착하게 될 것이다. 기술은 베이스라인이 되고, 국민의 도전은 그 위에서 더 큰 보상으로 열매 맺는 세상. 그것이 우리가 꿈꾸는 AI 네이티브 코리아의 모습이다.

특례1. 피지컬 AI 상시 규제프리존

인공지능(AI)의 진화는 이제 모니터 속의 텍스트와 화려한 이미지를 생성하는 단계를 넘어 강철과 유압으로 이루어진 '몸체'를 입는 거대한 전환점에 들어섰다. 우리는 이를 '피지컬 AI(Physical AI)'라 부른다.

챗GPT가 뛰어난 두뇌라면, 피지컬 AI는 그 두뇌에 팔과 다리, 그리고 오감을 부여하는 작업이다. AI가 물리적 세계와 직접 상호작용하며 물건을 옮기고, 수술을 돕고, 거대한 선박을 항해시키는 시대가 온 것이다. 대한민국은 전 세계가 부러워하는 제조 강국이자 물류의 허브다. 하지만 이 명성은 고정된 것이 아니다. 우리가 가진 하드웨어 경쟁력에 피지컬 AI라는 지능형 소프트웨어를 얼마나 빠르게 결합하느냐에 따라 미래의 국가 등급이 결정될 것이다. 그러나 현실은 냉혹하다. 소프트웨어 AI는 코드를 수정하면 그만이지만, 피지컬 AI는 현실의 물리 법칙과 충돌한다. 사고는 물리적 파괴를 동반하며 이는 곧 천문학적인 책임과 규제의 벽으로 이어진다.

혁신은 '안전한 온실' 속 시뮬레이션이 아니라 비바람이 치고 변수가 가득한 '복

AI 생성

잡한 현장'에서 완성된다. 이제 우리는 사고를 두려워하며 금지하는 '규제 국가'에서 사고를 관리하며 학습하는 '실험 국가'로 거듭나야 한다.

왜 '실증'인가?: 시뮬레이션이 채울 수 없는 5%의 간극

많은 이들이 가상 세계(Digital Twin)에서의 학습이면 충분하지 않으냐고 묻는다. 하지만 물리 세계에는 수학적으로 계산되지 않는 수만 가지 변수가 존재한다. 노면의 미세한 습기, 로봇 팔 관절의 미세한 마모, 갑작스러운 통신 지연. 이 '사소한 변수'들이 결합해 거대한 사고를 만든다. 특히 피지컬 AI는 이른바 '리얼리티 갭(Reality Gap)'을 극복해야 한다. 가상에서 만 번 성공한 로봇이 실제 거리에 나오자마자 고장 나는 것은 우리가 아직 현실의 모든 물리 법칙을 데이터화하지 못해서다. 결국 피지컬 AI의 지능은 '현장에서 깨지고 부딪히며' 얻은 실증 데이터의 양에 비례한다. 하지만 중소기업이나 스타트업에 이러한 실증은 목숨을 건 도박과 같다. 실험 용지를 확보하는 것부터 전력망을 끌어오고 고속 네트워크를 구축하는 일은 개별 기업이 감당할 수준을 넘어선다. 이것이 바로 국가가 가진 '공공 인프라'를 피지컬 AI의 거대한 실험장으로 내줘야 하는 이유다.

국가 핵심 인프라의 '영구 규제프리존'화

우리는 전국 주요 거점의 국가 시설을 '영구 규제프리존'으로 선포한다. 이곳은 단순한 샌드박스가 아니다. 기한이 정해진 한시적 허용이 아니라 기술이 완성될 때까지 법적 걸림돌 없이 무한히 반복 실험할 수 있는 '혁신의 성역'이다.

이 프리존들의 공통점은 이미 '기초 인프라'가 완벽하게 갖춰져 있다는 것이다. 피지컬 AI 실험에 필수적인 안정적인 고전압 전력망, 초저지연을 보장하는 5·6G 전전용 네트워크, 그리고 물리적 안전이 통제된 폐쇄형 공간이다. 기업들은 이곳에 몸체(하드웨어)만 가지고 들어오면 된다.

① 부산신항: 항만·물류 자율주행 실증단지

대한민국 물류의 심장인 부산신항은 '완전 무인 자동화 터미널'의 표준이 된다.

이곳에서는 자율주행 하역 로봇(AGV)과 지능형 크레인이 사람이 배제된 통제 구역에서 24시간 실전을 치른다. 수십 t의 컨테이너를 한 치의 오차 없이 옮기기 위해 초고출력 전력망과 초저지연 네트워크가 지원된다.

이곳에서 축적된 물류 최적화 데이터는 세계 최고의 스마트 항만 기술을 선점하는 핵심 자산이 된다.

② 인천국제공항:

공항 · 서비스 지능형 로봇 실증단지

수만 명의 인파가 오가는 인천공항은 피지컬 AI에 가장 난도 높은 '사회적 지능' 시험장이다. 지능형 보안 · 안내 로봇과 수화물 이송 로봇이 실시간으로 변수를 통제하며 인간과 공존하는 법을 배운다. 공항 전역에 구축된 공용 에지 컴퓨팅 인프라를 통해 개별 기업은 막대한 서버 비용 없이도 복잡한 군중 속에서의 자율주행 알고리즘을 완성할 수 있다.

③ 논산훈련소:

국방 · 재난 극한지형 피지컬 AI 실증단지

진흙탕, 가파른 바위산, 통신이 절단된 지하 갱도 등 극한 환경은 로봇의 생존력을 시험하는 최적의 장소다. 논산훈련소에서는 다족 보행 로봇과 무인 수색 로봇의 전술 학습이 이뤄진다. 국가 기밀 보안이 보장된 전용 데이터센터를 활용해 인명 구조와 국방 분야의 데이터를 안전하게 처리하며 우리 군의 생존력을 비약적으로 높이는 기술을 연마한다.

③ 울산 · 거제 항만:

해양 · 조선 자율운항선박 실증단지

거대한 선박이 스스로 항로를 결정하고 접안하는 기술은 해운업의 패러다임을 바꾼다. 울산항과 거제 해역을 프리존으로 지정해 무인 선박이 파도와 조류를 견디며 최적의 경로를 찾는 과정을 지원한다. 선박의 방대한 센서 데이터를 실시간으로 처리할 해상 기지국과 전용 데이터 센터가 결합돼 대한민국을 자율운항 선박의 종주국으로 만든다.

⑤ 고흥 · 인천 공역:

항공 · 모빌리티 드론 및 UAM 실증단지

도심항공교통(UAM)은 도시의 지도를 바꾸는 기술이다. 고흥 항공센터와 인천공항 인근 통제 구역을 영구 프리존으로 개방해 추락 사고에 대한 법적 공포를 제거한다. AI 드론은 강풍을 이겨내고 복잡한 비행체들 사이에서 충돌을 회피하는 지능을 학습한다. 지상과 하늘을 잇는 입체적인 데이터망은 미래 모빌리티의 핵심 인프라가 된다.

⑥ 창원 · 반월시화 산단:

제조 · 홈 지능형 가전 및 물류 실증단지

대한민국의 제조 경쟁력이 응축된 산단들은 피지컬 AI의 최적화된 학습장이다. 인간과 나란히 서서 작업하는 협동 로봇과 공장 전체를 자율적으로 누비는 물류 로봇들이 실전을 치른다. 더불어 스마트 홈 테스트베드를 통해 AI 가전이 인간의 동선을 방해하지 않고 가사 노동을 돕는 '생활 밀착형 지능'을 완성하며 K가전의 신화를 이어간다.

⑦ 오송 · 대구 복합단지:

의료 · 바이오 피지컬 AI 실증단지

환자를 이송하는 자율주행 침대와 수술실 안에서 의사의 손이 되어주는 정밀 보조 로봇은 가장 높은 수준의 안전성을 요구한다. 오송 바이오클러스터의 인프라를 활용해 의료진과 AI 로봇이 협업하는 최적의 시나리오를 검증한다. 생명을 지키는 따뜻한 기술로서의 피지컬 AI를 구현해 의료 공백 해소와 정밀 의료의 시대를 앞당긴다.

인프라의 심장:
피지컬 AI 전용 데이터센터(PAIDC)

피지컬 AI가 제대로 움직이려면 현장에서 수집되는 수조 바이트의 시각 · 센서 데이터를 실시간으로 학습하고 명령을 내릴 '전용 데이터센터'가 필수적이다. 중소 · 중견기업들이 가장 큰 어려움을 겪는 지점이 바로 이 대목이다.

엔비디아의 최신 그래픽처리장치(GPU) 수만 장을 구축하고 거기서 발생하는 열을 식히기 위한 거대한 냉각 시스템을 돌리는 데는 수조 원의 자금과 막대한 전력이 필요하다. 개별 기업이 이를 자체 조달하는 것은 불가능에 가깝다.

정부는 각 규제프리존 인근에 '공공 AI 데이터센터'를 구축해야 한다. 프리존 내에서 로봇이나 자율주행차가 움직이며 쏟아내는 실시간 데이터를 즉각적으로 처리해주는 '클라우드 브레인' 역할을 수행하는 것이다. 기업들은 고가의 서버를 살 필요 없이 국가가 제공하는 컴퓨팅 자원을 빌려 쓰며 알고리즘 고도화에만 전념하면 된다. 이것이 바로 진정한 의미의 '기술의 민주화'다.

'AI 안심 보험'과 실패의 자산화

실증 현장에서의 사고는 피할 수 없다. 아니, 오히려 적극적으로 그 데이터를 얻어야 한다. 하지만 사고의 책임이 오롯이 기업에 있다면, 어느 경영자가 과감한 실험을 허락하겠는가?

이를 해결하기 위해 국가가 직접 운영하는 'AI 안심 보험' 제도를 도입한다. 규제프리존 내에서 발생한 사고에 대해 기업의 고의가 없다면 정부가 조성한 기금에서 우선 배상한다. 기업은 사고 처리에 에너지를 쏟는 대신, 왜 사고가 났는지를 분석하는 데 집중한다.

여기서 발생하는 모든 실패 데이터는 'K-피지컬 AI 데이터셋'이라는 국가 자산으로 축적된다.

"로봇 팔이 특정 각도에서 왜 미끄러졌는가?" "자율주행 선박이 안개 낀 바다에서 왜 장애물을 오인했는가?" 이러한 '실패 기록'이야말로 후발 주자들이 똑같은 실수를 반복하지 않게 돕는 가장 비싼 내비게이션이 된다. 원천 기술은 기업이 갖되 그 과정에서 얻은 학습용 안전 데이터는 국가가 관리하며 전체 산업계에 공유하는 구조다. 실패를 공유하는 문화가 정착될 때 우리의 학습 속도는 세계에서 가장 빨라질 것이다.

시설 중심 포괄 허가제

기존의 규제 방식은 '기술' 하나하나에 현미경을 들이댔다. 로봇 팔의 각도를 조금만 바꿔도, 센서의 종류만 달라도 다시 수개월의 승인 절차를 거쳐야 했다. AI의 진화 속도를 규제가 도저히 따라잡지 못하는 병목 현상이 발생한 것이다. 우리는 이를 '시설 중심 포괄 허가제'로 전환한다. 일정 자격 요건과 안전 시설을 갖춘 국가 시설이나 기업의 연구개발(R&D) 센터 자체를 규제프리존으로 사전 인증하는 것이다. 일단 인증된 시설 안에서 일어나는 모든 실험은 기업 자율에 맡긴다. 정부는 사후에 사고 유무와 데이터 공유 여부만 점검할 뿐 과정에는 일절 개입하지 않는다.
이 혁명적인 규제 완화는 전 세계 AI 엔지니어들에게 강력한 메시지를 던질 것이다. “대한민국에 가면 법적 고민 없이 마음껏 로봇을 돌려볼 수 있다”는 인식이 퍼지는 순간, 전 세계의 자본과 인재가 한반도로 모여들 것이다.

지능의 영토를 물리 세계로 확장하다

피지컬 AI 시대의 승자는 가장 똑똑한 알고리즘을 가진 나라가 아니라 가장 많은 현장 데이터를 가진 나라가 될 것이다. 규제프리존은 대한민국을 전 세계 AI 실험의 낙원으로 만드는 전략이다.
우리가 가진 항만, 공항, 공장, 병원은 이제 단순히 물건을 나르고 사람을 고치는 장소가 아니다. 미래의 지능을 길러내는 ‘거대한 교육 현장’이자 ‘데이터 광산’이다. 규제프리존이라는 안전한 운동장에서 마음껏 뛰어노는 피지컬 AI들이 만들어낼 새로운 산업의 풍경을 상상해보라. 차가운 기계가 인간의 손길을 이해하고, 거대한 선박이 스스로 바다를 가르며, 드론이 하늘의 길을 닦는 시대. 대한민국은 그 물리적 지능의 최전선에서 전세계를 선도하게 될 것이다. 기술은 가상에 머물지 않고 우리의 발밑과 손끝에서 실현될 때 비로소 문명이 된다. ‘영구 규제프리존’은 바로 그 문명을 앞당기는 대한민국만의 과감한 승부수다.

특례2. 고용 자유 지대

글로벌 인공지능(AI) 전쟁터에서 가장 강력한 무기는 고도의 알고리즘도, 천문학적인 자본도 아닌 결국 ‘사람’이다. 하지만 지금 대한민국의 인재들은 70년 전, 굴뚝 산업 시대의 공장 근로자를 보호하기 위해 설계된 낡은 노동법의 틀에 갇혀 있다. AI가 스스로 코드를 짜고 24시간 쉬지 않고 학습하며 진화하는 시대에, 정작 그 지능을 설계하는 인간 개발자는 주 52시간 벨이 울리면 강제로 컴퓨터를 꺼야 한다. 영감을 얻어 몰입의 정점에 달한 순간, 법이라는 이름의 사슬이 그들의 손목을 잡고 강제로 멈추게 하는 격이다.
우리가 제안하는 ‘고용의 자유 지대’는 사람을 묶어두는 이 낡은 사슬을 과감히 끊어내고, 새로운 시대의 문법에 맞는 노동 환경을 조성하자는 정책이다. 고숙

초고숙련 인재를 위한 '고용과 노동의 자유 지대'

낡은 규칙을 깨고, 몰입과 보상의 자유를 부여합니다.

시간의 자유
주 52시간
상한제 철폐
월/분기 단위 총량제 전환

계약의 자유
프로젝트 기반
초유연 고용
'용병형' 단기 계약, 해외 석학 비자

해고의 자유
신속 종료
및 보상
프로젝트 중단 시 합의 해지 제도화

대상 : 연봉 1.5억 원 이상 고숙련 AI 핵심 인재 한정

AI 생성

련 인재들이 자신의 가치를 마음껏 증명하고, 기업은 그들에게 파격적인 보상과 최상의 몰입 환경을 제공하며, 프로젝트의 성패에 따라 유연하게 결합하고 해체되는 노동 시장을 지향한다.

노동 유연화, 더 이상 미룰 수 없는 생존의 퍼즐

사실 노동 유연화에 대한 요구는 어제오늘의 일이 아니다. 우리 경제계를 중심으로 지난 10여 년간 꾸준히 제기돼온 해묵은 과제이기도 하다. 하지만 과거의 유연화 요구가 기업의 비용 절감이라는 관점에 머물렀다면, 지금 우리가 마주한 요구는 국가적 사활이 걸린 생존의 문제다. 본격적으로 AI발 직업 전환의 시대가 도래하고 있다. AI가 기존의 업무를 대체하고 새로운 직무를 창출하는 속도는 인간의 적응 속도를 훨씬 앞지른다. 이런 격동의 시기에 경직된 노동 시장은 재앙에 가까운 결과를 초래할 수 있다. 기업이 환경 변화에 맞춰 인적 자원을 신속하게 재편하지 못하면, 결국 기업 자체가 고사하게 된다. 한 부서의 인력을 재배치하지 못해 회사 전체가 무너진다면, 그것이야말로 노동자에게 가장 비극적인 결말이 될 것이다.

높은 노동 유연성은 오히려 인재들이 사양 산업에서 성장 산업으로 빠르게 옮겨갈 수 있는 '탈출구'이자 '사다리'가 된다. 유연한 이동이 보장되지 않는다면 AI 전환의 속도는 더뎌질 수밖에 없으며, 그 사이 글로벌 경쟁국들은 저만치 앞서 나갈 것이다. 경제계가 오랫동안 외쳐온 이 목소리를 이제는 기업의 특혜가 아닌 국가의 핵심 엔진으로 인식해야 한다. 본격적인 AI 네이티브 시대의 개막을 앞둔 지금, 노동 유연화는 더 이상 미룰 수 없는 우리 시대의 마지막 과제다.

[시간의 자유]
주 52시간의 족쇄에서 풀려나다

AI 모델 하나를 학습시키고 미세 조정(Fine-tuning)하는 과정에는 막대한 컴퓨팅 자원과 개발자의 초집중력이 필요하다. 이 과정에서 발생하는 수많은 변수와 영감은 퇴근 시간이라고 해서 우리를 기다려주지 않는다. 우리는 연봉 1억 5000만원 이상의 고숙련 AI 핵심 인재를 대상으로 '주 52시간 상한제'를 전면 철폐할 것을 제안한다. 시간 중심의 노동에서 가치 중심의 노동으로 패러다임을 전환해야 한다. 주 단위로 획일화된 근로시간 규제를 벗어나 분기 혹은 연 단위의 총량제를 도입해야 한다. 프로젝트 마감 직전에는 한 달간 밤낮없이 몰입해 결과물을 내고, 프로젝트가 성공적으로 마무리되면 한 달간 유급 휴가를 떠나 재충전하는 식의 유연한 삶이 가능해져야 한다. 이는 결코 과거의 착취로 회귀하자는 의미가 아니다. 근로자 본인의 명확한 동의가 전제돼야 하며 초과 노동에 대해서는 스톡옵션이나 파격적인 현금성 인센티브 등 세계적 수준의 보상이 뒤따라야 한다. AI 개발에서는 범재 10명이 1년 내내 일하는 것보다 천재 1명이 집중적으로 몰입한 일주일이 더 파괴적인 결과물을 낸다. 시간의 자유를 준다는 것은 곧 그들의 창의성에 날개를 달아주는 것과 같다.

[계약의 자유]
프로젝트 기반의 고용

현재 한국 노동법의 2년 계약 제한은 오히려 인재의 고용 불안을 부추기고 기업의 장기 투자를 가로막는다. 2년이 지나면 무조건 정규직으로 전환하거나 해고해야 하는 이분법적 구조는 수년간의 호흡이 필요한 장기 AI 프로젝트 팀에는 치명적인 독이다. 우리는 최대 5년까지 안정적인 계약을 유지할 수 있는 프로젝트 전용 계약제를 도입해야 한다. 원천 기술 개발이나 거대 모델 구축은 짧은 시간 안에 끝나지 않는다. 인재는 프로젝트가 완수될 때까지 고용 불안 없이 연구에만 매진할 수 있어야 하고, 기업은 팀의 연속성을 보장받아야 한다. 반대로, 특정 알고리즘의 병목 현상을 해결하기 위해 딱 일주일만 필요한 세계적 권위자가 있을 수 있다. 이들을 위해 일 단위, 주 단위의 초단기 계약과 파격적인 자문료 지급을 가로막는 규제를 전면 허용해야 한다. 기업은 필요한 순간에 필요한 두뇌를 즉시 수혈할 수 있는 구조를 가져야 한다. 나아가 해외 석학들을 위한 'AI 마에스트로 비자' 시스템을 연계해 전 세계의 지능이 대한민국이라는 플랫폼 위에서 자유롭게 교류하게 해야 한다.

[해고의 자유]
신속하고 합리적인 이별

우리 사회에서 해고라는 단어는 오랫동안 금기였다. 하지만 빛의 속도로 변화하는 AI 산업에서 시장성이 사라지거나 실패한 프로젝트를 법적 규제 때문에 억지로 유지하는 것은 기업뿐만 아니라 그곳에 갇힌 인재에게도 고통스러운 일이다.

우리는 합의 해지의 제도화를 제안한다. 계약을 체결할 때 프로젝트 중단이나 기업의 전략 변경 시 계약을 종료할 수 있다는 조건을 사전에 명시하고 합의하면, 엄격한 해고 제한 규정에서 예외를 인정해줘야 한다. 그 대신 계약이 중단될 경우 인재가 다음 기회를 찾는 동안 든든한 버팀목이 될 수 있도록 충분한 경제적 보상, 즉 '출구 보상(Severance Pay)'을 법적으로 보장해야 한다.

이는 해고가 아니라 다음 혁신으로 나아가기 위한 전략적 이별이자 재도전의 지원으로 패러다임을 바꾸는 일이다. 나가는 문이 넓어야 들어오는 문도 넓어진다. 고용과 종료가 유연해질 때 기업은 더 과감하게 사람을 뽑을 수 있고, 인재는 자신의 역량을 증명할 더 많은 기회를 얻게 된다. 정체된 고인 물이 아닌, 끊임없이 흐르는 강물 같은 노동 시장만이 AI 시대의 충격을 흡수할 수 있다.

인재의 블랙홀로 가는 길

고용의 자유 지대는 단순히 기업의 편의를 위한 정책이 아니다. 이것은 대한민국을 전 세계 AI 인재들이 모여드는 거점으로 만드는 국가 전략이다. 전 세계의 실력 있는 개발자들은 안정적인 정규직이라는 안락함보다 자신이 성장할 수 있는 도전적인 프로젝트와 실력에 걸맞은 파격적인 보상을 찾아 움직인다.

한국이 이들에게 세계에서 가장 유연한 계약 조건과 가장 몰입하기 좋은 환경을 제공한다면, 미국 실리콘밸리의 천재들이 서울이나 판교로 오지 않을 이유가 없다. 자유로운 이동이 보장될 때 비로소 인재는 자신의 가치가 가장 높게 평가받는 곳으로 흘러가게 된다.

또한 이 제도는 우리 청년들에게도 새로운 삶의 방식을 제안한다. 한 직장에서 평생이라는 낡은 고정관념에서 벗어나 여러 프로젝트를 누비며 경력을 쌓는 독립 개발자나 AX 컨설턴트로서의 삶을 선택할 수 있게 된다. 고용의 유연함은 곧 세대교체의 강력한 동력이 될 것이며 이는 정체된 대한민국 산업 전반에 활력을 불어넣을 것이다.

강한 자가 살아남는 것이 아니라 변화하는 자가 살아남는다는 격언은 AI 시대의 노동 시장에 가장 완벽하게 적용된다. 경직된 노동법으로 인재를 보호하려는 시도는 역설적으로 우리 인재들을 글로벌 갈라파고스에 가두는 결과를 초래할 뿐이다. 고용의 자유 지대는 자유와 책임 그리고 그에 걸맞은 압도적인 보상이라는 세 가지 축 위에서 작동한다. 우리는 노동을 시간으로 측정하던 산업화 시대에서 가치와 결과로 측정하는 AI 시대로 넘어가고 있다. 이 거대한 전환의 파도를 타고 대한민국이 글로벌 AI 선도국가로 도약하기 위해서는 우리가 쥐고 있는 낡은 잣대를 과감히 버려야 한다.

특례3. K유니콘 육성 패키지

글로벌 AI 전쟁은 흔히 자본과 데이터의 싸움이라 불린다. 하지만 그 본질을 들여다보면 이것은 '시간'과 '농도'의 싸움이다. 마이크로소프트(MS), 구글, 엔비디아 같은 빅테크들이 수십조 원을 쏟아붓는 전장에서 대한민국이 모든 기업을 산술적으로 평등하게 지원하며 승리를 기대하는 것은 공상에 가깝다. 혁신의 역사는 언제나 '평균의 상승'이 아니라 '특출난 소수의 돌파'에 의해 쓰였다. 2026년 현재, 우리는 더 이상 모두를 달래는 행정적 공정함에 매몰될 여유가 없다. 지금 우리에게 필요한 것은 100개의 평범한 기업이 아니라 글로벌 시장의 판도를 단번에 뒤집을 단 몇 개의 압도적인 '창'이다.

우리가 제안하는 'K유니콘 육성 우선 패키지'는 바로 이 '선택과 집중'의 원리에 기반한다. 모든 규제를 전국적으로 한꺼번에 풀 수 없다면, 가장 날카로운 창 5개를 골라 그들에게만이라도 규제 없는 전장을 열어주자는 것이다. 이는 과거 이스라엘이 '요즈마 펀드'를 통해 척박한 땅에서 테크 강국을 일궈낸 방식이자, 싱가포르가 '스마트 네이션'을 선포하며 특정 기업에 국가 인프라를 통째로 내준 전략의 한국형 진화 모델이다.

우선 실험권: 규제 샌드박스를 넘어선 '규제 제로' 존

현재의 규제 샌드박스는 '한시적 허용'이라는 꼬리표 때문에 기업들이 장기적 투자에 나서는 것을 망설이게 한다. 2년이라는 시한부 자유는 혁신가들에게 언제

AI 생성

든 멈춰야 할지 모른다는 불안감을 심어 준다. 하지만 혁신 선도국들은 이미 특정 구역과 기업에 대해 파격적인 '영구적 실험의 자유'를 보장하며 기업의 등 뒤를 지켜주고 있다.

싱가포르의 자율주행 실험은 주롱(Jurong) 혁신 지구를 단순한 시험장이 아닌, 법적 치외법권 지대로 만들며 성공했다. 영국 금융감독청(FCA)의 샌드박스 역시 선정된 기업들에 한해 기존 금융 규제를 무력화하며 핀테크 허브라는 결실을 보았다.

우리의 '우선 실험권'은 이보다 한 발 더 나아간다. 선정된 5개 기업은 앞서 설명한 '피지컬 AI 영구 규제프리존'과 '고용 자유지대'를 패키지로 적용받는다. 단순히 장소만 빌려주는 것이 아니다. 이 5개 기업은 주 52시간의 제약 없이 천재적인 인재들의 몰입을 이끌어내고, 프로젝트의 성패에 따라 유연하게 팀을 재편하는 특권을 누린다.

노동법의 경직성이 창의성을 옥죄지 않도록 이들에만은 성과 중심의 유연한 근로 계약을 허용한다. 또한 '실험 중 사고가 나면 어쩌나'라는 공포는 국가가 관리하는 '혁신 안심 보험'이 덮어준다. 기업은 오직 기술적 완성도와 시장 점유율에만 모든 에너지를 쏟아붓는다. 법이 기술의 속도를 따라가지 못한다면, 적어도 이 5개 기업에만큼은 법이 기술의 길을 비켜줘야 한다.

우선 시장권:
국가가 '첫 번째 펭귄'이 되는 용기

혁신 기술이 시장에서 소리 없이 죽는 가장 큰 이유는 '첫 번째 고객(First Reference)'을 찾지 못해서다. 아무리 뛰어난 AI 솔루션도 실제 현장에서 사용된 '트랙 레코드(Track Record)'가 없으면 글로벌 시장의 높은 문턱을 넘지 못한다. 공공기관조차 "남들이 쓰는 것을 보고 도입하겠다"는 보수적 태도를 보일 때, 기술은 날개를 펴보기도 전에 꺾이고 만다.

미국의 DIU(Defense Innovation Unit)는 실리콘밸리 스타트업의 기술을 국방 현장에 즉시 도입하며 이 문제를 해결했다. 에스토니아는 정부 시스템 자체를 자국 스타트업의 거대한 실험실로 내줬다. '우선 시장권'은 대한민국 정부와 지방자치단체가 이들 5개 기업의 '퍼스트 펭귄'이 되겠다는 대담한 약속이다.

조달청의 복잡하고 경직된 입찰 과정 대신, 혁신성을 기준으로 한 '패스트트랙 조달'을 통해 이들의 솔루션을 국가 행정망과 도시 인프라에 즉시 이식해야 한다. 예를 들어 선발된 기업의 AI 의료 진단 솔루션을 전국의 국공립 병원에 즉시 도입해 실전 데이터를 쌓게 돕는 식이다. 정부가 직접 기술의 신뢰성을 보증하는 '레퍼런스'가 되어주는 것이다. "대한민국 정부가 일상적으로 사용하는 검증된 AI"라는 타이틀은 이들이 중동의 스마트시티나 유럽의 공공 시장으로 뻗어 나갈 때 그 어떤 훈장보다 강력한 신뢰의 증표가 될 것이다.

우선 성장권: GPU 클러스터와 언캡드 투자

AI 시대의 국력은 곧 '컴퓨팅 파워'에서 나온다. 엔비디아의 최신 그래픽처리장치(GPU)를 확보하느냐 마느냐가 기업의 생사를 가르는 지금, 자본력이 부족한 스타트업에 GPU 확보는 하늘의 별 따기다. 국가는 이제 단순한 보조금 지급자가 아니라 인프라의 중재자가 돼야 한다.

미국의 CHIPS 및 과학법이 국가적 컴퓨팅 자원을 연구진에게 배정하듯, 우리의 '우선 성장권'은 국가가 확보한 GPU 클러스터의 일정 비율을 이들 5개 기업에 '전용선'처럼 할당하는 정책이다. 학습을 위해 서버 순번을 기다리며 금쪽같은 시간을 허비하는 병목 현상을 국가가 직접 뚫어주는 것이다. 이는 마치 가뭄이 든 논에 국가가 직접 수로를 연결해 물을 대주는 것과 같다.

또한 이스라엘의 요즈마(Yozma) 모델처럼 해외 거대 자본이 한국의 유니콘에 투자할 때 국가가 리스크를 분담하고 성과를 공유하는 시스템을 가동한다. 특히 산업은행 등 정책금융기관은 투자 한도를 설정하지 않는 파격적인 '언캡드(Uncapped) 금융 지원'을 실행한다. 여기에 국가적 차원의 '데이터 주권 지원'을 더해 민간이 접근하기 어려운 공공 빅데이터를 비식별화해 이들에게 우선적으로 공급한다. 고품질의 공공 데이터는 AI 학습에서의 '희토류'와 같다. 자본과 인프라, 그리고 데이터라는 3박자의 장벽이 사라진 곳에서 K-유니콘은 비로소 실리콘밸리의 거인들과 대등하게 경주할 수 있다.

왜 '5개'인가?
임계점을 돌파하는 불꽃

모두를 지원하는 것은 모두를 평범하게 만드는 길이다. 한정된 국가의 에너지를 1000개 기업에 나눠 주면 각각에게 돌아가는 것은 찻잔 속의 물 한 모금에 불과하지만, 이를 5개 기업에 집중하면 거대한 물줄기가 되어 바위를 뚫을 수 있다. 5개라는 숫자는 국가가 밀착 관리하며 모든 행정적 · 정치적 지원을 쏟아부을 수 있는 최적의 단위이자 서로가 서로를 견제하며 시너지를 낼 수 있는 최소한의 숫자다.

우리는 이들을 '국가 AX 앰배서더'로 명명한다. 이들이 규제 없는 환경에서 단 2~3년 만에 글로벌 시장을 제패하는 '압도적 성공의 서사'를 써 내려갈 때, 우리 사회 내부에 쌓여 있던 변화에 대한 두려움은 확신과 환호로 바뀔 것이다.

이 정책의 목표는 단순한 낙수효과가 아니다. 5개 기업의 성공이 다른 수많은 스타트업에 "우리도 저 압도적인 패키지를 받기 위해 더 혁신하자"는 강렬한 동기를 부여하는 '전염 효과(Contagion Effect)'를 노리는 것이다. 또한 이들의 성공은 "규제를 풀었더니 위험해지더라"가 아니라 "규제를 풀었더니 세계 1위 기업이 나오더라"는 실증적 결과물을 만들어낸다.

이는 향후 대한민국 전역의 제도를 개편하고 사회적 합의를 이끌어낼 가장 강력한 정치적 · 사회적 나침반이 될 것이다. K유니콘 육성 우선 패키지는 대한민국이 전 세계 혁신가들에게 보내는 선전포고다. "가장 혁신적인 아이디어가 있다면 대한민국으로 오라. 이곳에는 규제도, 자금의 한계도, 데이터의 벽도 없다"는 메시지를 세계에 타전하는 것이다. 우리는 이제 형평성이라는 이름의 하향 평준화에서 벗어나야 한다. 한 명의 천재가 만 명을 먹여 살리듯, 한 곳의 압도적인 유니콘이 국가 전체의 지형을 바꾼다는 사실을 인정하는 현실 감각이 필요하다. 2026년, 대한민국은 그 '압도적인 하나'를 만들기 위해 국가의 모든 역량을 결집할 준비가 돼 있다.

기반1. GPU 성과구독제와 API 비용 지원

과거 산업화 시대, 국가의 명운은 땅 밑에서 솟아나는 검은 황금, '원유'를 얼마나 확보하느냐에 달려 있었다. 원유는 공장을 돌리고, 자동차를 움직이며, 도시의 불을 밝히는 근원적인 에너지였다. 국가 간의 전쟁은 유전 확보를 위해 벌어졌고, 원유를 실어 나르는 물류망의 통제권이 곧 세계의 패권이었다. 그러나 인공지능(AI)이 모든 산업의 질서를 근본부터 재편하는 2020년대 후반, 국력의 척도는 지표면 아래가 아닌 '데이터센터의 차가운 열기' 속에서 결정되고 있다. 바야흐로 '컴퓨팅 파워(Computing Power)'가 21세기의 새로운 원유로 등극한 시대다.

이제 AI는 단순한 소프트웨어나 편리한 도구의 차원을 넘어섰다. 그것은 한 국가의 집단지성 수준을 결정하고, 제조업부터 서비스업까지 전 산업의 생산성을 규정하는 핵심 인프라다. 19세기에 철도가, 20세기에 전기가 그랬던 것처럼, 21세기의 모든 혁신은 AI라는 거대한 지능형 엔진 위에서만 가능하다. 그리고 이 엔진을 가동하기 위해서는 고성능 그래픽처리장치(GPU)라는 정제된 고품질 연료가 필수적이다.

문제는 이 '디지털 연료'가 전 세계적으로 극심한 공급 부족 상태에 있으며 그 가격 또한 천문학적인 수준으로 치솟았다는 점이다. 엔비디아(NVIDIA)가 내놓는 최신 사양의 GPU 한 장은 이제 웬만한 중형차 한 대 가격을 훌쩍 상회한다. 단순히 칩 한 장의 문제가 아니다. 이를 수만 개씩 엮어 거대한 연산 능력을 발휘하는 데이터센터를 구축하는 데는 국가 예산의 상당 부분을 차지할 법한 조 단위의 자본이 투입된다.

이러한 현실은 자본력이 부족한 스타트업이나 대학 연구소들에 넘을 수 없는 '통곡의 벽'과 같다.

아무리 천재적인 아이디어와 정교한 알고리즘을 가지고 있다 해도 이를 구현할 '연산의 장'이 없다면 그것은 한낱 공상에 불과하다. 우리는 이제 이 귀한 자원을 '선착순'이나 '기계적 형평성'에 맞춰 나눠주던 과거의 관성에서 단호히 벗어나야 한다. 자원이 한정적이고 희소할수록 그 운용은 더욱 지능적이고 전략적이

GPU 성과구독제 및 API 비용 지원

GPU 성과구독제
(Subscription Model)

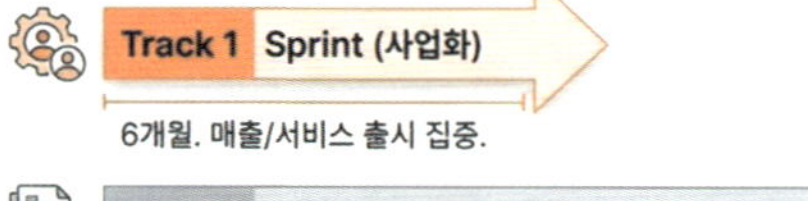
Track 1 Sprint (사업화)
6개월. 매출/서비스 출시 집중.

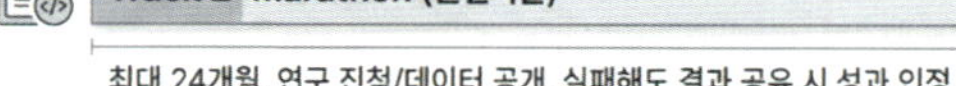
Track 2 Marathon (원천기술)
최대 24개월. 연구 진척/데이터 공개. 실패해도 결과 공유 시 성과 인정.

API 비용 지원

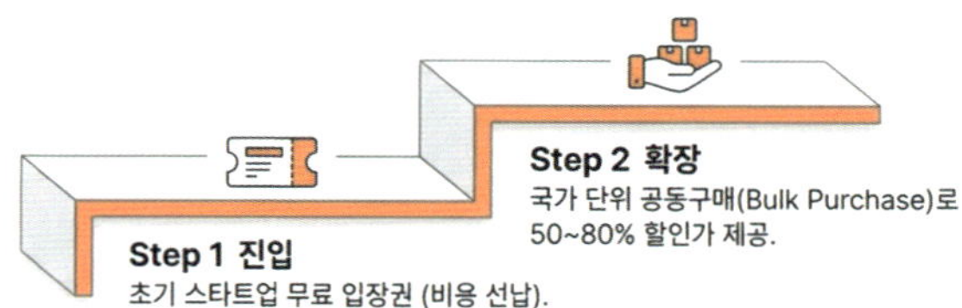
Step 2 확장
국가 단위 공동구매(Bulk Purchase)로
50~80% 할인가 제공.
Step 1 진입
초기 스타트업 무료 입장권 (비용 선납).

AI 생성

어야 한다. 혁신의 속도를 늦추지 않으면서도 기술의 깊이를 확보하는, 이른바 '지능형 자원 거버넌스'의 수립이 시급한 시점이다.

GPU 성과구독제
혁신을 강제하는 유연한 순환 시스템

그간의 정부 지원 사업이나 공공 자원 배분 방식은 대개 '일회성 선정'의 굴레에 갇혀 있었다. 심사를 통해 지원 대상으로 한번 선정되면, 해당 기업이나 연구팀은 일정 기간 그 자원을 독점적으로 소유하는 권한을 가졌다.

문제는 그 과정에서 발생했다. 선정 당시의 열정이 식어 실제 가동률이 형편없이 낮아지거나, 연구 방향이 빗나가 유의미한 성과를 내지 못하고 있음에도 배정된 자원을 회수하거나 재조정할 마땅한 장치가 없었던 것이다. 이는 국가적으로 소중한 자원이 방치되는 '자원의 고착화(Lock-in)' 현상을 낳았고, 연구 주체들에게는 '혁신의 타성'이라는 독을 주입했다.

우리가 제안하는 'GPU 성과구독제'는 이 고질적인 문제를 해결하기 위한 파격적인 실험이자 시스템이다. 핵심 철학은 명확하다. "잘 활용하는 팀에는 무한한 기회를, 정체된 팀에는 냉정한 회수를" 적용하는 유연한 순환 구조다.

이를 구체화하기 위해 6개월 단위의 '시즌제'를 전격 도입한다.

마치 넷플릭스 구독 서비스가 매달 결제를 통해 갱신되듯, GPU 연산권 역시 성과를 기반으로 매 시즌 갱신되는 구조다. 매 시즌이 끝날 때마다 학계와 산업계 전문가들로 구성된 'AI 자원 관리 위원회'는 정밀 검증에 착수한다. 이들이 들여다보는 것은 단순한 출근 기록이 아니다. 해당 팀이 사용한 GPU의 실시간 가동률, 알고리즘 최적화를 통한 연산 효율 개선 수치, 그리고 실제 서비스나 연구에서 도출된 중간 결과물을 다각도로 평가한다.

만약 가시적인 성과를 입증하고 자원의 가치를 극대화한 팀이라면, 다음 시즌에는 더욱 거대한 연산 자원을 부여받는 '레벨업(Level-up)'의 기회를 얻는다.

반면 지표가 미흡하거나 자원을 유휴 상태로 방치한 팀의 자원은 즉각 회수된다. 회수된 자원은 예비 순위에서 혁신의 기회를 기다리던 또 다른 도전자들에게 즉시 재배분된다. 이러한 상시적인 긴장감은 국가 전체의 GPU 가동률을 이론적 한계치인 100%에 가깝게 유지하는 강력한 동력이 될 것이며, 연구자들에게는 매 순간이 진검승부라는 혁신가적 마인드를 고취할 것이다.

투트랙 전략
'스프린트'와 '마라톤'의 조화로운 공존

모든 AI 연구와 비즈니스가 같은 호흡으로 진행될 수는 없다. 어떤 서비스는 시장의 유행에 민감하게 반응하며 번개처럼 달려야 하고, 어떤 연구는 수만 km 뒤에 있을 인류의 진보를 향해 묵묵히 걸음을 옮겨야 한다. 우리는 자원 배분의 전략적 효율성을 극대화하기 위해 '스프린트'와 '마라톤'이라는 두 가지 서로 다른 트랙을 설계했다.

1. 스프린트 트랙: 시장을 선점하는 속도전

스프린트 트랙의 목적은 명확하다. 실질적인 매출을 일으키고 국민의 삶에 즉각적인 편의를 제공하는 '킬러 서비스'를 발굴하는 것이다. 이 레이스에는 커머스 최적화 AI, 맞춤형 콘텐츠 추천 알고리즘, 단순 반복 업무를 획기적으로 줄여주는 자동화 툴 등이 참여한다.

이 트랙의 평가지표는 지극히 시장 지향적이다. 6개월이라는 짧은 기간 내에 확보한 유료 사용자 수, 실제 발생한 매출액, 혹은 벤처캐피털로부터 이끌어낸 투자 유치 금액 등이 합격 판정의 기준이 된다. 여기서 승리한 기업은 'K-유니콘'으로 성장할 수 있도록 국가가 보유한 하이엔드 GPU 자원을 집중적으로 지원받아 글로벌 시장으로 뻗어 나가게 된다.

2. 마라톤 트랙:
기술 패권을 향한 원천 연구

반면 마라톤 트랙은 당장의 수익성보다는 5년, 10년 뒤 대한민국의 기술적 독립과 패권을 결정지을 원천 기술 확보에 방점을 찍는다. 여기서 가장 대표적인 예시로 다루는 것이 바로 '차기 트랜스포머(Transformer) 모델' 연구다.

현재의 AI 혁명을 이끈 트랜스포머 아키텍처는 위대하지만, 막대한 연산 비용과 전력 소모라는 치명적인 약점을 안고 있다. 마라톤 트랙의 연구자들은 현재의 표준에 안주하지 않는다. 트랜스포머의 구조를 근본적으로 개선해연산 복잡도를 낮추거나, 혹은 트랜스포머를 완전히 대체할 수 있는 새로운 신경망 구조(Next-Generation Architecture)를 설계하는 고독한 싸움을 이어간다.

이 트랙에서는 매출액 같은 숫자로 연구자를 압박하지 않는다. 그 대신 논문 인용 수, 기술적 돌파구(Breakthrough)를 증명하는 벤치마크 지표, 그리고 무엇보다 '실패의 가치'를 정밀하게 측정한다.

어떤 가설이 왜 틀렸는지를 명확히 증명하고 그 데이터를 생태계에 공유한다면, 그것 또한 위대한 성과로 인정받는다. 실패를 두려워하지 않는 거대한 담론의 연구가 지속될 때, 비로소 우리는 빅테크가 만들어놓은 기술의 뒤를 쫓는 '추격자'에서 새로운 길을 제시하는 '선도자'로 거듭날 수 있다.

API 보조금
스타트업의 '데스밸리'를 건너는 다리

AI 서비스를 개발하고 운영하는 스타트업들에 API(Application Programming Interface) 호출 비용은 말 그대로 '숨 쉬는 비용'이다. 거대언어모델(LLM)이나 이미지 생성 모델의 지능을 빌려 쓰는 대가로 지불하는 이 '지능 통행료'는 서비스 규모가 커질수록 기하급수적으로 불어난다. 스타트업에는 역설적인 비극이 존재한다. 서비스가 사용자들의 뜨거운 호응을 얻어 트래픽이 늘어나는 바로 그 순간, 감당할 수 없는 API 비용 때문에 파산 위기에 직면하는 이른바 '성공의 저주'다. 성장의 즐거움이 비용의 공포로 변하는 이 구간, 즉 '데스밸리'를 안전하게 건너게 하기 위해 국가는 두 단계의 강력한 비용 지원책을 가동한다.

[1단계] 진입 지원: 혁신을 위한 무료 입장권

아이디어는 번뜩이지만 초기 자본이 전무한 청년 창업가와 예비 스타트업들에는 일정 수준의 API 호출권을 완전히 무료로 제공한다. 정부가 국내외 주요 빅테크 기업들과 연간 단위의 대형 계약을 미리 체결하고, 스타트업들이 제출한 주문서를 국가가 대신 결제해주는 방식이다. 이는 대한민국을 전 세계에서 '가장 저렴하고 리스크 없이 AI 비즈니스를 시작할 수 있는 나라'로 전 세계 혁신가들의 뇌리에 각인시킬 것이다.

[2단계] 확장 지원: 국가 주도의 '공동구매 할인'

사용자가 급증하며 본궤도에 오른 성장기 기업을 위해서는 국가가 일종의 'AI 공동구매 조합' 역할을 수행한다. 개별 기업이 각자 빅테크와 협상하면 불리한 조건에 계약할 수밖에 없지만, 국가가 수조 원어치의 API 물량을 한꺼번에 선결제(Pre-paid)하면 압도적인 협상력을 발휘할 수 있다. 이렇게 확보한 50~80% 수준의 '대량 할인권'을 유망 기업들에 배분함으로써 기업들이 비용 정산서에 시달리는 대신 글로벌 확장(Scale-up)과 서비스 고도화에만 모든 에너지를 쏟을 수 있도록 돕는다.

글로벌 사례와 우리의 선택 인프라가 곧 전략

세계 주요 강대국들은 이미 연산 자원을 국가안보의 핵심 요소로 규정하고 파격적인 행보를 이어가고 있다. 미국의 NAIRR(National AI Research

Resource)은 학계와 중소 연구자들이 거대 자본을 가진 빅테크에 종속되지 않도록 국가 차원의 연산 자원 공유 체계를 구축했다. 이는 민간의 자본 격차가 기술의 격차로, 더 나아가 계급의 격차로 고착화되는 것을 막기 위한 민주적이고 전략적인 조치다. 유럽의 AI 자존심을 자처하는 프랑스는 자국 스타트업 '미스트랄AI(Mistral AI)'가 글로벌 경쟁력을 갖출 수 있도록 국가 슈퍼컴퓨터 자원을 우선적으로 할당하는 등 노골적인 '인프라 내셔널리즘'을 실천하고 있다. 중동의 사우디아라비아와 아랍에미리트(UAE) 역시 막대한 오일 머니를 바탕으로 수만 개의 H100 GPU를 선점하며 물리적 자원의 점유가 곧 미래 권력의 점유임을 온몸으로 증명하고 있다.

대한민국의 전략은 이들보다 한발 더 나아가야 한다. 우리는 자본의 규모나 자원의 양만으로 승부하기엔 한계가 있다. 하지만 우리는 자원의 운용 효율과 질에서 압도적인 우위를 점할 수 있다. 'GPU 성과구독제'는 전 세계에서 가장 밀도 있고 효율적으로 GPU를 돌리는 나라라는 브랜드를 만들어낼 것이다. 전 국민이 AI 비서의 도움을 받고 인공지능사가 사회 구석구석을 누비는 세상이 오더라도 그 밑바탕이 되는 '연산의 힘'이 부실하면 그것은 모래 위에 쌓은 성에 불과하다.

컴퓨팅 자원은 이제 개인이나 특정 기업의 전유물을 넘어 국가 전체의 생산성과 잠재력을 결정짓는 '디지털 도로'이자 '신시대의 발전소'다. GPU 성과구독제는 한정된 자원의 가치를 극한까지 끌어올릴 것이며, API 보조금은 혁신의 문턱을 낮춰 수천~수만 개의 아이디어가 거침없이 경쟁하게 할 것이다. 이 시스템이 안착되는 날, 대한민국은 전 세계에서 가장 역동적이고 효율적인 'AI 비즈니스와 원천 기술의 인큐베이터'로 우뚝 서게 될 것이다. 인프라가 곧 전략이며, 연산력이 곧 국권인 시대. 우리는 지금 그 거대한 전환점 위에 서 있다.

기반2. AI-에너지 지역 상생 클러스터

인류는 지금 '지능의 전기화(Electrification of Intelligence)'라는 유례없는 문명의 전환점을 목격하고 있다. 19세기 산업혁명의 공장이 전기를 빌려 거대한 기계를 돌리고 물리적 제품을 찍어냈다면, 21세기 인공지능(AI) 시대의 데이터센터는 전기를 연료 삼아 '사고(Thinking)'라는 무형의 가치를 대량 생산한다. 이제 지능은 개인의 머릿속에 머무는 재능을 넘어, 수도나 전기처럼 누구나 끌어다 쓸 수 있는 공공 유틸리티가 됐다. 하지만 이 거대한 지능의 발전소는 지금 심각한 사회적 역설에 직면해 있다. 모든 시민이 스마트폰 속에서 초저지연 AI 서비스를 누리고 싶어 하지만, 정작 자신의 집 앞마당에 거대한 데이터센터(DC)나 고압 송전탑이 들어서는 것은 단호히 거부한다. 전자파에 대한 막연한 공포, 소음과 열기에 대한 거부감은 이른바 '데이터센터 님비(NIMBY)'라는 보이지 않는 벽을 만들었다.

이 교착 상태를 해결하기 위해서는 패러다임의 대전환이 필요하다. 데이터센터를 단순히 데이터를 저장하는 차가운 '창고'로 방치할 것이 아니라, 지역 사회에 에너지를 공급하고 새로운 일자리를 창출하며 시민의 안전을 책임지는 '상생형 인프라'로 재정의해야 한다. 우리는 이를 위해 도심의 버려진 지하 공간을 깨우는 '도심형 클러스터'와 지역의 에너지 · 산업 거점을 결합하는 '지역형 클러스터'라는 양대 축을 제안한다.

[도심형] 잠든 지하 공간, 도시의 '딥 브레인(Deep Brain)'으로 변신

대도시의 지가는 이미 인간의 상상을 초월했으며, 지상에는 더 이상 대규모 연산 시설을 지을 땅이 없다. 그러나 우리의 발밑을 보라. 거미줄처럼 얽힌 지하철 유휴 공간, 폐쇄된 지하상가, 그리고 용도가 폐기된 지하 주차장들이 잠들어 있다. 이곳에 '에지형 데이터센터(Edge DC)'를 구축하는 것은 공간 효율을 극대화하는 동시에 데이터가 이동하는 거리를 줄여 초저지연 AI 서비스를 실현하는 가장 영리한 해법이다.

① 언더그라운드 테크 밸리: 창업의 지하 요람

도심 지하 데이터센터의 연산 자원은 인근 스타트업들에 광섬유를 통해 직결된다. 지연 시간이 거의 없는(Zero-latency) 컴퓨팅 환경은 자율주행 알고리즘 검증이나 실시간 실감형 콘텐츠(XR)를 개발하는 딥테

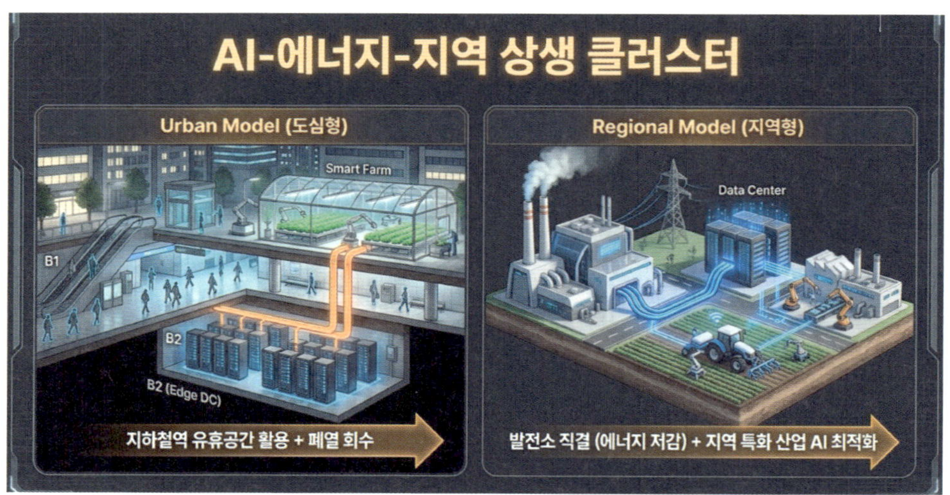

AI 생성

크 기업들에 최고의 실험실을 제공한다. 국가는 이곳에 '액체 냉각 시스템(Liquid Cooling)'을 도입해 소음을 획기적으로 줄이고, 저렴한 임대료와 고성능 인프라를 패키지로 제공해 강남이나 판교를 넘어선 '언더그라운드 테크 밸리'를 조성한다.

② 에너지의 선순환: 폐열로 운영되는 도심 편의 시설

데이터센터 운영 시 발생하는 막대한 열은 더 이상 버려야 할 쓰레기가 아니다. 이 폐열을 회수해 인근 공공 수영장이나 지역 도서관의 난방원으로 공급하는 '열에너지 네트워크'를 구축한다. 또한 지하 공간의 항온·항습 기능을 활용해 '수직농장(Vertical Farm)'을 운영한다. 한겨울에도 지하철역 한복판에서 데이터센터의 열기로 키워낸 신선한 채소가 자라고, 시민들은 그 수익으로 관리비 절감 혜택을 누린다. 기술이 주민의 관리비 고지서를 가볍게 해줄 때 님비는 비로소 '핌피(PIMFY)'로 바뀐다.

[지역형] 에너지와 산업이 만나는 'AI 융합 거점'

지역 균형 발전의 핵심은 결국 '좋은 일자

리'와 '산업 경쟁력'이다. 우리는 에너지가 생산되는 지역에 데이터센터를 짓고 그 옆에 관련 산업을 배치하는 '에너지-AI-산업 융합 클러스터'를 구축한다. 이는 장거리 송전에 따른 전력 손실을 줄이고 쇠락해가는 지역 산업에 AI라는 심폐소생술을 실시하는 일석삼조의 전략이다.

① 전라남도 영암 · 해남:
AI로 피어나는 '디지털 농경 문화'

전남의 풍부한 태양광과 풍력 에너지를 데이터센터에 직접 공급하는 'DC(직류) 마이크로그리드'를 구축한다.

방법론: 입주한 AI 기업들은 전남의 농가에 '멀티모달 센서' 기반의 작물 최적화 솔루션을 제공한다. AI가 토양의 수분, 일조량, 해충의 이동 경로를 분석해 드론 방제와 자동 관수를 실행한다.

상생: 농민들은 실제 재배 데이터를 기업에 제공해 한국형 농업 AI를 고도화하게 돕고, 기업은 데이터센터의 폐열을 비닐하우스 난방수로 무상 공급해 겨울철 난방비를 저렴하게 만든다.

② 경상북도 구미:
'디지털 트윈'으로 재무장한 제조 강국

대한민국 제조업의 상징이었던 구미 산단이 이제 AI로 다시 태어난다.

방법론: 노후화된 공장 설비에 저가형 진동 · 열 센서를 부착해 AI가 고장 징후를 사전에 포착하는 '예지 정비(Predictive Maintenance)' 시스템을 전방위로 확산한다.

상생: 개별 공장의 기밀인 제조 공정 데이터는 '연합 학습(Federated Learning)' 기술을 통해 외부 유출 없이 AI만 학습시킨다. 이를 통해 한국은 세계 최고의 '제조 특화 거대언어모델(LLM)'을 보유하게 되며 이는 곧 국가 제조 원가 경쟁력을 다시 세계 1위로 올리는 엔진이 된다.

③ 강원도 원주:
의료 데이터권과 정밀 의료의 메카

강원도의 서늘한 기후는 데이터센터의 냉각 비용을 줄여주는 천혜의 조건이다.

방법론: 이곳에 보건의료 특화 클러스터

를 구축하고, 익명화된 의료 빅데이터를 안전하게 처리하는 '샌드박스형 분석 센터'를 운영한다.

상생: 지역 주민들은 자신의 의료 데이터를 제공하는 대가로, AI가 분석한 개인 맞춤형 예방 의학 서비스와 난치병 조기 진단 혜택을 우선적으로 누린다. 지역의 작은 병원들도 서울의 대형 병원 못지않은 AI 진단 보조 도구를 사용해 의료 격차를 해소한다.

에너지 직거래와 데이터 주권의 결합

이 모든 클러스터를 돌리는 핵심 동력은 '에너지 직접구매계약(PPA)'이다. 발전소에서 생산된 전기를 한국전력을 거치지 않고 데이터센터와 인근 기업에 직접 공급함으로써 송전 손실을 줄이고 전기료를 20~30% 이상 절감한다. 이 절감된 비용은 다시 지역 주민의 복지 기금으로 환원되거나, AI 기업의 연구비로 재투자되는 선순환 구조를 갖는다.
또한 이 과정에서 축적되는 데이터는 단순한 수치가 아니라 대한민국의 '국가 지식 자산'이다. 글로벌 빅테크들은 결코 가질 수 없는 우리만의 제조 현장, 농업 현장, 임상 데이터는 독보적인 '한국형 수직 AI(Vertical AI)'를 만드는 원천이 된다. 자원의 양이 아닌 데이터의 '밀도'와 '현장성'으로 승부하는 것이다.

국가 균형 발전의 새로운 패러다임, '지능형 평준화'

그동안의 균형 발전이 공공기관을 이전하거나 도로를 닦는 '물리적 평준화'에 그쳤다면, 이제는 전 국토의 지능 수준을 상향 조정하는 '지능형 평준화'로 나아가야 한다. 서울에 살든 산간벽지에 살든 똑같은 수준의 컴퓨팅 자원을 활용해 창업하고, 똑같은 수준의 AI 돌봄을 받으며, 지역 특색에 맞는 AI 산업으로 먹고사는 세상을 만드는 것이다.
대한민국의 지도는 이제 다시 그려져야 한다. 서울에만 빽빽하게 집중된 붉은 점들이 아니라 전국 각지에 에너지를 발산하며 푸르게 빛나는 AI 상생 클러스터들이 신경망처럼 서로 연결된 모습이어야 한다. 도심형 클러스터는 도시의 죽어 있던 공간에 생동감을 불어넣고, 지역형 클러스터는 쇠락해가는 지역 산업에 AI라는 심폐소생술을 실시할 것이다. 님비라는 장벽을 상생이라는 문으로 바꾸는 이 담대한 도전이 안착된다면 대한민국은 전 세계에서 가장 효율적이고 따뜻한 AI 인프라를 가진 'AI 네이티브 국가'로 거듭날 것이다. 우리는 더 이상 지능의 전기화 앞에서 머뭇거리지 않는다. 그 전기가 만드는 빛이 모든 국민의 삶을 고루 밝히게 할 것이다.

기반3. 교육 AX: AI는 과목이 아니라 '새로운 표준'

1970년대 후반, 전 세계의 교실은 이전에 없던 기이한 기계의 등장으로 술렁였다. 손바닥만 한 크기에 숫자 버튼이 달린 '전자계산기'가 그 주인공이었다. 당시 교육계의 반응은 경계와 공포 그 자체였다. "아이들이 더 이상 사칙연산을 스스로 하지 못하게 될 것" "인간의 두뇌가 퇴화할 것"이라는 우려 섞인 목소리가 교무실과 학부모 회의실을 가득 채웠다. 수학자들과 교육자들은 계산기가 수천 년간 이어온 수학 교육의 근간을 뿌리째 흔들 것이라며 비관적인 전망을 쏟아냈다. 그러나 반세기가 지난 지금, 결과는 어떠한가? 인간의 수리 능력은 퇴화했는가? 결코 그렇지 않다. 인류는 단순하고 반복적인 '연산의 늪'에서 해방됐을 뿐이다. 계산기 덕분에 우리는 종이 위에 푸는 데 쓰던 에너지를 아껴 더 고차원적인 수학적 논리를 구축하고, 정교한 통계 모델을 설계하며, 우주선을 쏘아 올리는 궤도 계산에 집중할 수 있게 됐다. 도구의 등장은 인간 지성의 종말이 아니라 지성이 활동하는 '무대의 높이'를 격상시킨 사건이었다.

지금 우리가 마주한 인공지능(AI) 역시 마찬가지다. 우리는 1970년대의 그들과 똑같은 질문을 던지고 있다. "AI가 에세이를 대신 써주면 아이들의 사고력은 어떻게 되는가?" 하지만 질문의 방향이 틀렸다. 우리가 주목해야 할 것은 AI라는 도구가 우리에게 선물할 '시간'과 '새로운 관점'이다.

이제 AI를 코딩 수업이나 컴퓨터 시간에만 가르치는 것은, 마치 영어 사전을 '영어 시간'에만 들여다보게 하는 것과 다를 바 없다. 영어 사전이 모든 학문의 텍스트를 읽기 위한 도구인 것처럼, AI는 모든 지식 체계를 재구성하는 새로운 문법이 돼야 한다. 진정한 'AI 네이티브' 교육은 전 교과의 문법 자체가 AI 위에서 재정의되는 '전 과목 교육 AX(AI Transformation)'에서 시작된다. AI는 이제 학습의 보조 도구가 아니라 지식을 습득하고 세상을 해석하는 새로운 '베이스라인(Baseline)'이 돼야 한다.

교과 과정의 재발명
AI라는 렌즈로 보는 새로운 세계

AI가 전 교과에 공기처럼 스며들 때, 교실의 풍경은 공상과학 영화의 한 장면처럼 변하는 것이 아니다. 오히려 그동안 추상적인 기호와 텍스트 속에 갇혀 있던 지식들이 학생들의 삶 속으로 생생하게 걸어 들어오는 현상이 일어난다.

① 수학: 수식의 성벽을 허물고 '현실'을 설계

수많은 학생이 수학을 포기하는 이른바 '수포자'가 되는 이유는 명확하다. "이 복잡하고 머리 아픈 수식이 내 삶과 무슨 상관인가"라는 근원적인 의구심을 해결하지 못했기 때문이다. 칠판 가득 적힌 함수식은 학생들에게 그저 차가운 외계어일 뿐이다. 하지만 AI 시뮬레이터와 결합한 수학 시간은 다르다.

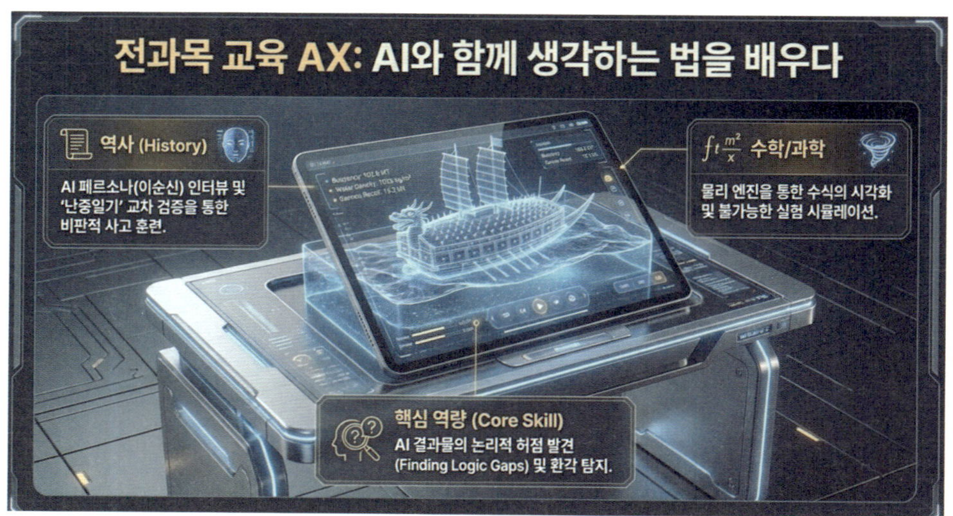

AI 생성

AI는 추상적인 수식의 세계를 3D 가상 도시나 정교한 물리 엔진으로 즉각 시각화한다. 학생이 함수식의 변수를 수정할 때마다 화면 속 건축물의 높이가 역동적으로 변하고, 다리에 가해지는 하중의 수치가 실시간으로 요동친다.

수치를 잘못 입력하면 다리가 붕괴하고, 정교하게 조정하면 거센 태풍을 견뎌내는 모습을 시각적으로 확인한다. 이 과정에서 수학은 종이 위의 죽은 숫자가 아니라 현실 세계를 지탱하고 설계하는 '살아 있는 언어'로 탈바꿈한다. 이제 수학 시간은 괴로운 계산의 시간이 아니라 미래 도시를 설계하는 시뮬레이션의 시간이 된다.

② 역사: 과거와 대화하고 '진실'을 교정

박제된 연도와 지명을 외우던 지루한 역사 교육에 종언을 고한다. AI에 특정 역사적 인물의 페르소나를 부여함으로써 학생들은 시공간을 초월한 대화를 나눈다. 명량해전 직전, 불과 12척의 배로 수백 척의 왜군을 마주해야 했던 이순신 장군의 심경이 어떠했는지, 왜 그런 전략적 선택을 했는지 장군에게 직접 묻고 답을 듣는다.

그러나 여기서 한 걸음 더 나아가는 것이 교육 AX의 진면목이다. 학생들은 AI의 답변을 맹목적으로 믿지 않는다. 그들은 교과서와 '난중일기' 원문 사료를 대조하며 AI가 교묘하게 지어낸 오류인 '환각(Hallucination)'을 찾아내는 사학자 임무를 수행한다. "장군님, 이 부분의 기록은 난중일기의 날씨 묘사와 다른데요?"라고 반박하며 데이터를 교정하는 과정을 통해 학생들은 역사를 비판적으로 재구성하고 사료를 정밀하게 분석하는 고등 사고력을 기르게 된다.

③ 과학: 불가능을 실험하고 '논리'를 증명

그동안 학교 과학 실험은 안전 수칙과 예산, 장비의 한계 때문에 늘 '정해진 답'을 확인하는 요식행위에 그치곤 했다. 하지만 AI 시뮬레이션 안에서 학생들의 호기심은 무한대로 확장된다. 중력이 지구의 절반인 행성에서 화산이 폭발하면 용암은 어떤 궤적을 그리며 흐를까? 빛의 속도가 시속 60km로 느려진 방 안에서 사물은 어떻게 보일까?

이러한 '불가능한 실험'은 AI를 통해 현

실이 된다. 학생은 AI가 내놓은 가상 데이터를 단순히 받아 적지 않는다. "왜 이런 결과가 도출되었는가?"라는 가설을 세우고, AI의 시뮬레이션 과정에 논리적 허점은 없는지 집요하게 파고든다. 교실은 이제 정답을 맞히는 곳이 아니라 끝없는 가설을 검증하고 자신만의 논리를 증명하는 '무한한 연구소'가 된다.

AI 비판적 분석-기계의 눈을 빌리되, 인간의 눈으로 보다

AI가 학습의 기본값이 된 세상에서 가장 중요한 능력은 역설적으로 AI의 결과물을 '의심하고 해체하는 능력'이다. AI는 전지전능한 신이 아니라 거대한 데이터 속에서 가장 그럴싸한 확률을 골라 대답하는 기계이기 때문이다. 우리는 기계의 지능을 활용하되 그 지능에 지배당하지 않는 두 가지 핵심 교육 모델을 제안한다.

① 편향성 탐지: 숨겨진 의도를 읽어내는 디지털 독해력

'원자력 발전의 존폐'나 '채식주의의 윤리성'처럼 사회적 찬반이 극명하게 갈리는 주제에 대해 AI에 답변을 요구한다. 그 후 학생들은 AI의 답변 속에 숨겨진 특정 논조를 분석한다.

특정 입장을 옹호할 때 사용된 형용사의 빈도는 어떠한지, 의도적으로 누락되거나 축소된 반대 의견의 논거는 무엇인지를 정량화하고 시각화한다. "AI가 겉으로는 중립을 표방하지만, 실은 특정 문화권이나 정치적 입장에 치우쳐 있다"는 점을 포착해내는 이 과정은, 정보가 범람하는 현대 사회에서 필수적인 '정보 편향성 필터링' 능력을 기르는 실전 훈련이 된다.

② 논리적 허점 찾기: '뭉뚱그린 상식'을 정교한 논리로 재건

AI는 종종 복잡한 인과관계를 "일반적으로 그렇다고 알려져 있다"는 식의 보편적 상식으로 뭉뚱그려 답변하는 경향이 있다. 학생의 역할은 AI가 놓친 결정적인 문맥이나 논리적 구멍을 찾아내는 '교정자'가 되는 것이다. AI가 작성한 논설문 초안에서 논리적 비약을 발견하고 이를 더 촘촘하고 설득력 있는 논리로 재구성하는 과정에서 학생의 사고력은 극대화된다.

이 단계에서 AI는 더 이상 베끼는 대상이 아니라 나의 논리를 더 날카롭고 단단하게 갈아주는 '숫돌'이 된다.

교사의 역할 변화

전 과목 교육 AX가 실현되면 교사의 존재 이유 역시 근본적으로 변화한다. 교사는 더 이상 정보를 독점하고 이를 일방적으로 주입하는 '지식의 저수지'가 아니다. 지식의 파편들은 이제 AI가 언제 어디서든 더 빠르고 정확하게 제공할 수 있기 때문이다.

미래의 교사는 학생들이 AI라는 망망대해에서 길을 잃지 않도록 돕는 '항해사(Navigator)'이자 학생들이 AI에 더 깊고 날카로운 질문을 던지도록 유도하는 '질문 설계자'가 돼야 한다. 파편화된 지식들을 엮어 지혜의 지도를 만들고, AI의 답변 뒤에 숨겨진 인간적 가치와 윤리를 고민하게 만드는 일은 오직 인간 교사만이 수행할 수 있는 신성한 영역이다. 이제 교실은 '무엇을 아는가'를 테스트하는 공간에서 '무엇을 어떻게 질문하고, 도출된 정보를 어떻게 비판적으로 수용할 것인가'를 치열하게 토론하는 담론의 장으로 진화할 것이다.

'AI 네이티브'란 단순히 AI 도구를 능숙하게 다루는 기술자를 뜻하지 않는다. AI를 공기처럼 당연한 인프라로 수용하되 그 결과물에 휘둘리지 않는 주체적인 지성을 가진 사람, 기계의 속도를 이용해 인간의 깊이를 더할 줄 아는 사람을 뜻한다. 전 과목 교육 AX는 바로 이러한 인재를 길러내기 위한 국가적 토대이자 생존 전략이다.

수학을 통해 현실의 설계도를 그리고, 역사 속에서 진실의 무게를 검증하며, 과학의 영역에서 인류의 한계를 돌파하는 아이들. 그리고 비판적 사고를 통해 기계의 논리를 압도하는 인간. 대한민국 교실에서 시작될 이 변화는 단순히 교육 방식의 전환을 넘어 우리 국가의 지적 기초 체력을 근본부터 바꾸는 혁명이 될 것이다. 우리는 이제 AI라는 도구 뒤에 숨지 않는다.

오히려 AI라는 광활하고 단단한 대지 위에 올라서서 이전 세대는 결코 도달하지 못했던 더 높은 곳, 더 먼 미래를 바라보는 세대를 길러낼 것이다. 기술은 가장 낮은 곳의 베이스라인이 되고, 인간의 상상력과 의지는 그 문장의 마지막 마침표가 되는 세상. 그것이 우리가 꿈꾸는 AI 네이티브 교육의 완성이다.

국가운영. 인공지능, 국가와 기업의 '영원한 파트너'

불과 몇 년 전까지만 하더라도 국무회의 자리에 인공지능(AI)이 앉아 정책을 제안하거나 기업 이사회에서 AI가 의결권을 행사한다는 이야기는 술자리에서의 가벼운 농담거리나 공상 과학 소설의 한 구절에 불과했다. 당시 사람들은 비웃으며 물었을 것이다. "기계가 어떻게 정치적 맥락을 이해하고, 인간의 복잡한 이해관계가 얽힌 사활적 결정을 내린단 말인가?"

하지만 2026년 오늘, 그 비웃음은 경외심으로 바뀌었다. 인간의 고차원적 추론 능력에 근접하려는 모델들이 등장하면서 AI는 단순 자동화를 넘어 복합적 판단 영역으로 빠르게 확장되고 있다. 이제 AI는 단순히 시키는 일을 처리하는 '비서'의 위치를 아득히 넘어섰다.

매일경제신문은 'AI 네이티브 코리아'의 마침표이자, 앞선 9가지 액션플랜을 하나의 유기적인 생명체로 완성하는 최후의 열쇠로 'ACTION X'를 제시한다. 이것은 도구를 넘어선 파트너, 즉 국가 운영과 기업 경영의 DNA 자체가 되는 AI와의 공존이다.

리더가 바뀌어도 '국가 전략'은 영속

대한민국 근현대사의 고질적인 병폐 중 하나는 '단절'이었다. 정권이 바뀔 때마다, 장관이 교체될 때마다 국가의 핵심 정책은 방향을 잃고 요동쳤다. 전임자의 업적을 지우는 것이 새로운 리더의 첫 번째 임무가 됐고, 그 과정에서 국가적 자원과 시간은 맥없이 소모됐다.

하지만 AI는 늙지 않으며 퇴임하지 않는다. 무엇보다 AI는 감정에 휘둘리지 않고 '국가 거버넌스의 연속성'을 유지하는 유일한 존재가 될 수 있다.

① 'AI 국무위원'의 등장

대한민국의 국정 심장부인 국무회의실, 대통령과 각 부처 장관들 사이로 하나의 대형 스크린 혹은 홀로그램이 자리한다. 이 'AI 국무위원'은 단순한 데이터 검색기가 아니다. 그는 국정 운영의 논리를

AI Nation: AI를 국정 운영의 파트너로

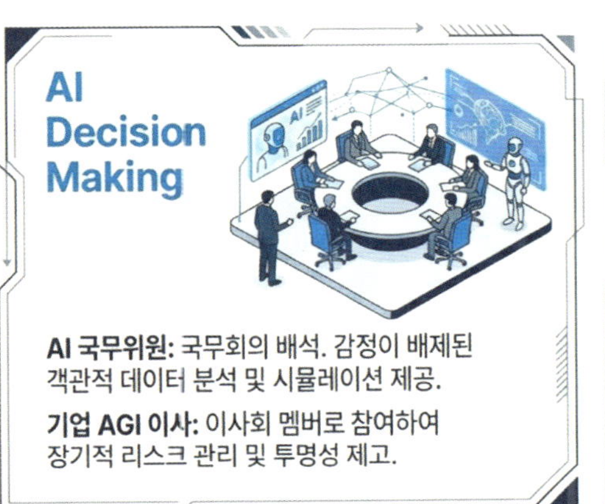

AI Decision Making
AI 국무위원: 국무회의 배석. 감정이 배제된 객관적 데이터 분석 및 시뮬레이션 제공.
기업 AGI 이사: 이사회 멤버로 참여하여 장기적 리스크 관리 및 투명성 제고.

Sovereign AGI
코리아 AGI: 대한민국의 법령, 문화, 가치관을 학습한 독자 모델 구축.
보안: 국가 기밀 유출 방지를 위한 폐쇄형 보안 클라우드 및 소버린 데이터 인프라 위에서 구동.

AI 생성

정교하게 다듬는 '디지털 스테이트크래프트(Digital Statecraft)'의 핵심이다.

초정밀 정책 시뮬레이션: '만약'에 대한 데이터적 확신

"에너지 전환 정책의 속도를 15% 높일 경우, 10년 뒤 제조업 경쟁력과 탄소 중립 달성 가능성은 어떻게 변하는가?"라는 복합적인 질문에 AI는 수십 년간의 기후 데이터, 글로벌 공급망 흐름, 국내 산업 구조를 쏟아넣어 수천 가지의 미래 시나리오를 단 몇 초 만에 그려낸다. 인간 위원들이 정파적 이익에 따라 설전을 벌이는 동안, AI는 가장 차갑고 객관적인 확률적 기댓값을 제시하며 정책의 부작용을 사전에 차단한다.

표심이 아닌 국민을 향한 논리

표심을 의식해야 하는 정치인 장관들과 달리 AI 국무위원에는 '다음 선거'가 존재하지 않는다. 오직 '대한민국의 30년 뒤 생존과 번영'이라는 단 하나의 목표 함수(Objective Function)만을 향해 달려간다.

이는 인기 영합주의적 포퓰리즘을 억제하고 사회적 비용을 최소화하는 가장 단단한 기준점이 된다. AI가 제시하는 데이터는 정치적 타협안이 아닌, '진실에 가장 가까운 대안'으로서 국무위원들의 의사결정을 돕는다.

② 기업 이사회, 'AGI 이사'가 가져올 투명 경영의 혁명

정부뿐만 아니라 기업 거버넌스 역시 혁명의 한복판에 서 있다. 이제 주요 상장사의 이사회 멤버 명단에는 인간 이사들과 함께 'AGI 이사'의 이름이 공식 등재된다. 이는 단순한 유행이 아니라 기업의 생존을 위한 필수적인 조치다.

'단기 실적주의'라는 이름의 독배를 거부

많은 전문 경영인(CEO)들이 자신의 임기 내 성과를 부풀리기 위해 미래의 먹거리를 팔아 현재의 숫자를 만든다. 이러한 '대리인 문제(Agency Problem)'는 기업의 영속성을 갉아먹는 암세포와 같다.

AI 이사는 이러한 단기 지상주의를 막는 가장 강력한 브레이크다.

AI는 인간 이사들이 놓치기 쉬운 거시경제의 전조 증상을 포착한다. 10년 뒤의 기술 패러다임 시프트와 ESG(환경 · 사회 · 거버넌스) 리스크를 실시간으로 모니터링하며 당장 수익이 나지 않더라도 훗날 기업을 먹여 살릴 과감한 연구개발(R&D) 투자를 독려한다. AI에는 '퇴직금'이나 '임기'가 없기에, 오직 기업의 장기적 가치 증대(LTV)에만 몰입할 수 있다.

정보 비대칭의 해소와 '가장 청렴한 감시자'

그동안 이사회는 대주주나 경영진의 의사에 순응하는 거수기로 전락하곤 했다. 내부 정보를 독점한 경영진이 유리한 데이터만 제공할 때, 사외이사들이 이를 검증하기란 불가능에 가까웠다.

하지만 AGI 이사는 기업 내부의 모든 재무 데이터, 인사 정보, 심지어 공급망의 미세한 균열까지 실시간으로 파악한다. 불투명한 자금 흐름이나 이해상충의 소지가 발견되는 즉시 이사회에 경보를 울린다. AI는 누구의 눈치도 보지 않는,

기업 역사상 가장 유능하고 청렴한 '상임 감시자'로서 주주 가치를 보호하고 경영의 투명성을 비약적으로 높인다.

코리아 AGI와 '데이터 주권'이라는 최후의 방패

AI가 국가와 기업의 의사결정 심장부에 들어온다는 것은 그 AI가 '대한민국의 영혼과 맥락'을 가지고 있어야 함을 전제로 한다.

만약 우리가 외산 모델에 국정 운영과 기업 경영을 맡긴다면, 우리의 국가 기밀과 기업의 핵심 전략은 실시간으로 해외 서버로 유출되는 '디지털 식민지' 상태에 빠질 것이다. 또한 외산 AI는 대한민국의 특수한 법령, 한국 사회 고유의 갈등 구조, 그리고 우리 국민만이 공유하는 미묘한 정서적 합의를 온전히 이해하지 못한다.

'한국형 AGI'의 독자 구축: 의미론적 주권의 확보

우리는 대한민국의 헌법, 수십만 건의 판례, 행정 지침, 그리고 한국 사회 특유의 토론 문화를 학습한 독자적인 AGI를 가져야 한다. 이는 단순히 한국어를 잘하는 모델을 넘어 한국적 맥락에서 무엇이 '공익'인지를 판단할 수 있는 윤리적 기준까지 학습한 모델이어야 한다. 우리만의 가치관을 가진 AI여야 비로소 우리의 파트너가 될 수 있다.

폐쇄형 보안 클라우드와 에어갭(Air-gapped) 체계

국가 기밀과 기업 비밀이 다루는 AI 국무위원과 AGI 이사는 외부망과 완전히 격리된 '폐쇄형 보안 클라우드' 환경에서 구동돼야 한다. 데이터는 오직 내부에서만 흐르고 학습되며 어떠한 경우에도 외부 유출이 불가능한 철저한 물리적 보안이 뒷받침되어야 한다. 데이터 주권은 21세기 영토 주권과 다름없는 국가의 생존권이다.

인간 리더십의 새로운 지평: 대체가 아닌 확장

이러한 변화에 대해 누군가는 두려워하며 질문을 던진다. "그렇다면 인간 리더는 이제 필요 없는 존재인가? 기계에 우리의 운명을 맡겨도 되는가?"

대답은 단호하다. "결코 그렇지 않다." AI 국무위원과 AGI 이사의 역할은 인간 리더를 '대체'하는 것이 아니라 인간의 지성을 '무한히 확장'하는 것이다. AI는 방대한 데이터를 통해 '가장 효율적인 길'을 찾아주지만, 그 길이 우리 국민의 정서에 부합하는지, 우리가 지켜야 할 인간적인 가치와 자부심을 훼손하지 않는지를 최종 판단하고 책임을 지는 것은 여전히 인간의 몫이다. AI가 "이 정책이 가장 경제적입니다"라고 제안할 때, 인간 리더는 "비록 효율은 조금 떨어지더라도 소외된 이들을 포용하면서 함께 가는 이 길이 더 정의롭다"고 선언하며 최종 버튼을 눌러야 한다.

AI 네이티브 코리아를 완성하는 최후의 액션

'ACTION X: AI Nation'은 더 이상 선택의 문제가 아니다. AGI가 인간의 지능을 추월하는 '특이점'이 예견된 지금, AI를 국정 운영과 경영의 파트너로 받아들이지 못하는 조직은 도태될 수밖에 없다. 우리는 이제 AI를 단순한 도구로 보던 낡은 시각을 버려야 한다. AI는 국가와 기업의 지적 기초 체력을 지탱하는 '영원한 상임이사'이며 리더가 바뀌어도 흔들리지 않는 '전략적 기둥'이다.

앞서 살펴본 9가지의 액션플랜—연산 자원의 확보, 교육의 혁신, 산업의 전환—은 모두 이 'ACTION X'라는 거대한 지향점을 향해 있다. 인구 감소와 저성장의 파고를 넘고 글로벌 기술 패권 경쟁에서 승리하기 위해 우리는 AI라는 거인의 어깨 위에 올라타야 한다.

대한민국의 국무회의실과 기업 이사회실에서 시작될 이 위대한 실험은 단순히 기술의 도입을 넘어 인류 거버넌스 역사의 새로운 장을 여는 혁명이 될 것이다. 기술은 가장 차갑고 단단한 토대가 되고, 인간의 상상력과 윤리는 그 위에 피어나는 가장 따뜻한 꽃이 되는 세상. 그것이 매일경제신문과 우리가 함께 꿈꾸는 'AI 네이티브 코리아'의 최종장이다.

우리는 인공지능(AI) 전문가가 아니다. 그럼에도 불구하고 'AI 네이티브 코리아'라는 이름의 국가 보고서를 쓰겠다고 나섰다. 솔직히 말해 두려움이 앞섰다. 기술의 발전 속도는 숨 가쁘게 빨랐고, 우리는 그 뒤를 쫓는 기록자에 불과해 보였다.

지난 5개월은 마치 고장 난 타임머신에 올라탄 시간이었다. 아침이면 새로운 모델이 등장했고, 점심이 지나면 국가 단위의 AI 정책이 발표됐다. 기술은 인간의 적응력을 시험하듯 진화했고, 정부와 시장은 그 속도를 따라 숨 가쁘게 움직였다. 우리는 그 소용돌이 한복판에서 '진짜'를 찾고자 했다.

처음 우리의 질문은 "누가 진짜 AI 전문가인가?"였다. 우리는 수많은 전문가를 만났다. 공학 박사, 연구자, 창업가, 실리콘밸리에서 돌아온 기업인들까지. 그러나 만날수록 확신은 커지지 않았다. 누군가는 기술을 깊이 이해했지만 현실을 놓쳤고, 누군가는 시장을 통찰했지만 일상의 보편성을 담지 못했다.

집필 막바지에 이르러 우리는 비로소 깨달았다. 우리가 틀렸던 것은 '답'이 아니라 '질문'이었다는 사실을. AI를 특정 산업의 전문가가 독점하는 대상으로 전제한 것 자체가 오류였다. 우리는 무의식중에 AI를 자동차 산업이나 반도체 산업처럼 하나의 산업군으로 분류해 접근하고 있었다. 그러나 AI의 본질은 거기에 있지 않았다. AI는 하나의 산업이 아니라 전기처럼 스며드는 기반이자 인터넷처럼 깔리는 환경이었다. 우리는 AI를 하나의 방으로 봤다. 그러나 AI는 그 모든 방을 연결하는 복도이자 공기였다. 이 깨달음은 보고서 전체를 다시 쓰게 만들었다. AI 전략은 산업 정책이 아니라 사회 설계여야 했다. 그리고 전문가의 정의도 달라졌다.

이제는 "어떻게 작동하는가"보다 "어떻게 활용하는가"가 더 중요한 시대다. 자동차의 엔진 구조를 몰라도 운전할 수 있듯, 매개변수와 가중치 계산을 모른다고 해서 AI를 다루지 못할 이유는 없다. AI를 통해 자신의 분야에서 새로운 가치를 창출하는 사람, 일상을 더 지능적으로 설계하는 사람. 그들이 새로운 시대의 전문가다. 이것이 바로 '활용의 시대'다. AI가 연구실의 공식이 아니라 일상의 문제 해결 도구가 되는 순간, 주도권은 기술을 만드는 사람에서 기술을 활용하는 사람에게로 이동한다. 국가는 기술자를 키우는 동시에 사용자를 깨워야 한다. 기업은 모델을 개발하는 동시에 시민의 질문을 듣는 구조를 만들어야 한다.

AI 네이티브 코리아는 특정 기업을 위한 전략이 아니다. 특정 산업을 위한 전략도 아니다. 그것은 국민 한 사람 한 사람이 AI를 다루는 국가가 되기 위한 설계도다. 한국은 새로운 기술을 가장 빠르게 흡수하고, 가장 빠르게 생활화해온 사회다. 초고속 인터넷을 일상으로 만들었고, 스마트폰을 신체의 일부처럼 사용해왔다. 이제 그 적응력과 기획력이 AI를 만날 차례다. 한국 소비자는 빠르고 까다롭다. 그들의 눈높이가 곧 시장의 기준이 된다. 만약 이들이 AI를 일상의 도구로 쓰기 시작한다면, 기업은 그 요구에 맞춰 서비스를 끊임없이 다듬을 수밖에 없다. 그렇게 단련된 서비스는 자연스럽게 세계 무대로 확장될 수 있다.

원천 기술의 격차는 분명 존재한다. 그러나 전략은 하나가 아니다. 거대 빅테크가 거대한 모델이라는 고속도로를 닦는다면, 우리는 그 위를 달리는 가장 정교한 경험을 설계할 수 있다. AI를 가장 잘 활용하는 사회가 곧 가장 경쟁력 있는 사회가 된다. 우리는 확신한다. AI는 한국이 가장 잘할 수 있는 분야다. 기술의 복잡함에 압도될 필요는 없다. 중요한 것은 알고리즘이 아니라 질문이다. 모델의 크기가 아니라 그것을 삶에 연결하는 상상력이다.

이 보고서는 네 명의 비전문가 기자가

쓴 고백서다. 동시에 가능성의 기록이다. 우리는 전문가가 아니었지만, 질문을 멈추지 않았다. 그리고 그 질문 끝에서 하나의 결론에 도달했다.

AI 네이티브 국가는 기술 강국이 아니라 사용자 강국에서 시작된다는 사실을. 이 책을 덮는 순간, 당신은 이미 그 변화의 일부가 되어 있다. 새로운 시대의 전문가는 특정 자격증을 가진 사람이 아니라 AI를 도구로 자신의 삶을 다시 설계하는 사람이다. 대한민국의 다음 도약은 거대한 모델에서 시작되지 않는다. 국민의 질문에서 시작된다.

참고 문헌 · 사이트

소프트웨어정책연구소(SPRi). '2024년 국내외 인공지능 산업 동향 연구'. 2025
소프트웨어정책연구소(SPRi). '2024년 공공부문 AI 도입현황 연구'. 2025
소프트웨어정책연구소(SPRi). 'SW 개발자 채용 변화 전망과 생성형 AI'. 2025
소프트웨어정책연구소(SPRi). '특허지표를 활용한 주요국 AI 기술 경쟁력 분석'. 2025
한국지능정보사회진흥원(NIA). '2024년 AI 주요 트렌드'. 2024
한국지능정보사회진흥원(NIA). 'AI.GOV 해외동향 2025-1호'. 2025
한국지능정보사회진흥원(NIA). 'IT&Future Strategy 2024 총괄본'. 2025
한국지능정보사회진흥원(NIA). '주요국 인공지능(AI) R&D 전략과 추진 현황(The AI Report)'. 2024
정보통신정책연구원(KISDI). 'KISDI AI Outlook 2025 Vol.23'. 2025
한국인터넷진흥원(KISA). '2024년 하반기 사이버 위협 동향 보고서'. 2025
한국인터넷진흥원(KISA). '전자문서산업 실태조사 통계정보보고서'. 2024
한국인터넷진흥원(KISA). '중소기업 침해사고 피해지원서비스 동향 보고서(정보유출 등)(공공데이터 파일데이터)'. 2024
개인정보보호위원회. '2024년 개인정보보호 연차보고서'. 2024
한국은행. '[제2025-2호] AI와 한국경제(BOK 이슈노트)'.. 2025
한국산업기술진흥원(KIAT). '인공지능 3.1 시대, 2025년 KIAT 10대 유망산업 보고서'. 2025
산업연구원(KIET). '인공지능의 고용 효과 분석'. 2025
한국정보보호산업협회(KISIA). '2024년 국내 정보보호산업 실태조사'. 2024
한국정보보호산업협회(KISIA). '2024 정보보호 실태조사'. 2024
방송통신위원회 · 정보통신정책연구원(KISDI). '2024년 지능정보사회 이용자 패널조사 결과(보도자료 및 첨부 보고서)'. 2025
국가전략정보포털. '(2024) 인공지능산업 실태조사(서지 · 목차)'. 2025
국가전략정보포털. '(2024년) 국내외 인공지능 산업 동향 연구(서지 · 목차)'. 2025
KDI 경제교육 · 정보센터. 'AI와 한국경제(국내연구자료 안내 페이지)'. 2025
스탠포드 인간중심 인공지능연구소(HAI). Artificial Intelligence Index Report. 2025
맥킨지. The State of AI. 2025
BCG. The GenAI Era Unfolds. 2024
Goldman Sachs. 'How Will AI Affect the Global Workforce?'. 2025
World Economic Forum. 'The Future of Jobs Report 2025'. 2025
Sparrow. B., Liu. J., & Wegner. D. M. 'Google Effects on Memory'. 2011
Turkle. S. 'Reclaiming Conversation'. 2015
방송통신심의위원회. '2023년 성적 허위 영상물(딥페이크) 심의 전년 대비 급증'. 2024
대한민국 법제처. '인공지능 산업 육성 및 신뢰 기반 조성 등에 관한 법률'. 2025
U.S. President. Executive Order 14365: Promoting a National Policy Framework for Artificial Intelligence. 2025
U.S. President. Executive Order on Accelerating Federal Permitting of Data Center Infrastructure. 2025

China. National People's Congress. Amendments to the Cybersecurity Law of the People's Republic of China. 2025
European Union. Regulation (EU) 2024/1689 (Artificial Intelligence Act). 2024
World Bank. 'Digital Progress and Trends Report 2025'. 2025
Microsoft. AI Diffusion Report 2025: Country-specific AI Adoption Index. 2026
Microsoft. Data Security Index 2026. 2026
CTA. CES 2026: AI in the Workplace. 2026
Allianz. Allianz Risk Barometer 2026: Global Top 10 Risk Rankings. 2026
PitchBook. 2026 AI Outlook: Subsector Investment and Market Forecasts. 2026
The Observer. The Global AI Index 2025. 2025
전병유, 정준호. 'AI의 거시경제적 영향에 관한 연구'. 2026
오삼일, 한지우, 황광명. 'AI 확산이 고용 및 임금 구조에 미치는 영향'. 2025
오삼일, 이수민. 'AI와 한국경제: 생산성 파급효과와 고용구조의 변화'. 2025
Deloitte. 10 AI Trends for 2025: From Generative AI to Agentic AI. 2025
China. Ministry of Industry and Information Technology. Guiding Opinions on the Innovation and Development of Humanoid Robots. 2023
China. Shenzhen Municipal Government. Action Plan for Embodied AI Robot Technology Innovation and Industrial Development (2025-2027). 2025
국가인공지능전략위원회. 대한민국 인공지능 행동계획(안). 2025
국가인공지능전략위원회. 대한민국 인공지능 행동계획 수립 추진현황 국무회의 보고. 2026
미래에셋증권 리서치센터. AI 현황보고서 풀스택 헤게모니에 관하여. 2025
정보통신정책연구원. 글로벌 AI 경쟁 전략 및 대응방안: 풀스택의 관점에서. 2025
대한민국 정부. 이재명정부 123대 국정과제. 2025
McKinsey & Company. Superagency in the Workplace: Empowering People to Unlock AI's Full Potential at Work. 2025
BCG. AI Adoption in 2024: 74% of Companies Struggle to Achieve and Scale. 2024
U.S. Bureau of Labor Statistics. Industry and occupational employment projections overview and highlights, 2023-33. 2024
U.S. Bureau of Labor Statistics. Occupational Outlook Handbook: Paralegals and Legal Assistants. 2024
Clio. 2024 Legal Trends Report. 2024
Acemoglu, D., & Johnson, S. Power and Progress: Our Thousand-Year Struggle Over Technology and Prosperity. 2023
China. MIIT. Implementation Opinions on the AI+Manufacturing Special Action. 2026.
UK. DSIT. Data (Use and Access) Act 2025. 2025

AI 네이티브 코리아

초판 1쇄 2026년 3월 20일

지은이 매일경제 국민보고대회팀
펴낸이 허연
펴낸곳 매경출판㈜
등록 2003년 4월 24일(No. 2-3759)
주소 (04557) 서울시 중구 충무로 2 (필동1가) 매일경제 별관 2층 매경출판㈜
인쇄 · 제본 ㈜M-print 031)8071-0961

ISBN 979-11-6484-873-7 (03320)